20
世纪苏联教育经典
译丛

U0652774

[苏] B.A.苏霍姆林斯基 著

杜志英 吴福生 张渭城 关益 叶玉华 译

家长教育学

教育科学出版社
·北京·

出版人　　李　东
策划编辑　祖　晶
责任编辑　石　静
版式设计　孙欢欢
责任校对　贾静芳
责任印制　叶小峰

图书在版编目（CIP）数据

家长教育学／（苏）B. A. 苏霍姆林斯基著；杜志英
等译. —北京：教育科学出版社，2021. 1
　　（20世纪苏联教育经典译丛）
　　ISBN 978-7-5191-2524-0

Ⅰ．①家…　Ⅱ．①B…②杜…　Ⅲ．①家庭教育—教育
学　Ⅳ．①G780

中国版本图书馆 CIP 数据核字（2021）第 009433 号

家长教育学
JIAZHANG JIAOYUXUE

出版发行	教育科学出版社			
社　　址	北京·朝阳区安慧北里安园甲 9 号	邮　编	100101	
总编室电话	010-64981290	编辑部电话	010-64981294	
出版部电话	010-64989487	市场部电话	010-64989009	
传　　真	010-64891796	网　址	http://www.esph.com.cn	
经　　销	各地新华书店			
制　　作	北京金奥都图文制作中心			
印　　刷	保定市中画美凯印刷有限公司			
开　　本	850 毫米×1168 毫米　1/32	版　次	2021 年 1 月第 1 版	
印　　张	9.125	印　次	2021 年 1 月第 1 次印刷	
字　　数	177 千	定　价	29.00 元	

图书出现印装质量问题，本社负责调换。

◎没有父母的榜样，没有父母在互相关心和尊敬中所表现出来的爱的光和热，儿童的自我教育简直是不可想象的。

◎只有唯一的、强有力的、无与伦比的精神力量，才能把我们的形象深深地印在孩子的心灵中。这种力量就是爱，是可以用来教育孩子的爱，是人类伟大的精神财富。

◎带领孩子到能激发美好语言的地方去吧，让我们的孩子随意提出更多的问题吧！父母的语言、父母的生活智慧是人民教育学取之不尽的源泉。当你走近这个源泉并带给它科学知识，我们枯燥的教育学理论就会闪出金光，就会像鲜花一样开放。

◎教育人，教育自己的子女——这是一个公民最重要的、最首要的社会工作，是他作为一个公民的义务。

总　　序

　　本世纪最伟大的事件之一就是俄国十月革命的胜利和苏联的建立。有的人可能说，苏联已经解体了，社会主义已经失败了。但是，苏联毕竟存在了近70年。正是由于苏联的存在，才击退了德国法西斯，才孕育了东方社会主义国家的诞生。苏联解体了，这是历史的悲剧，但社会主义并没有失败，社会主义中国正在吸取苏联的经验教训，振兴前进。巴黎公社只存在70多天，它的伟大意义是不可估量的；苏联存在了近70年，它的影响和意义更是无法估量的。

　　苏联的教育曾经也是世界上最优越的教育之一。有人认为，苏联的解体，说明苏联教育的失败。这些人太看重教育了。教育任何时候都是受当时社会的政治、经济所制约的。教育对政治、经济具有反作用，但教育的目的、内容、规模等都决定于政治、经济，却不是反之。一种是决定作用，一种是反作用。两种作用是截然不同的。尤其是执政党的政治路线决定着社会发展的命运。固然，执政党的领袖人物也是受过教育的，但他的思想意识、他的政治行为却受到社会各方面的影响，并非受了某种教育以后就不变化了。仍然要遵循唯物辩证法原理，存在决定意识，苏联的变迁不能用一种原因来解释，更不能只说是教育的责任。

应该说，苏联近 70 年的教育历程为社会主义教育提供了丰富的经验。它在列宁教育思想的指导下，建立了民主平等的教育制度，在很短的时间内普及了教育，提高了全体国民的文化科学水平，培养了千百万名干部和专家、亿万名训练有素的劳动大军。正是有了这样一支队伍，苏联才能在共产党的领导下粉碎了德国法西斯的进攻，取得了伟大卫国战争的胜利。

在苏联教育界涌现了一批著名的教育家：有鼓动用共产主义教育青年的加里宁，他对教育下的定义至今仍影响着教育理论界；有运用马克思主义观点分析欧美教育的克鲁普斯卡娅，她对少年儿童的教育思想至今仍散发着光芒；有改造流浪儿童的教育家马卡连柯，他提出的许多教育原则不仅丰富了教育理论宝库，也被广大教师所运用；有提倡教育促进发展的赞可夫，他的实验研究为教育科学实验提供了范例，他关于发展能力的理论对教育适应时代的要求、实现教育职能的转变具有重大的意义；有主张个性和谐发展的教育理论家和实践家苏霍姆林斯基，他可以说是苏联教育思想的集大成者，他的相信孩子、尊重孩子、用心灵去塑造心灵的思想是教育思想宝库中的瑰宝，他的教育实践鼓舞着千百万教师，他已经成为广大教师心中的偶像。此外，还有像维果茨基、巴班斯基等一批教育家，他们都为教育理论的发展做出了重要贡献。

众所周知，中国教育受苏联教育的影响很深。新中国成立之初，我们曾根据苏联教育的经验对旧中国的教育进行了彻底改造，这给当时我国的教育带来过积极影响。但与此同时，也发生过生搬硬套的偏向，产生过一些消极影响。但这主要指教育制度方面。20 世纪 60 年代以后，我们在实际摸索的基础上，结合我国的国情，逐步建立了我国自己的教育体系。但是苏联的教育思想对我们一直有很深的影响。

我国的教育科学研究走过了一条曲折的道路。"文革"前主要是学习苏联的教育理论，后来曾一度不加分析地予以批判。"文革"中教育科学研究被取消，是党的十一届三中全会给我国教育改革和教育科学带来了春天。改革开放打开了教育界人士的眼界，发现了五彩缤纷的世界。教育理论界开始介绍、吸收世界各国的教育理论和思想，重建我国的教育科学。

正是在这种背景下，中央教育科学研究所恢复了，教育科学出版社成立了。教育科学出版社以"为教育决策服务、为教育改革和发展服务、为教育科研服务、为提高教育科学质量服务"为宗旨，独具慧眼，陆续出版了一大批脍炙人口的苏联教育名著，极大地推动了我国教育科研事业的发展。

苏联虽然解体了，但是反映教育规律的一些苏联教育思想却永放光芒。这些教育思想具有时代性、先进性，因此反映这些教育思想的著作经久不衰，成为我国广大教师和教育工作者爱不释手的佳作。教育科学出版社在纪念新中国成立50 周年之际，不惜加大人力、物力、财力，重新审读以往出版的、在社会上产生广泛影响的苏联教育名著，以"20 世纪苏联教育经典译丛"之名重新出版，这是在 20 世纪末给我国广大教师和教育工作者的一份丰厚的礼物，也是为苏联教育保存的一份宝贵遗产。

顾明远
一九九八年七月十七日

自　　序

亲爱的学生家长们：

　　近两年我接到了你们寄来的数千封信，对来信逐一回复是不可能的，但又非回不可。每当我打开放着许许多多学生家长来信的文夹时，就觉得好像触摸到了一颗颗赤诚的心——每一张信纸都诉说着父母们遇到的痛苦和悲伤。今天邮局又给我送来了九封信。读着读着，我的心里充满了痛苦。如果对这一张张的信纸无动于衷，如果我不设法帮助来信的每一个人，那么又由谁来帮助呢？

　　在一些信里，我看到，母亲最担心的是：不知是怎么搞的，儿子或女儿的表现和父母所期望的有些背道而驰——这给家庭生活投下了一道道阴影……。"我儿子在三年级学习"，一位母亲来信说，"上学之前这孩子就学会了读和写，一年级时他是班上的优秀生，可是现在我发现：这孩子对学习的兴趣一天比一天淡薄，对得什么分数——是三分还是五分，他都觉得无所谓。这是怎么搞的？为什么会这样呢？不仅我们的孩子这样，据一些其他孩子的父母说，他们的孩子也是这样。如何培养孩子对学习的兴趣？如何才能使孩子如饥似渴地学习，甚至读起书来通宵达旦（我还没有见过一个这样的少年）呢？"

"我们对这个十三岁的儿子该怎么办才好呢？"一位父亲来信说，"他曾经是个温和、听话、柔顺的孩子，可是突然无缘无故地变得粗暴无礼，把我们的劝告当成耳旁风，而且跟我们对着干，我们该怎么办呢？如果这种负面的、不好的东西在孩子身上继续快速发展下去，那将如何是好？"

在第三封信里我看到的已经不是担心，而是痛苦和绝望。"我只有一个儿子……"一位母亲来信说，"不久前曾在九年级学习。我把全部心血和精力都用在他身上了。我放弃了个人的幸福，为的是使他成为幸福的人。我一点也不顾惜自己，为的是让他感到事事称心如意。可是我突然遭到了极大的不幸。有一天儿子回到家说：'我已经三天没去上学了，我不想学了。如果你强迫我去上学，我就离开家……'我哭了，劝了他好久。可是儿子怒气冲冲地说：'我去干活、挣钱，把你在我身上花的钱都还给你，从此我再也不想认你了！'为什么要这样对待我？要知道，这就好像在我心上扎了一刀！为什么我要受到这样的屈辱？我是为了他才活着……"

还有许多信，虽然说法不同，但是内容大同小异，都是同样的悲剧：孩子不再相信善良和人道，他们的心变得冷酷起来，凶狠起来……。然后同样是母亲的哀号：怎么办？

不仅仅是信件，一些母亲带着自己的苦恼——"今后怎么办"从全国各地来找我。谈话是费力的、直爽的，就和直言不讳的信件一样。这些谈话使我确信，我们的社会——无论是家长还是将要建立家庭的青年，都需要有一本《家长教育学》，需要有一本关于家庭、婚姻的道德修养以及如何教育孩子的书。《家长教育学》应当成为每个公民手边必备的书。《家长教育学》要在专门的家长学校里进行研究。这门关于培养人的科学应当占到最重要的位置。

社会教育是从家庭开始的。家庭教育好比培育植物的根苗，根苗苗壮才能枝繁叶茂，开花结果。良好的学校教育是建立在良好的家庭道德基础上的。

三十多年来，我每天都要同家长接触。无论是在个别谈话中，还是在家长学校的课堂上，家长提出的最尖锐、最紧迫的问题常常是"怎么办?"。如何教育孩子? 如何把母亲的抚爱同严格要求协调起来? 如何给孩子们幸福? 没有比父母在培养人时所用的智慧更为复杂的了。我一生都在努力探求这种智慧的所在。现在，《家长教育学》这本书就是我长期思考的结果。哪怕它能成为我所说的父母手头必备的那种书的一页，那也是好的。希望这本书能给家长教育智慧的宝库做出一点点贡献，这对作者将是莫大的幸福!

目　　录

目　录

应从孩子小时起就培养他做父母的义务感

妈妈领孩子到学校。

这位妈妈十年前在学校里学习时一直非常优秀：在考试时，不用复习就可以考出不错的成绩；能出色地回答历史教师的各种提问；对语文、数学、化学、物理的问题同样回答得很好。她是学校的骄傲。许多年过去了，现在她已是孩子的妈妈了，要给小女儿报名进学前班。她好像猜透了我们的心事——希望知道一些有关她的近况。这位年轻的妈妈讲道：

"我在学院学过两年，学习成绩很好。但命中注定出现了另一种情况：我出嫁了，因丈夫工作的关系，需要搬家，于是我辍学了。结婚半年我就离婚了。当我向别人谈起这件事时，他们总以沉默表示同情，或是试图用什么好听的言辞来安慰我。什么同情、安慰，我都不需要。我现在只是非常埋怨那些在我少年时负责教养我的人。"

之后，这位年轻妇女叹了口气后便沉默不语了。我认为，那些使她波动不安的原因也正是多年来使我不能平静的理由。

于是我便问她：

"你有哪些伤心事?"

"没有学会生活。我和丈夫的离异，并不是由于对彼此失望了，也不是由于所谓的'性格的不合'。我们只是不会生活，不会做丈夫和妻子，无论是他还是我都不会。我们不善于相亲相爱，是的，人的爱情极需要培植的。我们想象不到丈夫和妻子的爱是什么样的，没有人跟我讲过。我们不会互相尊敬，不会体贴自己身旁的人，不会相互忍让，不会让感情服从理智，更不会珍惜生活。善于珍惜生活，这是多么重要的事呀!"

那时，我们和这位年轻的妈妈作了一次长谈。谈话的内容始终保留在我们的记忆中。就是现在，当我着手写这本《家长教育学》时，我想：本书的第一页究竟应该怎样写呢？连第一页也没有，这可真糟糕，就像建造楼房却没有地基一样。的确如此，在我们学校里，学校没有教给学生如何生活，最重要的东西却没有讲授过。是的，学校应当让受教育者知道许许多多有益的和必需的有关历史、科学等知识：如太阳中的物质状况，一立方米的星际空间有多少物质原子，《汉谟拉比法典》的内容是什么，什么叫引力……，而这些有时并不是必需的。一个人应如何为家庭生活做准备？很多人却对此一无所知。生活就意味着要做妻子和丈夫，要当自己孩子的爸爸和妈妈。无论是教师，还是父母，都需要思考这个每一个公民都会碰上的重要的生活学问——人们的相互关系。形象点说，我们都忘记了这样的问题：每个人作为人被生下来，但还不能成为真正的人，因此必须被培养成真正的人。如何使人这种动物学会思考、观察、理解和追求人类幸福的源泉？每个人都渴望幸福，但远非所有的人都愿意用劳动去掘深幸福之井，并从中发现新的幸福源泉。在童年时期，就要教导孩子为他人去发掘幸福的源泉。可是，到目前为止，学校教育中还没有开设这样的科目。

假若一位教师把与八年级学生或九年级学生的教育座谈，专门用来谈"年轻家庭中丈夫与妻子的关系"这个话题，那么这位教师就会被看作一个怪人。可是，我认为与年轻人谈论这个题目，确实比讨论某个国家国王的陵墓或银河系的中心要重要得多。

当然你也会注意到下面的情况：在高年级上课时，只要一谈到（我们指的是文学课）爱情、结婚、生孩子，于是男、女少年们的脸上就浮现出顽皮的笑意，孩子们开始窃窃私语。在有关人的生活和人的未来这些重要的问题上，我看到了大孩子们轻率的态度。我认为比较理想的情况应是这样的：在谈到爱情、结婚、孩子、人（幼儿、儿童、少年）的那一瞬间，应当产生这样的激情，就像看到有千年历史的艺术古迹时所感受到的一样。我们年纪较长的一代应当学会跟少年儿童谈论这种伟大、美好的人类感情——爱情——至死不渝的忠诚之情，以及结婚、生孩子，谈论死亡的悲哀和内心的回忆。在我们没有学会谈论和思考这些问题之前，是不可能培养孩子具有高尚、纯洁的心灵和情感的。缺乏知识和礼貌的环境，早晚会使孩子面对眼泪和愁苦。

最近十年，我研究了 200 个年轻家庭离婚的案例。有 189 个离婚案件的原因是夫妻彼此不善于了解对方。这些青年男女对于相互之间应该善于培植复杂、微妙的感情一事一无所知，而这恰恰是婚后生活所必需的。没有任何人给他们讲过，因而他们不知道婚后要天天生活在一起，生活在一个屋子里，这不是幸福幽会的短暂几小时，而是相守一辈子，这是一部巨大的、无与伦比的创作，是精神劳动，是一种毅力。为此，人类需要有高水平的精神文明、精神培训、明智的学校。

然而，别奇怪，这种学校是不存在的。因此，《家长教育学》就缺少了第一页（如何做丈夫和妻子）。某些年轻人，对生孩子问题，自己在道义上、精神上的准备情况，就好像一个文盲要去处理哲学问题一样。生活提出了需要，希望在中学高级班增设有关家庭关系、结婚、生育子女的文化修养课程，授课人必须是感情丰富、精力充沛、道德高尚的人。这门课要用令人折服的事实，为未来的父母们打开这一真理的实质之门，阐明婚后生活即意味着每时每刻都关联着一个人的思想、心灵以及对人的爱情，开始是对丈夫或妻子，之后是对子女。这是非常复杂且细腻的情感，须用智慧和情感去理解和体会，表面看仿佛是一见钟情，实际上是理解平凡的事物。这些平凡的事物，需要父母和教师用大量智慧和心血去向孩子灌输。假若我们在青年男女面前真正揭开生活的智慧和复杂的一面，就可能使他们变得成熟和慎重，而不会出现年轻人对爱情和婚姻表现出轻率的情况了。

如果委托我为高年级制订"家庭、结婚、爱情、孩子"这个最急需的课程大纲的话，我要把有关人类愿望的文化修养问题放在第一位。难道不是吗？婚后是否善于生活，就取决于一个人是否善于去爱、去尊重和体贴身旁的人。这首先表现在一个人能否善于掌控自己的欲望；能否为了家庭的幸福，为了孩子而放弃自己的部分愿望、限制自己的愿望。这个世界，曾为人们提供了广阔天地以便使他们的愿望开花结果。但是，只有那些能主宰自己愿望的人才是幸福的。亲爱的父母们，要记住这些，并用这些去教育你们的孩子。忙着离婚的人，首先是那些利己主义者、个人主义者，对他们来说，个人欲望高于一切。亲爱的父母们，我们要传授给孩子们的学识，正是深藏在我们内心中《年轻家庭中，夫妻的愿望要和谐一致》的一页。这篇文章分析了年轻家庭中可能发生的一切。所援引的可资借鉴的例子可以说明人的欲望是如何产生的；什么愿望在什么条件下可以满足，什么样的情况下应当控制；如何使自己的欲望服从家庭的总体利益。毫不夸张地说，不善于做丈夫和妻子的人，一旦成了年轻的父母，常常表现出孩子般的无能力、无经验和束手无策，帮助他们就像帮助小孩子一样费劲。当这些大孩子再生孩子时，更大的问题便来临了，这对社会、对生下来的孩子都是不幸的，因为按道德和精神发育水平来说，意味着自己还是孩子的人又生了孩子。

告诉你一个小秘密："家庭、结婚、爱情、孩子"课程是有的。我们教育男、女青少年已经有几年了，教导他们正确看待结婚和家庭生活，如何从道德上做好生活的准备。这其中包括：人与人相互关系的文化修养，以及如何教育孩子。在学校的教学计划没有提供时间的情况下，教师们来讲授这门重要课程无疑是件困难的事情。但是，无论如何也应当克服困难，因为这一科目的重要程度并不次于数学、物理、化学，甚至比它们更重要。因为不是所有的人将来都要做物理学家、数学家，可是所有的人都要做父母、丈夫或妻子。

但愿你们不会认为我轻视数学及其他自然科学的作用。我们都很清楚，没有这些知识，我们甚至不能进入科学的门厅。但是，关于人的知识毕竟还是更重要些。因而，即便不在今天，那么也一定是在明天，学校的教学计划中，一定会列入关于人与人的相互关系的文化修养这一科目，因为我们正是生活在人的时代。

亲爱的父母们，我们要从道德上培养自己的孩子做好做父亲和母亲的准备。

什么是父亲和母亲的道德准备呢？人的本质在人的天职中揭示得最清楚。那就是，一个人要对他人负责。天职，天职，再说一遍还是天职，就在这种气氛中来培育人的本质，才能使这种本质真正符合"人"这一高尚的称号。

谈话之二

关于父母的公民义务感和道德责任感

父爱和母爱很难用言语来表达，只有自己当了父亲或母亲的人才能完全理解它。我还记得在我们学校所发生的一件激动人心的事情。有对年轻夫妇（一位男教师和一位女教师）婚后很久没有孩子，他们等了十年，等候做父母的幸福。就在他们失去信心，认为幸福不会降临的时候，这位女教师竟然怀孕了。她含着幸福的眼泪在教员室告诉同事这一消息，开始给女老师讲，女老师又传给男老师，大家都非常高兴并向他们祝贺。终于，孩子出生了。当这位男教师父亲把妻子和儿子接回家时，他是多么幸福和激动呀！他把儿子抱到学校给大家看，想说些什么，可是话还没出口却激动得哭起来了。之后，他控制住自己的感情说："从婴儿哇哇哭叫的那一刻起，我就感到自己完全变成另外一个人了。小娃娃就像从我心里分裂出来的，我觉得这是我的第二个心脏，是第二个我。"他又说，现在他上课时，在教室里对孩子们的看法完全变了，觉得"每个孩子的痛苦就是自己的痛苦"。

　　我们认为，做父亲和母亲的要深思这些言语。生孩子，就是把我们的心分割了一部分。对人类创造者来说，没有什么能比父亲身份和母亲身份更高尚和大公无私了。婴儿作为你身体的一部分开始呼吸了，睁开眼睛面向世界了，从此时起，你就应承担巨大的责任：每一瞬间，你看到孩子，也就看到了自己；你教育孩子，也就在教育自己并检验自己的人格。

　　行业、专业、工作，有数十种，上百种，许许多多：有的是修铁路，有的是盖房子，有的是种庄稼、给病人治病、缝衣服等。但是有一种包罗万象的、最复杂和最高尚的工作，对所有人来说都是一样的，而同时在每个家庭中又各自是独特的、不会重样的工作，那就是对人的养育和造就。

　　这个工作的特点是，人在其中要找到无可比拟的幸福。为了使人类延续，父亲、母亲要使孩子再现自己的历程。这种重演在很大程度上是有意识的，为了人类、为了孩子的未来，父母要有强烈的道德责任感。这个工作的每一瞬间（人们称此工作为教育工作）都要创造未来、面向未来。

　　在教育工作中，要使公开的和隐蔽的、社会的和私人的各种教育方式有机地结合在一起，人类幸福的谐音就产生于这种结合之中。

　　假若你希望在你身后，在这块土地上留下你的芳迹，你不一定要做个名作家、著名学者、宇宙飞船创始人或新元素周期的发明人，你可以献身于社会教育事业，好好教育孩子们，使他们成为好的公民、好的工作人员，好儿子、好女儿、未来的好父母。

人的创作，是一切精神高度紧张的结果，这也是生活的智慧、技巧和艺术。孩子不单是幸福的源泉，而且是我们非常重要的幸福的源泉。孩子，这就是幸福，是用我们的劳动所创造的。记住这些吧，年轻人，你曾怀着激动万分的心情等候着与情人约会时刻的到来；还是你，年轻的父亲，在你婴儿的摇篮旁唱着古老的歌曲；又是你，虽已白发苍苍，但家庭生活的喜怒哀乐使你增长了智慧，现在已是自己孙子的爷爷。做父母的，你们的幸福，不是从天上掉下来的，不是节日客人带来的，只是因为你们的孩子们已成了丈夫或妻子。它是从困难和勤劳中得来的：幸福只会给予勤于劳动的人，多年忘我劳动的人。劳动的复杂性在于，它是理智与感情、智慧与爱情以及能力的融合物，满足地享受这幸福的时刻，又惊恐地展望未来。哪里失去了这聪颖的做父母的才能，哪里的幸福就变成了幽灵。

有一段痛苦的往事我始终记得。在我们区居住着一位善良的人，名叫伊万·菲力波诺维奇，他是一位值得尊敬的、勤劳勇敢的好人，是一位联合收割机手。由于他忘我的劳动，曾被授予勋章。报纸上经常登载他的照片，甚至在路旁也设有贴着伊万·菲力波诺维奇照片的展览橱窗，上面写着：应当向他学习！伊万·菲力波诺维奇有个儿子也叫伊万。父亲、母亲都非常喜爱这个独生子，但是爱得很不得当：他们会满足伊万西卡（伊万的爱称——译者注）一切稀奇古怪的要求。小孩子（父母这样称呼快 14 岁的儿子）要求买什么就买什么。因而儿子认为只要沐浴在父亲荣誉的光辉之中就可以了，用不着经受任何艰难困苦，就这样，他成了一个游手好闲的人。他得到一切是那么容易。可是，要知道，人在童年和少年时代，如果快乐和幸福得到的越容易，那么他在成年后就越不懂得什么是真正的幸福。亲爱的父亲和母亲，请思考一下这个教育的规律性。教师们曾约请伊万·菲力波诺维奇到学校，但他从没有去过。因为他有时是去出席集体农庄委员会的会议了，有时是去区里交流经验了，有时又是到邻近的集体农庄去检查社会主义竞赛活动了。终于有一天，不幸的事情发生了：伊万打了同班的一个女同学，打得很厉害，不得不把医生请来。后来派人去请伊万·菲力波诺维奇，告诉他说："快去学校吧，你儿子出事了。""什么不幸的事情?"父亲惊奇地问。派去的人叙述了事情的经过。父亲松了口气说："我还以为什么大事呢……，我现在没有工夫去学校，我要去参加突击手代表会。"

晚上，伊万·菲力波诺维奇终于被请到了学校。他听完教师激动不安的讲话，一句话没讲就回了家，他把儿子痛打了一顿，并说明发怒的原因："往后不要再把我叫到学校里。"第二天，伊万西卡跑到田里抓了两把泥，把宣传橱窗里父亲照片上的眼睛糊上了。伊万·菲力波诺维奇明白了：教育孩子就是要对他的智慧和心灵进行细致的工作……。他明白了，但是为时已晚。请思考一下这个鲜活的故事吧，即使对那些孩子仍在襁褓之中的父母或是他的女儿已是未婚妻的人仍是可以借鉴的。

　　不久之前，我收到乌拉尔市一位优秀工人的来信。这位工人写道："授给我勋章时，所有的人都向我祝贺，家里也很高兴。连12岁的儿子这个五年级的小学生也来向我祝贺了。但之后，他从家里跑出去了……。这几天，我内心十分复杂。反复思量我所做过的事以及过去的生活，我得出结论：错的不是儿子，而是我。我不知道他的心灵寄托是什么。我唯一的功劳好像就只是生了他，我没有带给他任何儿时的欢乐。只要儿子在学校里有功课不及格，我就把他痛打一顿。儿子特别恨我。你看，现在我站在十字路口：假若失去了最主要的，那勋章、荣誉、同志的尊敬对我来说还有什么用呢？"

　　请你仔细想想这个真实感人的片段。虽然在生产上有重要的、复杂的创造性工作，但你要知道，家庭中却有更重要、更复杂、更细致的工作——教育人，在等待着你。我们每个人都应当懂得，尊敬的父亲和母亲们，凡没受过教育的人、不学无术的人、一知半解的人，就像一架安装了一个坏发动机的飞机起飞了一样，不但自身毁灭而且也给别人带来了灾难。

　　假若学校请你去，你可以向生产单位请假。据我所知，已经有十多个集体农庄实行了这种制度：在那里工作的父亲，如果他们在家庭中，在教育孩子方面还有某些问题没有处理好，单位就会给他们两个星期的假去处理孩子的教育问题。总之，那些一知半解、不学无术的人所带给社会的损害要比父亲请两个星期假（当然，不付工资）来认真考虑一下教育孩子的事所带给社会的损害要大上千倍。

　　一天，我问那位农庄主席（他对不好好劳动的人严格控制请假制度）："父亲为教育孩子请假不上工，这样做对农庄损失很大吗？这样的损失，你认为是值得的吗？"主席回答说："没有直接的损失，为教育孩子而不得不请假的父亲是不拿工资的。间接损失是有的，全农庄每年只不过是 100 卢布。但是，我们宁肯丢掉 100 卢布也不愿放弃一个人。"

谈话之三

看看自己的精神世界

莫斯科每月都要办几千件喜事（结婚）。这真是个好消息，愿有情人都成眷属。对于年轻人来说，这也是对自己的检验，看看是否做好了教育子女的精神准备。

"啊，假若没准备好，那怎么办呢？就不准结婚了？"年轻人、未来的父亲问。

在生活的细节上，不一定非求得如此严格的答案。在人的生活中，自我教育是起着巨大作用的。善于进行自我教育的人，按其全部含义来讲就可称为有教养的人。

于是，看看个人的精神世界，看看自己的内心世界，这在你年轻人产生结婚念头的时候是非常重要的。与妻子的婚后生活和教育子女，是同一朵花上的两个花瓣。要记住，未来的父亲，年轻人，你的妻子过几天要去产房，此时，父亲的快乐可与园丁的快乐相比拟，因为这位园丁年年保护幼树不怕严寒和酷暑，为了爱护它而废寝忘食，最终看到了自己劳动的果实。

教育孩子，是一种特殊力量的奉献，即精神力量的奉献。我们用美好的爱（父母之间的爱），用对人的尊敬和美好的、信任精神来塑造人。优秀的孩子就成长在这样的家庭中，在那里母亲和父亲真正相亲相爱，同时也热爱和尊敬他人。我能一眼就认出这种孩子，他的父母深深地、热烈地、忠诚地、相依为命地相亲相爱着。在这样环境中长大的孩子，心地善良、性格安静、心灵健康、真诚地相信人的美好，听信教师的讲话，能敏锐地感受影响人们心灵的细微事物（即对善良的言辞和美好的事物）。

检查一下自己，青年人，看看自己的内心世界：是否喜欢别人，并且愿意为别人献出自己的感情？若是否定的答案，家长教育学将变成一纸空谈。要记住，你想教育好孩子，首先就要真心爱自己的妻子。真心地去爱别人，这就是付出、投入了感情，可以感受到给予别人的幸福。好的丈夫会给自己的家庭创造幸福，这种爱情就如同太阳的温暖和光辉照耀着盛开的玫瑰花，将变成你孩子的精神珍品。

热爱妻子，就意味着对她的尊敬。爱护、崇拜如神，不要怕这些言辞；用你的智慧和心灵去相信她是世界上最好的女人，因为她是你的妻子、你孩子的妈妈。

也许，尊敬的父亲，你们认为《家长教育学》（作者这样称呼这本书）中的一些言辞似乎很荒诞。也许，你会问，对教育孩子应抱什么态度呢？答：直接的、率真的。夫妻间的爱情、信任、相互的忠诚和帮助，正是向父母智慧之树提供营养的根须。

　　因此，必须检查一下自己，未来的父亲，你是否有足够的情感投入这相当难的劳动，即终生热爱你的妻子？

　　那么应如何检查呢？如何去爱呢？最大的障碍就是心灵的麻痹。看一下你的内心，有没有不幸的种子，假若有，就抛掉它，不要让曼陀罗（一年生草本植物，全株有毒——译者注）萌发。心灵的麻痹，是对人的冷漠无情。当你走在熙熙攘攘的大街上时，你会看到人群之中，有的人眼睛里流露出惶恐不安和绝望的神情。可是，当你扫视到人群中这独特的眼神时，不安和绝望都未能触动你的心灵。你可曾想到，在你面前的人眼神里充满了悲哀，也可能表明他的整个内心世界都已经毁灭了。每个人的心灵都是一个独特的世界，如果你没有觉察到这个世界，那就意味着你患有初期心灵麻痹病。一定要治疗这种病！要关注你周围发生的一切，要学会关心和体贴别人。要记住，在你周围的世界里，最重要的是人。人是复杂的、多方面的，有快乐也有悲哀。假若你不把自己内心的问题控制在萌芽状态的话，那么你就不会把自己的妻子看成是人，就不会真正爱她，更不会在她内心中创建美好与高尚的东西，因而也就不会正确教育自己的孩子。

谈话之四

在孩子的心目中使你的精神变得更高尚

    在我们的社会里，家庭是人们多方面关系（经济的、道德的、精神—心理的、美学的）的基本细胞。

    让我们来看看这个家庭的故事。年轻的农艺师尼柯莱·彼特洛维奇和集体农庄牧场的一个女工快乐地开始了自己的家庭生活。人们帮助这个年轻的家庭盖了石头房子。他们在住宅旁的园子里种植了葡萄，还栽了防风林及稀有品种的苹果树和梨树。住宅与果园构成了恬静之角，小家越来越富足起来，可就在这时，家里的生活出现了苦难、阴郁的色彩。为了防止有人偷摘鲜花、苹果或葡萄，男主人把庄园整个地段围上了高墙。他从早春到深秋都要住宿在果园里，并且把整个果园的收获都运到市场上出售。妻子玛莉娅·尼柯莱娅·彼特洛维卡哀求他留在家里，但男主人铁石心肠毫不动心。他在住宅旁相继建造了石头地窖、板棚，又安装了电力设备，以便浇灌果园和菜园。他拿到了稀有品种的西红柿并开始培植，当然也是为了到市场上出售。勤劳的男主人在果园的深处建造了温室，里面不仅培育了早熟的西红柿，还有花卉（也是为了出售的）。

尼柯莱·彼特洛维奇和玛莉娅有个独生女，叫奥克桑。父亲禁止她往家里带朋友。奥克桑从学校毕业后，到榨油厂当了一名化验员。一个机务人员爱上了她。一次，女孩瞒着父亲把这名青年带到白雪覆盖的果园里，开开温室的门，摘了几朵花赠送给他。父亲突然来了，看到女儿和一名年轻人在温室里，生气地把花夺过来撕碎了……

"我再也不会进这个令人诅咒的家了！"奥克桑说，"你，我的父亲，你千方百计地扼杀我内心中所有人道的东西。是你毒害了我的童年，你的良心是残忍的。"

奥克桑出走了，离开了父母。过了几年，母亲也出去寻找女儿了。只有尼柯莱·彼特洛维奇一个人留下来，守着他那些"宝贵的东西"。就这样，幸福变成了幽灵和有毒的东西，因为它建立在贪婪的基础上。

财富只有为人的幸福服务时，才能算作财富。这一点我们应当牢记。亲爱的父母，建立自己舒适恬静的窝巢吧。我们社会最高的准则是：一切为了人类，一切为了人类幸福——这并不是什么抽象的真理。这同样是建立深刻的、人与人之间奥妙关系的原则。

一天，我学生的父亲来找我抱怨说："对儿子（五年级的小学生）我该怎么办呢？他变得不听话、说谎、逃避劳动。就是不久前，他没去参加星期日少先队集体种树活动，说是病了，实际上是踢足球去了。"而最令父亲焦急不安的是：这个孩子只是为自己而活着，心肠冰冷、淡漠，自我封闭。我听完父亲的诉苦后问："请跟我坦白地说，你跟你的父亲关系如何？""还可以，关系还能协调一致。"我又问："那你的母亲为什么独自住在一间小屋里？你为什么让她离开家？在你母亲的小屋里只有一个破烂不堪的小窗户，难道你没有看见？而你还希望儿子是个集体主义者？你还要向儿子讲述有关在集体面前应负有义务的美好言辞并且告诉他少先队员应把祖国的利益放到心上？要知道，那些纤细的须根是向爱祖国这一棵巨树提供养料的。在儿子的生活中培养这种精神的时刻，正是他练习从果园摘下苹果和玫瑰花给祖母送去、端一杯新鲜的矿泉水放在她面前、摆正祖母床头枕头的时候。"

尽量提高自己在孩子眼中的地位，以便使孩子看到你在播种这颗种子时表现出的生命的崇高意义，因为这颗种子正萌发为茁壮的幼芽。

村里来了一位青年教师，刚刚大学毕业。有一次他去畜牧场讲课，认识了一位蓝眼睛、淡黄头发的漂亮女孩。这位女孩讲述了自己的命运：父亲在战场上牺牲了，母亲病重，她不得已在五年级时就辍学到畜牧场工作。青年教师很喜欢这位女孩。他恳求她嫁给他。女孩坚决拒绝说："你大学毕业，而我……"但他未放弃对女孩子的追求，也未放弃自己的理想。三年来，他一直教她读书。在漫长的冬夜里，两人坐在一起学习。女孩善于学习又有毅力，中学毕业后，便进入医学院学习。这时，她才同意嫁给他。医学院毕业后她成了医生。夫妇二人生活得很幸福，养育了五个孩子。他们的孩子对父母的哪怕微小的心理活动都很敏感；他们善解人意、关心别人、热爱劳动。当你看到这些孩子的时候，你的感受将是，他们自觉地尽量不带给父母悲哀、惊惶不安和忧愁。孩子们的努力给自己的双亲带来了幸福，这就是父母亲以自己热切的相互关心、相互忠诚和体贴入微潜移默化影响教育的结果。我们做父母的，应首先以自己的相互关心的行为来教育孩子，关于这些，应当永远牢记。

珍惜、爱护孩子心灵中对高尚
理想和坚定精神的信念

　　一个全新的世界展现在儿童面前。他要认识许多对他来说新鲜的事物。一切都让他感到新鲜，一切都使他波动不安：不论是室内太阳的光点，还是关于《伊万希卡——胖娃娃》的童话，抑或是五彩斑斓的蝴蝶，远处地平线上的树林，天空中的白云，白发苍苍的祖母……。然而，在孩子面前还有更重要的东西——人。孩子认识世界，是从母亲甜美的微笑、低声的摇篮曲、慈祥的眼神和温暖的双手开始的。假若世界总像母亲那样以甜蜜的眼睛看着孩子的内心，假若孩子在未来生活的道路上遇到的一切都像慈祥母亲那样温柔和善良，那么我们整个社会就会减少悲哀、犯罪和悲剧了，我指的是在社会主义的国度里。

　　就这样，孩子开始认识人类世界。它从母亲、父亲开始，从母亲如何关心他，从父亲如何对待母亲开始，进而形成初步的儿童认识世界的概念以及对善与恶的理解。

在良好的家庭中，母亲和父亲琴瑟和谐，家里笼罩着这样的氛围：对语言、思想和情感，对观点、微微能察觉的情绪色调的极度关心；关系良好，协调一致，互相帮助，互相支持；精神上团结一致，父母相互信任和尊重……。总之，这一切和谐地展现在儿童眼前。在此基础上，儿童确立了对人类美好的信念，形成了心灵的安详和宁静，养成了对不良风气、不道德、危害社会行为的抵制能力。假若这种信念在孩子的心灵遭到破坏，那么悲剧和痛苦就会降临。对家庭、对学校、对我们社会生活道德来说，没有什么比孩子的信念遭到破坏（这样孩子会非常痛苦和不幸）更危险的了。

这让我不得不想起柯利亚·波洛赫林柯的苦难命运。只要一听到"童年的悲哀"这个词，他就会出现在我的眼前。柯利亚找到抛弃了家庭的父亲，眼中充满了痛楚和哀求。他问："爸爸，什么时候到我那儿去？我是多么希望你到我那儿……"九岁之前，父亲和母亲的关系还是不错的。父亲帮助母亲做家务，晚上与小儿子一起坐在桌旁画小动物和想象出来的东西。父亲是司机，夏天会带儿子到不远的地方去旅行。这些带给儿子多少欢乐呀！

突然间一切都变了。父亲和母亲变成了陌生人。大家坐在桌旁吃饭，眼皮低垂，避免彼此目光相遇。之后，更可怕的事情发生了：父亲再也不回家了。母亲说："我们今后不跟父亲在一起生活了。"这对孩子来说不啻晴天霹雳。

这种孩子在学校中很难教育。这不只需要教师，而且需要借助心理医生。对失去高尚、幸福、完美信念的孩子，需要付出许多心血才能使他恢复。

在柯利亚·波洛赫林柯家里所发生的事绝不是个别现象。那些不愿或不能崇尚人类情感和人类高尚品德的父母，种下了不幸，必然收获恶果。

也有这样的情况，孩子对幸福的信念并未被破坏，就像柯利亚·波洛赫林柯的情况，但是孩子却变得不听话了。就像父亲所抱怨的，好话都听不进。在这种情况下，尊敬的父母，你们应当看一看自己，在你们的关系中，是不是哪里有了裂痕，这些裂痕最初也许很小甚至觉察不出来。这可能是在不平坦的家庭生活道路上常常出现的最细微的有关精神、心理、道德和美学方面的各种坎坷，如：丈夫和妻子，命运本来把他们联系在一起，应当是终身相依为命，然而由于某种原因见面时却淡漠无情，渐渐变得难以掩藏内心的不满；还有许多夫妻，原先准备共度一生，但相处多年，由于互相厌恶，精力耗尽，变得精神上互不相容。

夫妻之间应共同保护自己的家庭，绕开或共同解决生活道路上的困难，要善于创造家庭生活中最宝贵的财富——相互爱恋，也就是说，要在家庭中营造有利于教育子女的氛围。

要珍惜爱的情感

　　要善于爱护、尊重、培养和增进人类的爱情。这种情感最细腻、最变幻莫测、最娇嫩，但又最强烈、最牢固，是人的最富有智慧、最幸福的精神财富。

　　关于这一财富，成千上万的诗人赞美它，谱成千百万首歌曲来歌颂它。尊敬的父亲和母亲，我愿和你们一起欣赏这爱情的晶莹的一面，而这一面是人们很少谈及的，即作为孩子的养育者的爱情。

　　在我记忆的蓝色苍穹里，永远闪烁着对尼柯莱·菲力普诺维奇生活的鲜明回忆。他是一位富有同情心的好医生，在第聂伯河附近的镇子上工作了42年之久。妻子玛莉娅给他生了六个孩子（三个儿子、三个女儿）。每当做完复杂的手术之后，尼柯莱·菲力普诺维奇常常是疲惫无力地回来，玛莉娅说："你就在这葡萄亭子里先躺着休息休息，再没有比你的工作更繁重的了……"他微笑着回答说："不，世界上最繁重的工作是当母亲的工作。这种工作最繁重、最费心血也最光荣。我助人于痛楚之中，而你是在创造人类并为人类创造幸福。"

　　我之所以总是回忆起尼柯莱·菲力普诺维奇的生活，我认为，这是因为他的生活反映了人类的美好情感，即人类的爱情。夏天的拂晓，由于每天照顾孩子而疲惫不堪的玛莉娅还在睡乡，儿子和女儿也在甜甜地睡着，尼柯莱就悄悄地起来，免得惊醒妻子和孩子。他到花园摘了玫瑰花，拿回卧室，插进妻子床边小桌上的花瓶里。这个小花瓶是尼柯莱在婚后第一年雕刻的，当时曾花费了他好几个月的时间。它摆在桌上活像一片枫树叶……。玛莉娅似睡非睡，在睡梦中隐约听见尼柯莱小心翼翼的脚步声。玫瑰花浓香扑鼻，玛莉娅再也睡不着了，幸福地闭着眼睛躺了半个小时。

　　十年如一日，每天早晨都是如此。尼柯莱盖了一个专门养花用的小温室。不论是在严寒的冬季、秋天恶劣的天气里，还是在早春季节，黎明时他都要去温室剪下娇嫩的鲜花带给妻子。孩子一个接着一个地长大。长大的孩子，在破晓时也会与父亲一同起来，于是花瓶中有了两枝花，之后是三枝、四枝、五枝、六枝、七枝……

　　后来，尼柯莱去世了。儿子、女儿们飞向祖国各地，而母亲现在还居住在第聂伯河附近的镇子里。儿子和女儿虽然住得很远，但他们每年都要在母亲生日那天来看望她，并在木刻花瓶中插上七枝红艳似火的玫瑰花。（六枝是孩子赠送的，一枝是父亲赠送的——象征性的。）

　　每当谈及教育孩子的问题时，我总是会想到上面的情况。

24

爱是人类教育的强大力量。谁能以自己的生命倍增人类的宝贵的精神财富，谁能进行自我教育，谁就能教育好自己的孩子。正如托尔斯泰所说，教育孩子的实质在于教育自己，而自我教育则是父母影响孩子的最有效的方法。可敬的父亲和母亲，正准备踏进家庭生活第一步的青年男女们，这就是我今天为什么要谈谈爱情的原因，这也是关于教育的神圣性质的谈话。关于人类爱情，我再强调一次，它之所以被人类需要，不只因为它是一种幸福，而且因为它是快乐、纯真、高尚的源泉。爱情带给人们喜悦和幸福，同时也把人们带到最困难、最复杂、最重大的人类义务中去（即结婚，因为这是永久的职责）。伏尔泰曾说过，结婚和婚姻关系，对人们或是最大的幸福，或是最大的灾难。当它代表幸福的时候，结婚就是地球上唯一的天堂；假若你把婚姻、结合的复杂性当作公民的义务，当作创造心灵和躯体的义务、智慧和身体的义务去理解时，作为最大幸福的婚姻将成为精神劳动的富饶田地（巨大的、不知疲倦的劳动），而这种劳动就被称为人类的爱情。

这种劳动的细节就是对孩子进行教育的智慧。人类的爱，不是天然的欲望和本能，虽然它是基于异性间彼此的欲望和非本能的不可意料之情。但是，新婚后一个月，一对亲爱的人已耗尽了自己，假若说，结婚只是被天然的情欲和本能所驱使的话，它就不能算是人类的爱。人类的爱是心灵和肉体、智慧和思想、幸福和义务的结合。

劳动、劳动，还是劳动，它像红线一样贯穿于这一切之中。正是这日夜不息的、不知疲倦的劳动，在你们（父亲和母亲）自身之中创造了人类精神的财富。

男女青年炽热地相互爱恋着。我建议你们：彼此好好认识认识，充分了解了解。当然，我们要相信爱情，因为它是永恒的。然而有的人结婚了，一起生活了几个月，妻子怀孕了，而年轻丈夫又被另一个姑娘吸引，他立刻觉得和妻子之间没有爱情了，于是又要离婚。这对社会来说又多了一桩悲剧，对未分娩的妻子来说是终身悲哀。为什么会有这样的事情发生，应该怎么办？应如何教育青年人避免发生类似的事情呢？

不只是教育别人，而且是自我教育（这很重要）。我们的青年人，把对享受的渴望误认为爱情。他们的婚后生活缺乏最主要的东西——日夜不停的劳动，这种劳动，按实质来说，就是把自己的精神力量投入到别人的心灵之中，以便使心灵更完美、更丰富、更幸福。其中最重要的就是幸福。当年轻夫妇共同创造幸福时，当在他们平凡的相互关怀中培养起最细腻、最牢固的人类财富时，爱情就是永久的，那时就不可能产生有人比爱人强的情况。当我们谈论爱情和婚姻的时候，一般是不需要进行这样的比较——这个人比较好，那个人比较坏。实际上每个人都是独特的，随着每个婴儿的降生，新天地也就降临了。当母亲生育婴儿时，她，作为妻子和母亲，她的美丽要发生许多独特的变化，但是，这些独特之处都是用我们自己的劳动创造的。有句乌克兰的古老名言："有什么样的丈夫就有什么样的妻子，你的妻子似水井，你在水中可照出自己，对你的妻子来说也是同样的。"

人们心灵中最强有力的、最有智慧的财富（爱情）就像音乐，像醉人心灵的迷人美丽一样在影响着孩子。这种财富永远拨弄着孩子敏锐的心弦，如对言语、对善良的心愿，对敏于感受抚爱和亲热的情感。谁的童年被爱的阳光照耀着（爱即指不知疲倦的奉献），谁就会更愿意和他人共同创造幸福，就会对父母的言语、对他们善良的心意、对他们的劝导和赠言、对他们的温存和警告有着特殊的敏感和接受能力。尼柯莱·菲力普诺维奇家中曾立有这样的规矩：当全家吃完饭后，所有孩子（他们的年龄相差不大，最大的和最小的相差九岁），一起收拾桌子，洗刷餐具。一天，全家在院里梨树下吃饭，饭毕，六岁的小女儿忘记了自己的义务，妈妈责备地摇了摇头，并去做完小女儿应做的家务，此时小女儿哭了，由于良心的责备，她感到很难过……

教育孩子的过程，也是进行自我教育的过程。为什么这么说呢？

在我们用以表示人的爱情的许多同义词中，如果我们选择一个最有表现力、最能传达爱这种情感的孜孜不倦的劳动本质的词，那么这个词就是"义务"。爱的教育力量，就是指成就最完美的人的义务。爱就意味着用心灵去体会别人最细微的精神需要。而这种心灵的感受能力来自父母，但不是什么言语和解释，而是榜样。尼柯莱·菲力普诺维奇并未要求孩子们跟他一起早起给母亲采摘鲜花。在这件事情上，他并未投入任何额外的精力，以让孩子们看见他是如何到花园或温室并带回鲜花的。他去温室时，孩子们正睡觉，他们似乎是在梦乡里感觉到父亲在做什么、为什么目的、向母亲表达了什么感情的。孩子们自然地学会了如何实现人类最伟大的期望——追求幸福。他们愿迎接这种期望，去创造幸福，给母亲以快乐。清晨给母亲赠送鲜花，这是尼柯莱·菲力普诺维奇家里以不息的劳动所创造的美好与幸福的顶峰。到达顶峰的道路是坎坷的、布满荆棘的。养育六个孩子，需要母亲付出大量的体力劳动和心血，孩子们时时、处处都能看到，可以说，他们是用自己的内心去感受父亲是如何对待母亲的繁重劳动的。孩子们看到父亲尽量干他能做的活，以便减轻母亲的负担，这使孩子们很激动（孩子用自己的智慧和心灵恰能明白这些）——他们激动于父亲的关心和敏感，他善于体贴母亲的不容易，懂得她需要帮助。"这种能力的发展，就是自我教育"，托尔斯泰在谈到优秀的、鲜明榜样的作用时曾这样说过。若孩子眼中的年轻父亲不断发展这种自我教育能力，那么母亲的繁忙和操劳将渐渐为父亲所分担，如此一来，家庭即成为对孩子进行情感、道德教育的学校。

马克思曾写过，只有爱情持续存在的婚姻才是合乎道德的。爱情，不用说，是人类灵魂的无价之宝，但它又是一笔不断变化的财富。它不是金刚石，光泽十年不变。它是宝石，色泽的闪耀每年甚至每月都在发生变化。最令人惊奇的是，令宝石色变的主宰者就是这宝石的所有者。因此，你要善于做一个魔法师一般的人，我们的智慧可以产生永远保护宝石色泽的伟大艺术。我们爱情的教育力量就取决于这种艺术，尤其取决于婚姻的牢固程度，因为它正是灵魂和肉体、智慧和理想、幸福和义务的结合。夫妻间最初几个月的强烈激情很快就会消退，除了这种激情之外，如果婚姻没有什么其他赖以支持的话，爱情的宝石就将变为一块炭；那么在你的家庭里，地狱将代替天堂，这对孩子来说就是苦难、冷漠无情和对周围人的不信任。在有高度道德感的婚姻中，当夫妻回忆起初期激情的火焰时，终身都感到宝贵，它是新生活反射出来的光辉（幸福的共同创造）。在持续多年的、具有高尚道德感的爱情中，常常表现出人和人的关系，首先就是丈夫与妻子的关系。对妻子和母亲的态度，是对生活之源的态度，对生活本身的态度。因为女人、妻子、母亲，她们首先是新生命的创造者。当这种思想、标准像红线一样贯穿在整个家庭生活中时，孩子将学习父母这一榜样，尤其是学习父亲珍惜生活、对待生活就像对待无与伦比的宝物一样的态度和行为。

学习珍惜生活，这是道德行为的主根，由这条主根培育出对人关心、体贴和热情的枝干。我认识一个模范家庭：丈夫是生产队的统计员，妻子是挤奶员。妻子的工作相当繁重，一星期内，要有几天，从早晨六点就开始劳动。为了准备早饭，妻子必须四点起床。丈夫心疼妻子，他四点起床准备早饭和午饭，送妻子上班，之后再送孩子上学。丈夫下午四点下班回家，孩子已经回家，妻子尚未下班。父亲与孩子们一起吃完午饭后又开始准备晚饭。孩子们和父亲一起干活时，精神上都受到这种思想的鼓舞：我们的妈妈工作很累，今天

29

工作很紧张，要为她准备可口的晚餐；要干完所有的家务活以便让她下班后能够休息。干家务活对孩子来说不是游戏，而是对最亲爱的人——母亲的关心。母亲是我们最亲爱的人，每天付出大量体力和精力，应该尽力给她带来欢乐。对人们来说，爱之所以宝贵，就是因为付出了精神力量。假若您是一位母亲，希望成为儿子和女儿在世界上最亲爱的人，那就以自己的行为去鼓舞他们为您尽力创造快乐和幸福吧！

如何对待人类美丽的花冠——妇女，从那些细腻、微妙、不易察觉的小事中，孩子可以用自己的心灵体会得出。每当母亲劳动日工作繁重、紧张时，父亲总会与孩子一起准备晚饭，并拿出洁净的毛巾挂在洗脸盆旁边。母亲是最辛勤的劳动者，而这洁净的毛巾正是表达了对她的劳动、对人类的美、对生活的源泉的敬爱。

这就是爱的教育，以自己的行为进行自我教育和教育孩子。在一个家庭里，只有当父亲自己能教育自己时，才能产生孩子的自我教育。没有父亲的光辉榜样，一切有关儿童进行自我教育的谈话都将变成空谈。没有父母的榜样，没有父母在相互关心和尊敬中所表现出来的爱的光和热，儿童的自我教育简直是不可想象的。孩子想做个好孩子，只有当他看见理想的事物，并为之吸引的时候，才能产生这种想法。在这非常细腻、微妙的教育气氛中，只有在高尚的人类情感基础上才能形成道德的概念。可是，孩子的情感只能由父母的情感所激起。

在学校举行毕业典礼前夕，我的学生瓦莉娅·柯勃扎莉详述了关于自己童年时代的深刻体会：

"我七岁那年，母亲病得很厉害。夜里，父亲守在母亲身旁。我记得，黎明时我不知怎么醒了，看见母亲呼吸困难，父亲弯下腰，看着她的脸，眼里充满了难以忍受的悲伤，那样的痛楚，那样的爱恋。这一切向我展示了人类生活的另一面——忠诚。我觉得，自那天早晨起，我真正开始爱我的父亲了。

"十年过去了，父亲和母亲生活和睦、协调一致。他们是我在世界上最亲爱的人。我以某种特殊的爱来爱我的父亲。从没出现过我不听他的话或向他说谎的情况。每当我注视他的眼睛，总是能看到伟大的永不熄灭的人类爱的光辉。"

父亲和母亲们，请仔细想想这些话吧。我们在自己孩子的心灵里留下了什么？留下了自己的事业、语言、行动和感情。我们用什么来让我们的孩子过得更充实？我们用什么来提高自己在孩子心目中的地位？只有唯一的、强有力的、无与伦比的精神力量，才能把我们的形象深深地印在孩子的心灵中（人类真正美好的形象）。这种力量就是爱，是可以用来教育孩子的爱，是人类伟大的精神财富。让我们用自己的生活来创造这种存在于父母的心灵里的财富吧。

谈话之七

家庭道德的重要性

关于家庭幸福的理解，在乌克兰人民教育界，我们伟大的诗人柯特连列夫斯基描绘说："这是家庭中的温馨，是安宁和恬静，人们在那里享受幸福和欢乐……"当我深思"家庭和睦"一词的多方面而深远的含义时，立刻忆起阿列克赛·马特维耶维奇的家庭。他是集体农庄的庄员，是个受同乡尊敬的人。他和他的妻子玛丽娅·米哈依洛芙娜以前曾在我们学校学习过，现在我们又在教育他们的三个孩子。

我们做教师的深受感动，在这个家庭中，在双亲与孩子之间，他们的关系是热情、真诚、坦率、正直的。谁想了解家长教育学的奥妙，那他就需要特别注意人对人的细微、真诚、敏锐的体贴之情。一天，玛丽依卡放学回来，刚推开门，妈妈就从她的眼神里觉察出女儿在学校不是一切都很顺利。

"来跟我讲一讲，我的小女儿，你在学校里发生了什么？"

小女儿讲道，今天测验代数，题很难，计算错了……当外祖母忧郁、沉默地坐在窗户旁边时，焦急不安的孩子一个接一个地走来安慰她："外婆，您哪儿痛呀？您需要什么？"

放学之后，休息了一会儿，奥列夏、帕特力克和玛丽依卡便开始做作业。在这个家庭中，重要的原则之一是什么事都要自力更生，自己去做。

某天（还是在奥列夏满四周岁时，那时阿列克赛·马特维耶维奇家里只有两个孩子上学），在家长座谈会上，正在谈论有关在家庭里儿童精神生活中微妙、智慧的一个方面，即高度发展的光荣感，孩子做一切事力求自力更生的问题。"请您讲一讲，敬爱的玛丽娅·米哈依洛芙娜"，班主任转向母亲说，"请您讲一讲，让其他做父母的听一听，你们是怎样培养孩子的？你们是如何在孩子心灵中培育这些宝贵的特点的？关于这些，遗憾得很，大部分家庭目前还是不可捉摸的，还是幻想中的事物。"

母亲微笑一下回答说："我和丈夫没有时间教育孩子。每天我们都得上班，丈夫在畜牧场工作，我有时在大田里，有时在打谷场，有时在果园工作，哪里需要，我就到哪里去。冬季，我和丈夫一起在畜牧场工作，而孩子们在家里跟着外婆。我们家里的原则是这样的：当孩子能自己管自己时就让他干力所能及的家务活，不只是为自己干而且也要为别人干。要用人的眼光来看待人——这是不能破坏的原则。但是，专门对孩子进行教育，我们从来没有做过。关于教育，就这样讲给那些不工作专门坐着照看孩子的人，还有那些因孩子得了二分而打孩子的人吧（我不止一次听到过）。"

　　我们做教师的、做父母的现在明白了：母亲所说的那种似乎是没有进行教育的情况，实际上，这才是真正的教育。

　　这是为什么？母亲所谈及的不可破坏的家庭原则的实质又是什么？

　　问题的实质在于人们关系的完美和极度高尚。关于在阿列克赛·马特维耶维奇家里那种联结人们的精神力量，我们思考了不止一年，我们在别的家庭中也看到过这种力量，对我们来说，问题逐渐变得明确了，其根本原因在于这些家庭具有伟大教育力量的道德财富（相互关心的关系、相互敬爱的关系）。阿列克赛·马特维耶维奇的家（以及其他美好的家庭），充满了作为一个人应具备的文化教养和应有的义务感这种精神和气氛。

　　教育的伟大精神力量可以使孩子具备这样的品质：学习用父母的眼光来观察世界，向父亲学习如何尊敬母亲、尊敬外祖母、妇女和其他人。在一个家庭中，妇女——母亲、祖母、外祖母，可以说是家庭美学的、情感的、道德的核心，是家庭的首脑。父亲下班后，首先向孩子问起的是祖母、外祖母的身体如何。好像他无论多么忙，无论有什么不能延缓的操心事和麻烦事，都不会忘记关心祖母和外祖母。小女儿玛丽依卡一辈子也不会忘记父亲30周岁生日的那天，客人即将到来，全家人都准备好庆祝这个家庭的喜庆日子，但是外祖母玛丽娅突然病了，父亲说："还管它什么生日。"他赶紧把外祖母送进了医院。

　　母亲在家长会上所谈及的人的原则就是要以人的眼光来

看待人。奥列夏是阿列克赛·马特维耶维奇家里最小的孩子，当他四岁时，外祖母去世了。这件事发生在五月。孩子们在外祖母坟前栽上了花。在离农舍不远的地方栽种了玫瑰花丛，孩子们称它为"玛丽娅外婆玫瑰花"。每年五月，在晴朗的日子里，玛丽娅、帕特力克和奥列夏都会给外祖母坟前献上玫瑰花，而这一天，在这个家庭里就称作"外祖母日"。

可能有些读者会认为，是否应该谈论坟前献花、以玫瑰花丛纪念逝者、"外祖母日"等事。可是，没有这些，真正的教育就是不可思议的；没有这些，就没有这个家庭赖以支持的精神力量。法国有句古老的谚语：活着的人们忘记了死者，死者就要报复。生活告诫人们，报复是残酷的：它使良好的、肥沃的土地上飞帘（野草——译者注）丛生；使一个人变得铁石心肠，表现得麻木不仁、冷酷无情、谨小慎微。而爱戴逝者、尊敬地纪念逝者，则是一笔巨额财富，它会从逝者身上百分之百地转移给活着的人们。这是纤细的须根，它能把土壤中滋养生息的汁液送给大树，这棵树即是人道主义。

在阿列克赛·马特维耶维奇家里，父亲努力让孩子敬爱母亲。夏天和早春季节，在畜牧场的工作比在甜菜栽培小组里轻松些。到劳动紧张、繁重的日子里，阿列克赛·马特维耶维奇就到大田里工作，让妻子到畜牧场工作。孩子们对父亲总是挑重担子、拣重活干的情况，已司空见惯了。不仅如此，他们还向父亲学到了要以刚强的、高尚的男人气度和眼光来看待母亲。

　　对于阿列克赛·马特维耶维奇这样的家庭，教育的艺术是：在家庭的相互关系中，爱情、幸福与严肃的义务、劳动以及个人榜样编织在一起，进而创造出道德财富。阿列克赛·马特维耶维奇和玛丽娅·米哈依洛芙娜的孩子们都很热情、诚实、热爱劳动，这也正是因为他们最亲爱的人——父亲和母亲以自己的行动，在他们面前展现了人和他们本身的高尚形象。父亲一方面传授给孩子关于人类幸福最纤细、微妙的精神特征，同时又从他们幼年时起就唤起并培养他们心灵的敏锐性，即善于珍惜幸福又善于严格要求自己。

　　假若要用几句话来表达家长教育学的全部精华，那就是：要使我们的孩子成为坚定的人，能严格要求自己。夸张地说，如果请这样的人参加婚礼，即使所有的客人都喝成醉鬼，但母亲相信自己的儿子会清醒地回家。孩子对自己的严格要求，内心的道德原则，正直、诚实的良心，这些对父母来说，都是最高的期望和理想。当爱情、幸福、自律的追求与反对邪恶、谎言、欺骗的不妥协性相结合时，这种理想就会成为现实。

　　玛丽依卡在隆重举行入团仪式之前告诉我："我不记得自己是什么时候开始干活的，但记得自己一直在干活。记得很早、很早以前，那时我大约七岁，父亲告诉我说，'把这三株葡萄秧栽上'。那时这种活我已经能干得很好了。先掘坑，浇上水，再栽上秧苗。但是没有把根部在泥浆里浸一浸。记得，当时倒是想起来，要用土把根部埋起来，但不知道根部应该浸在泥浆里。当时栽好了，还浇了水。晚上，父亲问：

'根部是否在泥浆里浸过?'生活中，在此之前和之后，我都没撒过谎，可是在这件事情上我却没说实话。当然父亲一下子就发现这是谎话。他一句话也没说，只是使劲地看着我的眼睛，他心情沉重地叹了口气，就好像谁往他肩上放上了重担。他把我栽的葡萄秧掘出来，浸在盛有泥浆的水桶里……。我站着，看着，羞红了脸。父亲干完活以后说：'可以蒙骗别人，但自己的良心是欺骗不了的。'"

常常有这样的事，父亲哭诉着说："跟儿子怎么办呢?他什么正确的话都听不进去，教给他这是好的，那是坏的，但他听不进去；告诉他说这个可以做，那个绝不能做，但他好像没听见似的……真是无法开导。"孩子对什么话都不感兴趣，这真是教育中的不幸。父母失去用言语进行教育的希望，就只好采用拳头和鞭子了……到底如何防止这种不幸呢?如何达到能用言语进行教育呢?如何使儿童心灵的小提琴上具有琴弦而不是绳索呢?在人的童年早期，就应该通过这个细致的、热情的、人们相互关心的大学校（这种关心就是家庭最主要的道德财富），来培养儿童敏感的心灵。

论家长的教育学修养

利用家长集体进行工作

多年来，我们像大部分学校一样在家长中开展工作：定期召开家长会，在学校或家庭中举行座谈会，家长委员会的成员按既定计划进行工作。但是，总的来说，都未能建立家长集体。因为我们学生的家长都不在一个地方工作，所以家长集体不可能直接成立于机关和企业单位中。父母们只能在会议上见面，而且他们只对自己孩子的分数和表现感兴趣，而对其他有关班级或学校的问题则并不关心。

假若没有这么一个家长集体的话，在教育孩子的工作中，想实现学校和家庭的统一要求时，就会缺少父母们统一的社会意见。这也就是为什么我们给自己布置这项任务，即组织一个友好的、目的性明确的家长集体。我们很明白，组织家长集体不能只为开会，而应使家长集体在会后开展工作，以便使它像工厂、农庄和机关中的某些集体一样积极地、富有创造性地存在和发展。

　　教育孩子是一种劳动，而且是极需细心和耐心的劳动。凡在同一所学校里学习的孩子，他们的父母就会有共同的兴趣和需求，也就是说，在这个基础上即可成立一个家长集体。

　　首先我们应当确定家长集体在解决学校面临的主要任务（即提高学生的知识水平）当中的作用和位置。我们研究过许多学生的家庭，看到了家长们文化水平的巨大差别。其中只有110名父亲和母亲是初等水平。大部分家庭中，学生的双亲和哥哥、姐姐们都受过高等或中等教育。学生家长中有许多是工程师、技术员、农艺师或其他专家，毫无疑问，他们会在教学工作中帮助我们这些教师，只是应当有计划、有步骤地积极吸引组织他们参加这项工作。

　　我们决定举行家长会，讨论关于如何检查学生完成家庭作业的问题。因为这是个重要的、大家都感兴趣的问题，所以我们想借此着手组织家长集体。在会议召开之前，我们对家长们检查孩子的家庭作业中的问题已经有了初步了解。在他们的检查中，大半是这么个原则：只要学生坐着看书，就意味着他在做功课，至于他怎么做，究竟在做什么，他是怎么学会功课的，这些问题大部分家长是不感兴趣的。

　　在学生做家庭作业的时候，教师曾到45个学生的家里去了解过情况。事实表明，学生做功课的情况是：明天有什么课，他今天就只做哪些科目的作业。例如，七年级是在星期二和星期六上几何课，那么，学生只是在星期一和星期五做几何作业。其他时间学生就不看几何书，也不做书面作业。学生对别的作业也是这样。小学生们之所以每天忙着做作业，就是因为每个明天总是有课。对此，父母们很满意，因为他们认为自己的孩子做了所有应当做的和似乎应该做的。

在家长会上，我们给家长们介绍了课程表安排的原则。父母的责任不只是督促、检查孩子是否在家学习，还要首先帮助他们用最节约时间和最合理的方法做作业。我们讲述了最好的记忆功课的方法：不应只准备明天要上的某一门课，而要把今天讲过的课程的作业做完，只有这样做功课才是扎实的。所谓准备明天要上的某一门课，在很大程度上就是复习、再现上次讲授这门课程的当天在家里已背记熟了的内容。在这里，困难的只是开始的时候，既要准备第二天要学的课程，又需要准备两三天后才学的课程；但是由于知识的逐渐积累，准备明天的课与准备几天后才上的课就比较容易结合了。

在家长会上，家长们也提出了教师在一个星期之内各学习日之间家庭作业分配的不合理问题。总会有几天作业布置得特别多。家长的批评意见提醒我们，必须共同努力才能较快地改进我们教学工作中的许多缺点。

家长会收到了良好的效果：家长开始注意并要求孩子在做家庭作业时认真仔细，不要轻率、肤浅地学习。下一步是在"家长日"成立家长集体。在这之前，我们要做好充分准备，因为我们希望所有家长都能来学校，以便在具体事例上看到在准备功课时应当怎样做和不应当怎样做。

我们在学校里设有专门的展览室，家长们在那里可以看到学生的作业和学生制作的直观教具。家长委员会还出了一期墙报——"家庭和学校"。

在 10 月末，各班举行了"家长日"，许多学生的父亲和母亲都来了。当着学生的面，班主任与家长们座谈了学生的成绩，座谈了家庭备课如何从答题和书面作业上反映出来。六年级的班主任雷萨克详细介绍了女学生 T 是如何在家里准备功课，如何回答地理、历史、物理问题的。例如，六年级在星期二和星期五有历史课，女学生 T 按日期顺序来复习，星期二放学后马上浏览一下按教科书给留下的功课，星期三又翻阅一下，而星期四则是全面复习并利用她所能找到的一切资料。多次的、反复的复习使她能牢固地记熟功课。

班主任告诉家长们说，教务会议曾按班级分别制定了备课课程表。多次再现所指定的家庭作业材料的原则是这个课程表制定的基础。学生应在留下功课的当天就着手做作业，尽管离上这个科目的下一堂课还有两三天。在这几天里，学生应回顾指定的功课，大体上粗粗地看一看，但在上课前要彻底地准备一番。

作完报告之后，孩子们回家了，但父母留了下来，班主任们继续与家长座谈。他们举出新的例子说明学生准备功课的方法正确与否，以便使父母特别注意这样的问题：学生应习惯于在家中长者检查作业前就把作业做完；要遵守备课课程表；每个学生应独立完成作业。经验告诉我们，集体做家庭作业，尤其像算术、代数、几何等等科目，常常会导致一些孩子机械抄袭而不动脑筋。教师举出了一些令家长们信服的例子，如完成家庭作业时，常常是两三个孩子在一起做，这曾引起学生成绩的下降，掌握功课的速度也比其他学生慢。

这里有个例子。在工人 M 家里有两个女学生，都在七年级学习，一个叫玛丽娅，接受能力强、掌握功课快，另一个叫娜杰日达，掌握功课须花费较多的时间、较多的思考。但是，姐妹俩总是一起做功课。结果娜杰日达不好好地理解功课内容，不会算题，总抄玛丽娅的作业。娜杰日达的代数、几何总得两分。这种情况同样出现在由家长帮助做功课的学生身上，或是以小组形式聚集在一起做作业的学生们身上。

教师告诉家长，应这样帮助学生：不要代替他们完成作业，而是要安排他们独立去做，尤其是要他们学会大声背记功课。大声背记，学生可以自己检查自己掌握到什么程度。

"家长日"之后，所有教师及校长、教务主任开始了系统的（一周两次）家庭访问，即老师在学生做作业的时间去访问学生。老师首先去访问那些不会独立做作业的学生和常常完不成作业的学生。到了学生家里，教师会检查学生独立做作业的能力，询问有什么困难，并且帮助学生做计划，使他能认真细心地做每项作业。

举个家访的例子。K 是五年级学生，第一季度有些科目，如外语、历史、地理得了低分。家长不知道儿子为什么不及格，因为他确实一连几个小时都在做功课。女班主任斯柯奇卡访问了学生 K，发现他在做功课的时候，只是长时间坐着学习，从不检验自己，比如学历史时，他就机械地从头背到尾。女教师教给学生这样学习：开始先读一遍，理解整个材料的内容，之后把它分成几部分，先一部分一部分地背记，最后再背记全部。家长在检查儿子所完成的家庭作业时应遵守教师的指示。一月之后，学生 K 在回答地理、历史和俄语课的问题时，已大有进步，再没有出现过不及格的情况。

最困难的是要使学生习惯于既能准备好明天的课又能完成今天留下的作业。学生们总会感到很奇怪：假若需要准备好明天的课，那么又怎能同时做好今天留下的功课呢？改变工作方式是需要几个星期的时间的，但最后终于成功了，学生已能习惯于放学回来休息一会儿就着手完成当天的功课。先完成书面作业，然后再完成口头作业。学生们很快就懂得了这种完成作业的方法能够大大地节约时间。因为所有在课堂上讲的东西，在记忆中印象还很新鲜，背记起来就容易得多。

每个教师每星期访问两个家庭，25 位教师一星期中共访问了 50 个家庭。两个半月的时间，我们访问了所有学生。这样，我们不只了解了每个学生独立学习的情况，而且清楚了为统一家长对学生的要求，我们应当进一步做些什么。现在我们对每个家庭以及家长对孩子的态度有了十分具体的了解。家长对我们的来访很感兴趣，而且准备为了提高学生的成绩做一切应做的。

上半年末，我们决定召开第二次家长会，和第一次一样称这次会议是科学会议。我们没有夸张，因为家长们的思想和具有的文化水平，使我们所共同进行的这项工作是具备所需的现代教育科学水平的。在家长会上，我们要阐述教学教育工作问题，要重视和发展巴甫洛夫学说和马卡连柯的创造性教育遗产。

在第二次家长会上，几乎所有的家长都出席了，村俱乐部勉强才安排得下。校长在报告中，肯定了教师集体与家长们共同工作的初步成绩，那就是培养学生们独立做作业的能力。由于大部分家长已经知道关于家庭作业的教育学要求，这就有可能使校长把主要注意力放在个别家长的不足上，以便帮他们纠正。

家长们在自己的报告发言中交换了检查孩子家庭作业方面的经验。一位四年级学生的父亲说，自从儿子独立做功课以来，他的学业成绩好多了。一位五年级学生的母亲说，由于严格遵守作息制度，她成功地培养了孩子勤奋刻苦的精神和独立学习的习惯。

有的家长在发言中对个别家长和教师提出了批评意见，如 Щ 同志讲，在 M 的家里，曾用无限度地向孩子奖励礼物的办法来刺激孩子取得好的成绩。家长们说，某些教师给学生留的作业太多，使学生负担太重，作业的分配不均衡。

家长会上，家长们的发言充分说明家长集体与教师集体有着统一的目标。现在家长们不只为学生的成绩焦虑不安，而且开始为整个学校的工作而着急了。

现在的问题是，必须安排专门时间来征求家长们对教育工作和孩子学习的意见。

学年末又召开了一次家长会，讨论有关家庭中的思想政治教育问题。在这次会议上，一位集体农庄庄员做了题为"我的家庭"的报告。他叙述了如何从孩子很小的时候就培养他们劳动的习惯和互相帮助的精神，如何使孩子们熟悉农庄的活计。家长们对他的报告很感兴趣，并展开了热烈的讨论。概括起来说，所有发言者的见解就是父母应以自己每天的劳动、以自己的行为为孩子做出榜样。

到学年末，我们也没忘掉最主要的事情——家长检查孩子家庭作业的情况。教师有时也会到学生家里去查看，现在虽不须像以前那样频繁，但却是一贯的、经常的。

学年总结时，我们发现学生的各科成绩均大大提高了。

由于家长集体的协助，我们也改进了学校的综合技术教育。家长们帮助我们与拖拉机站建立了密切联系，使得物理教师有条件组织了一系列参观活动，参观时，学生们亲眼看到了内燃发动机、电动机和农机具。同时，家长委员会也帮助我们组织了与农业先进生产者的座谈。

在家长会议上，大家讨论了社会主义农业对我们的毕业生所提出的要求。这个会是更加团结的大会，两个集体（家长集体和教师集体）联合起来了。

在本学年，我们要继续巩固家长集体这一组织。每季度开一次家长会，以便讨论有关教育孩子的重要问题。每月由家长委员会出一期墙报。征求家长意见已成了一种惯例。现在每位父亲和每位母亲天天都能找出时间来管教孩子了，对孩子的教育问题给予了密切的关注。他们每天检查孩子的家庭作业，并要求孩子做完当天的作业。自此以后，学生们的复习就变得容易多了，学习和劳动也变得更为高效。

今年在我们这里，地理、物理、历史、自然科学、化学、文学、苏联宪法这些科目，已经没有不及格的学生了。我们相信，随着家长工作的进一步改进，留级生现象将会完全消灭。

要教给孩子思考（与父母座谈）

不久以前，我到基洛夫格勒去旅行时，认识了一名铁路员工。他在一个小车站工作，那里甚至连小学都没有。这位年轻的父亲在学校里开完家长会回家，他那忧郁的眼神使我感到惊讶，内心久久不能平静。

"我的小儿子在读三年级，住在一个远房亲戚家里。"年轻的父亲告诉我说，"假若你不只是个教师而且也是个父亲的话，那么你就会理解我。对一个父亲来说，难道还会有什么比听到教师的这种介绍更感到悲哀呢!? 教师说：'你的儿子性格平和，遵守纪律，热爱劳动，但是——智力不发达。'学习上得三分，即使有时得了好分数，最多也只是四分，五分从来没有得过。我是这样理解教师的意见的。别人在课堂上可以解出三题、四题，但我的萨什卡一道题也解不出，他甚至不懂题意。怎么回事？难道我的小男孩有点发育不良？请相信，我愿付出我的半生来帮助他成为聪明的人。"

与一个父亲谈论这样的问题是相当不容易的。对于喜爱儿子的父亲来说，再没什么比儿子更为宝贵的了。是的，这是永恒的真理，因为人类生活的意义就在于能在新的一代人里再现自己，在更高的基础上再现自己，把自己孩子的智慧、道德、美学发展提高到比我们做父母的更高的阶段。谈论这个题目是不容易的，但应当谈论。

问题的尖锐性在于，不只应对父母的问题给予正确的回答，而且应当找到帮助沃洛佳或柯利亚智力发展的方法。应尽可能地避免这种不幸、忧伤，有时甚至是悲剧的发生，即年幼的公民对自己的力量失去了信心，变成不只是学校中的落后者，而且会把自己放在社会的对立面与它发生冲突。

防止不幸降临到人们的生活中，这样的任务只靠学校是不可能完成的。父亲和母亲是同教师一样的教育者，他们的作用不亚于教师，是富有智慧的人类创造者。因为儿子的智慧，在他还未降生到人间的时候，就从父母的根上伸展出来，对人的教育是从胎教开始的。

亲爱的父母们，你们一定希望自己的孩子是聪明、伶俐的，希望人类的精神财富和人类的珍品都变成孩子自己的财富。可是实现这种希望取决于什么呢？通常来说，孩子和成人的智力取决于什么呢？

影响智力的原因有很多。首先在于年轻的母亲和父亲对待创造新人和新生命是否负责任的态度。

这要涉及遗传问题。智力是有它的物质基础的——大脑。这个基础正好也是在妈妈腹内即开始形成。童年，童年健康，尤其是智力发育有个可怕的敌人，就是父母嗜酒过度。嗜酒者生下来的孩子在大脑的发育上会发生反常现象。若想生个天生残废的人，条件很简单，那就是不一定父母非嗜酒成癖，只要处于烂醉状态就足够了。在父母酒醉时受孕的胎儿，就已带有"喝醉后发生幻觉"的极严重的痕迹。在一些情况下，这些反常现象将有明显表现，也就是孩子将长成一个智力上落后的人，他在妈妈腹内就已注定将来要在特殊学校学习。在另一些情况下，末脑半球皮层细胞发育不良，反应慢，细胞是干瘪的、长得虚弱，它们的功能被破坏。这样的孩子思维反应很慢，记忆力不好。这种人终生背着沉重的包袱，这包袱是他的轻率、不负责任的父母放在他的肩上的。

为什么要谈及这些问题呢？因为，很遗憾，我们有些孩子，由于父母酗酒，智力发育受到严重影响。在我们学校里，某班有个少年，就是嗜酒过度者的孩子。这是个不幸的孩子，什么教育方法都改变不了他。这个少年在第五个学年才非常吃力地学会了写作文，刚刚学会独立地解算三年级的算术题；关于背记规则，花了两个小时什么也没有记住。在读算题的条件时，读到末尾他就已经忘记了开头。记忆力衰退，人们称之为智力发育中的缺陷，其基本原因是末脑皮层细胞紧紧地压缩着，正由于此，来自周围世界的信息以极慢的速度通过这些细胞，且不能像在正常细胞层中那样进行加工。这种毛病，是没有任何医疗方法可以医治的。只有通过教育家耐心、细致的工作，方可在某种程度上使孩子的智力发育取得一些进步。但是，应当坦白地说，只有 1% 的教师能进行这种工作。

尊敬的年轻的家长们，要记住，孩子身体和智力的发育全决定于你。记住，创造人，这不只是简单的生物行为即可完事的。人之与动物的区别在于他认清了自己的活动目的，其中包括在孩子身上再现自己。

孩子的智力发育，在很大程度上还取决于环境，孩子在这里迈出认识世界的第一步。这里的环境，首先是关于人的周围，关于那些复杂的、多方面的联系，依靠它们，孩子得以认识世界，认识作为大自然一部分的自己，进而认识作为有理性的、有才能的、有创造性的人的自我。

从孩子一开始有意识地生活起，父母就应注意周围世界各种事物和现象之间的因果联系，其目的是使孩子学会观察事物，善于发现、观察那些一眼看不出有什么特点的事物，形象点说，因为在印象上生有思考的翅膀。智慧、思考、思维的来源存在于周围世界中，存在于人们所看见、所认识的现象中，这些现象引起了人们的兴趣。几万年前，在我们古代祖先的意识中，迸发出第一颗思考的火花的时候，一定是在他们看见了奇怪而又不可理解的现象，但他们又想理解这种现象的本质的时候。

从古代人类文化开始至今，我们周围的世界，尤其是大自然，就是思维的极为丰富和取之不尽的源泉。智慧产生于最早期的求知欲。比如，你带着四岁的儿子去散步。这里有老树林，老树林后面栽有小树：松树、柞树、桦树。儿子自己没有看出在老树林与人工栽植的小树林之间有什么区别。这时，你想培养孩子的求知欲，要教孩子学会观察。你告诉儿子："看这些高大的树，再看看这些小树，你是怎么区别老树和小树的呢？"儿子没有马上区分出它们，但是，只要他用心仔细观察，就看出来了。此时他的眼睛中迸发出兴奋的火花："在老树林里树行不整齐，而在小树林中，树行多整齐呀！"

"为什么会这样呢？"你问。儿子又开始思考。他想解释自己不懂的事情，但他却做不到。即便他没答出你的问题，是你给了答案，但求知欲的火花已经在孩子的意识中迸发出来——儿子看见了他从未注意到的事物。假若你不激发起他的求知欲，那他就不会知道为什么幼林中树行是整齐的，不知道是人们用自己的双手栽植了小树林。

当你进入老树林时，你面前的柞树和桦树的树干是那么粗。小孩子自己已经看到：在树干上有绿色的苔藓，为什么只在树干的一面长着，即背离太阳的一面。"为什么是这样的？"儿子问。他还没有积累足够的知识来解释这些奇怪的现象。他为大自然所展示的又一秘密感到困惑。当你进入树林深处时，儿子大声喊道："爱琴海！"于是树林远处立刻响起回声，这回声在山谷中滚动并消失在远方。孩子立刻问道："这又是怎么回事？"

瞧，孩子认识世界的路程开始了。父亲利用每个空闲来帮助孩子在这条道路上一步步前进，与孩子一起到田野间、到森林里、到池塘边。即便是那最不起眼的、长满灌木丛的小沟壑，也都藏满了令人惊叹的东西，只要你善于发现它，并把它展示在孩子的眼前，就会唤起孩子那令人难忘的、迷惑和惊奇的时刻，也就是他求知欲跃起的时刻。

在这一瞬间，儿童的大脑中正进行着令人惊叹的活动：在各思维细胞之间产生了极其纤细的相互联系的丝状体。在孩子面前，周围世界展现的事物越多，那么他所看见的，但又不理解的、莫明其妙的东西也越多。为什么夏季太阳在天空中高高悬起，在冬季反而低垂？为什么在高大的柞树上长着小小的柞实，而在细藤上反而结出那么大的西瓜和南瓜？为什么会有闪电和雷声？为什么在冬季里有些鸟飞向暖和的南方而有些鸟又留在我们这里过冬？这成千上万的问题，你的孩子会在大自然旅行的不同时刻提出。提出的问题越多，那么他在童年早期认识周围的东西也就越多，眼睛越明亮，记忆力越敏锐。要培养孩子的智慧，就需要教给孩子思考。

没有体罚的教育

在基洛夫格勒市儿童收容所中收容了一个 14 岁的少年，他活泼、伶俐。正如所了解的情况，他是个五年级的学生，但已经在五年级学习了三年，现在又从家里跑出来了。……他坚持一点："坚决不回家，坚决不回学校！"

儿童收容所需要学校对这个男孩做出鉴定。校长立刻提供了下列情况：学生菲德尔·斯是不可救药的、坏透顶的流氓、无赖，他侮辱教师，是个吊儿郎当的笨学生。据了解，他从家里逃出来之前，在课堂上胡闹，学羊叫、学狗叫；沿途，在车站上，从农村合作社的百货店里拿玻璃，从橱窗里拿旅行用的背包、两个袖珍手电筒和几节电池。"这是犯罪行为，应当受到惩处，这样的学生绝不能留在普通学校里。"校长非常严厉地陈述了自己的鉴定意见。

我们再回到菲德尔命运的问题上来。亲爱的父母,不管你是工人、医生、教师,还是工程师、党的工作人员,或是经济工作者,甚至未来的父亲和母亲,请你们仔细思考一下这个问题:为什么现在还存在着无人照管儿童的现象?这种反常现象的根源是什么?并且,它之所以危险,不只在于问题本身,而且在于一部分青少年带着败坏的道德走入生活。童年时是否有人照顾,就是一颗种子,在成熟的年份,它就会结出果实来。

我深深认为孩子的无人照管和少年违法的主要原因是家庭—学校教育中,教育学修养的水平很低。当下家长也好,教师也好,都深深认识到,如果只有学校没有家庭,或只有家庭没有学校,都不能单独地承担起塑造人这个细致、复杂的任务。然而现在的情况是,家庭和学校在教育人的问题上,都是各行其是。

许多父母根本就不知道应该如何正确地培养青少年,塑造他们的性格、观点和习惯,不了解这个过程包含什么。当然,天下没有哪个父母不希望自己的孩子长成好人、忠实的劳动者、有益于社会的人。不幸的是,不是所有的人都能够把这件事办好。

在实践中,我们深深知道:孩子本身,对成人来说,是个伟大的教育力量。的确如此,在有孩子的家庭里,那里为教师揭示了形成纯洁道德、高尚风度、精神财富、热情诚挚的相互关系的基地的良好条件。假若在学校的帮助下,在年轻的家庭里打下了家庭—学校教育的高水平的教育学修养的巩固基础，在那里生长的孩子就善于创造出奇迹：他不允许父亲变成酒鬼，他能制止父母说粗话、吵架等。这也就是教师把教给家长如何教育孩子这件事作为自己的重要任务的原因。

在我们学校里，经常开展活动的父母学校已经开办了 15 年了。父母学校设有几个系，第一个系是为没有孩子的年轻夫妇开设的；学龄前儿童的父母在第二个系里学习，也就是说，他们的孩子快要上一年级了。同样，也为其他各年龄段的学生的家长开设了专门的系、组。

孩子在学校学习了 10 年，而他的父母则在自己的大学里学了 13 年。父亲和母亲都要参加学习，无一例外。假若父母中的某一位因故不能参加听课，那他（她）必须得到校长或班主任的允许。

每个系、组的学习，一个月进行两次，每次一个半小时。由学校校长、教务主任、优秀教师负责上课。总而言之，这项工作，作为校长，我认为它是学校领导人各项任务中最需要和最重要的。

可能有人要问：假若学校中有七个家长系、组，他们每个月学习两次，那么教师是否就只忙于给父母讲课了？不，我们并不会感觉工作负担过重，因为我们摆脱了许多不必要的事情。在我们学校里广泛存在着各种形式的与父母的交往，我们不去学生家里找学生，他们的父母会自己来找我们。

上课时，教师会尽可能详细地解释正确教育孩子意味着什么，而不是宣传标语口号或空发号召。有时也会归结出几条，向父母亲提出有关教育工作的建议。

在给新婚夫妇（未来的父母）上课时，我们主要讲解关于夫妻相互关系的修养，关于人要能驾驭自己的欲望，要使自己和别人协调一致等。假若认真分析研究一下，在日常生活中，所谓的幸福与不幸、成功与失败以及夫妻二人（往后就是家庭）共同创造的精神财富，所有这一切都应是建立在人们的修养之上的。我们要保护人的隐私，同时我们可轻轻触及人们内心最隐秘的角落。这也正是吸引年轻父母的地方。此外，他们几乎所有人都是我们以前的学生。

托尔斯泰写过，孩子的降生为父母建立了一个特殊的"敏感区"。我们应尽一切可能向父母展示这一敏感区，使他们坚信，必须用自己生活的每一步来对孩子进行教育，以便在孩子的心灵中留下一点儿自己的智慧、道德、精神的印迹。

对于那些儿童即将入学的父母，在给他们讲课时，我们教给他们如何培养孩子的智力、语言能力，如何培养孩子的情感。对于这类父母，讲座主题涉及："父与子""母亲与女儿""家庭是人们相互关系的大学校""孩子道德修养的初期标准"等。

孩子的劳动锻炼是家庭教育最为重要的组成部分。我想，人民教育学最根本的原则应是培养人们树立劳动的思想。孩子，从学会拿小勺由盘子里取食物往嘴里送的时候起，他就应当受到劳动的教育。家务劳动，在我们学生家庭里是人们相互关系修养的基础。人的劳动思想，像一条红线贯穿着他的成功与幸福。

　　我们与父母一起力求达到：从孩子有意识的生活开始，直至他成人，都要为人们做点什么。如在七岁时，也就是上一年级之前，每个孩子必须在自己庭院内给母亲种棵苹果树，并从自己亲手培育的果树上给母亲摘下第一批果实。

　　假若这位小人儿，即在世上生活了十一至十二年的孩子，在他回忆自己的童年时，看不见自己劳动生活的成果，那他就不能怀着满意的心情对自己说：这片为人们乘凉的小绿树林是我栽培的；这些葡萄是我栽的——为大家！那么这种教育就是片面的。

　　多年的经验使人们相信，这是一条非常重要的教育学原则：哪里孩子、青少年快乐的源泉是他为人们、为社会献出的劳动，那里就根本不会有青少年的违法和对他们的惩处。他们心中若没有私欲，那么惩处的问题根本就不会发生。既然没有惩处的必要，那就意味着没有破坏纪律的人、捣乱的人。

　　是的，我可以肯定地说，我们学校里的学生不知道什么是处罚。这首先是因为，他们童年快乐的源泉是渴望创造、乐于为人们做好事。我们更不采用在少先队里、在班集体面前严厉申斥孩子的做法。用皮带抽、打后脑勺等体罚，在各个家庭中也已绝迹。

　　若没有这种成就，那么家庭—学校教育的起码的教育学修养是不可想象的。列宁说过，革命的成果只有学校可以巩固。可是，没有惩罚制度的教育，这不单是工作面狭窄的学校的工作，这是对社会、对它具体而又复杂的环境（即人的思想、行为、相互关系）进行共产主义改造的重要课题之一。

我经常听到这种议论：为了永远消灭犯罪，惩治应当残酷些、严厉些。这种说法大错特错！如果在童年时代、少年时代、青年时代没有体罚，确切地说，如果体罚的需要绝迹了，那么就不会有什么犯罪行为，就算是有也会减至最低限度。

座谈开始时，我讲了那个从家里逃跑的孩子菲德尔的故事。我们了解到：不论在学校还是在家庭里，生活对他来说是真正的地狱。孩子经过刻苦学习但还不会做作业，他学习很吃力，而教师却在考勤簿上没完没了地给家长写道："你的儿子不愿学习，请采取措施。""表现不好，请采取措施。"父母每次看完考勤簿后就把小男孩打一顿。孩子恨透了学校和自己的家，就故意不完成作业并破坏纪律……

每个人都应当知道：假若孩子体验到体罚的可怕和伤痛，那么在他的心灵里，那种内在的、自身天赋的、作为自我教育的力量就减弱了。体罚越多、越残酷，那么自我教育的力量也就越薄弱。

体罚，尤其是缺乏正义性的体罚，会使受体罚者的心灵变得粗野、凶狠、残忍。人，若是在童年、少年时期体验过体罚，那他就不害怕民警局的儿童室、法庭、感化劳动院。

比起任何别的灾难，我们做教师的更加担心的是孩子心灵上的粗野、道德上的厚颜无耻、对善良和美好事物缺乏领悟力。这些不幸正是萌芽于经常体罚的家庭之中，当孩子还在童年早期时。若想预防它的发生，只有借助于教育学修养的源地——学校的帮助。

当然，对经常体罚的家庭，情况是很艰难的。但是，我在学校工作已十余年了，从未遇到过不愿改正缺点的父母，从未遇到过心中不留有善良火花的人。把火花变成熊熊火炬，对教师来说，虽然是个折磨人的困难任务，但却是极为高尚的。

时代提出了尖锐的、急迫的、对青少年进行共产主义教育的问题。家庭—学校教育若没有高度的教育学修养，想成功地解决这些问题，那是绝不可能的。

论家长的教育学修养

1. 言语的魔力

不论我们的学前教育单位多么好，但是塑造幼儿智慧、思维的"工厂"仍是母亲和父亲。家庭、父亲、母亲以及其他长辈们成熟的智慧世界就是幼儿思维的基础。幼儿的思维基础是任何人都不能代替的。据专家学者在幼儿园所进行的观察，可以令人信服地证明：同龄儿童（如三至四岁）相互间长期交往，当他们失去家庭长辈们一贯的、个人精神上的影响时，孩子们思维的发展是缓慢的。幼儿，只要每天让他与妈妈、爸爸、奶奶、爷爷、哥哥、姐姐交往，就能为他的思维发展提供优良环境。当然，我不否认儿童教育单位对幼儿和学前儿童带来的巨大的教育影响，但是绝不应操之过急，不顾儿童的接受能力，恨不得把所有知识都装进孩子的脑子里。

现在我们集体的教育学修养已成为每个公民为完成社会义务的前提条件，这个社会义务就是培养年轻一代。所以首先应当关心那些有关提高父母教育学修养的问题，尤其要关心如何真正发展儿童的思维能力。我们这里，为几年之后要上学的儿童的父母建立了父母学校。对教师和父母来说，没有比发展儿童思维更为重要的事了。的确如此，为什么呢？例如，一个孩子聪明伶俐，做事用心，观察力强，对教师讲解的知识能很快掌握、记熟，而另一个孩子则思维缓慢，接受力差，理解听讲的材料很吃力，记忆力很不好，这是为什么？在我们还没有为未来的小学生的家长们成立父母学校之前，要弄明白这些问题，否则就像盲人一样，一直找不到探索的路径。

父母学校要讲授这些内容：解剖生理学的特征、神经系统、身体和心理的发育、儿童的精神生活。父母教育学修养的主要教育形式是讲课，讲义内容生动，并配合真实可信的事例。我们尽力使家长明白自己在培养儿童精神生活的各个细节方面的责任。

我记得，有一次上课时，为使父母们清楚地了解人类环境在儿童智慧形成中的作用，我给他们讲了一个故事：很久很久以前，印度有个皇帝，叫阿克巴尔，他要检验圣人们说的话是不是真理。因为圣人们说，印度人的儿子自然而然会说母亲的语言，中国人的儿子自然会说中国话，不论孩子的童年是生活在什么环境里，即使没有人教给他们自己祖先的语言。国王下命令，让准备一处与外界完全隔离的房子，住进了30个不同国籍的还处于哺乳期的婴儿。由几个割去舌头的仆人照顾生活起居。房子的钥匙由国王亲自收存挂在自己胸前。孩子们在那间房子里成长着，从来听不到人的语言。

就这样，七年的时间过去了。一天，圣人陪着国王打开房门。迎接他们的不是人的语言，而是号叫声、不清晰的类似猫叫声……。就这样，圣人颜面尽失。

从科学的观点来看，上述经验（假若这个暴行也可叫作经验的话）是对的。阿克巴尔展示了一个道理（这个道理也被其他人证实）：人类环境对处于生活初期的幼儿来说是如此重要。还有，由于特殊的偶然情况，幼儿们落到兽群里，并在它们之中生活了好几年。这样的"野"孩子，后来又幸运地回到了人间。他们中大部分人是十至十七岁。学者们用了许多年的时间试图教会这些孩子说话，但是希望和努力都是徒劳。个别的"野"孩子，在一年的过程中掌握了两三句话。他们之中没有一个人能被改造成人类社会中完全合乎要求的人，这是因为他们在野兽的环境中生活的时间，正是儿童对外界影响最敏感的阶段。二至七岁这个阶段是人发展的最重要的阶段。在这个时期，儿童不知不觉地从周围环境中获得许多知识、能力、习惯，所有这些都在他的心底刻下了深深的烙印。思维和说话的能力、掌握语言、表达自己的情感、对周围世界的态度，所有这些就在这个阶段形成。孩子们不停地感受新的、更新的知识，因而他的求知欲也在不断增长。当儿童长大时，这种欲望就变成对知识的一种有理性的吸引力了。

野兽没有像人类那种心理上的刺激素。野兽的生活由本能来指挥。生活在野兽群里的孩子，他的大脑半球皮层细胞还保留在本能的原始状态，而且这种状态终生不变。

若不懂得这些真理以及许多其他知识，父母的教育学修养则是不可思议的。父母，这个教养者的身份无论是什么，也无论在什么环境下，都是不能改变的。我要对我们未来学生的父亲和母亲说：

你们生下了孩子，一定要记住，从孩子能用自己的眼睛看见五彩缤纷的花朵或玩具时，能用自己的耳朵听到树叶沙沙作响、蜜蜂嗡嗡鸣叫时，就应开始培养孩子的智慧。在这期间，你们用多少心力投入孩子的意识中，他将来就会带着相应程度的智慧进入学校。某些父母不关心、不注意培养孩子，有时会产生这样的后果，使得将来就连最聪明、最有经验的教师也无能为力……

我们在培养父母教育学修养的工作中，力求系统性和连续性。除建议要注意孩子的劳动、休息保健制度和多方面的活动外，应更多地注意对孩子的精神教养；尤其是在发展孩子的感觉方面，我们给了许多具体的建议。我要着重指出：这就是培养智慧财富的重要基础之一。感觉，是通向周围世界的窗户。通过它，儿童可以认识外界的一切。我们要力求达到，使童年时代的每一扇窗户都是洁净的、透亮的。

感性记忆，在早期童年的感性认识世界中起着巨大的作用。大量事实证明，孩子在童年时期对某种感受极深的形象，它的美妙能让孩子牢记终生。上学的孩子，若是个聪颖、伶俐、求知欲极强的儿童，那么他的记忆中可以储存许多通过感性认识而获得的形象。在形成、塑造父母的教育学修养的同时，我们也改进、提高了自己的修养水平，因为在教育中一切是相互联系的。瞧，一年级学生尤利·木所讲的故事，它的鲜明的艺术性使我非常感动。尤利描述了初春的清泉，描述了从屋顶流下的水滴如何滴穿了雪毯……，这再次证明利用一切可以利用的时间，带领孩子进入美好的自然界是多么必要，对我们成年人来说是多么重要的事情。一定要带孩子去看：花朵的盛开和凋谢，蜜蜂是怎样采蜜的，雪花又怎么像由神话中的巧匠雕刻出的。让孩子迷恋地去观看那些在晨雾中耸立在他面前的城市或村镇吧，观看那彩虹惊人的闪变和那波浪翻滚的金色麦田吧……

观察力、注意力、求知欲，这些能力在很大程度上决定着儿童智力的发展和成绩。经过我们多年对学前儿童的观察，得出结论：求知欲不是大自然赋予人的，而是在童年早期被培养出来的。

由感性认识得来的情感财富同样是孩子丰富语言发展的基础。

非常遗憾，我曾遇见过在二至三年级学习的学生，甚至连"黎明"这个词都不能唤起他任何的情感和概念，这是为什么？这是因为这些孩子从来不亲自观察夜是如何结束的，白天又是如何降临的。这些孩子，只有当搜索他所需要的词汇和语言时，他脑子里才会飞出来一些。思维不清晰，言语不明确，没有连贯性，口齿不清，这是对一些孩子智力发展的鉴定，根本原因在于这类孩子在二至七岁阶段，记忆中没有印上某些鲜明的形象。

我们每位教师都应当认真思考这个问题：为什么有些孩子有很强的记忆力，而另一些孩子则是"一个耳朵听，另一个耳朵冒"呢？我们观察了学前儿童的智力发育，发现了一条非常重要的规律：小学生记忆力的强弱在很大程度上取决于孩子在早期童年时代进入到意识中的言语的鲜明度和情感色彩程度。孩子在接受这些印象的同时也就锻炼了记忆力。

2. 学前儿童的五百项发现

我想在孩子的概念认识中绘成这样一幅图景，我给孩子们讲：春天，森林中生命在苏醒，雪花植物（一种植物名称）尖尖的嫩芽穿透了去年留下的厚厚的树叶层，风铃草浅蓝色的小花惊奇地窥视着湛蓝的湖水……这时，我看见，有一些孩子，眼中燃起了兴趣和求知的激动的火花，他们耐不住了，自己也讲起同样如画的风景。而另外一些学生，眼里虽然也流露出一些专注的神情，但却很淡然，我的言语在他们的内心世界中没有引起什么反响。后一类学生是很难教育的，他们听讲很吃力，费很大力气才能记住我的解释。在他们的感性记忆中没有那种可以抓住的"记忆钩"，以便培养他们的记忆力、求知心和观察力。

关于这一切，我们在"父母学校"都讲过。我们分析周围的环境，使父母注意寻找那些可成为富有情感色彩语言的来源的客体。如，离杜勃拉夫村不远的地方，有一片寒冷的森林，林中有一小块地方，因阳光照射，虽是二月天气，晒暖的土地已经苏醒，雪堆间，雪花植物开始返青。在杜勃拉夫，有块叫铃兰的林间空地（许多年前我们就这样称呼它），教师经常带孩子们来到这里，不只是为了欣赏自然风光，而且要教孩子们思考。在杜勃拉夫村长着一些柞树，树叶一直到春天都不掉落，整个冬天它们挺立在挂满皑皑白雪的树林之间。树叶五光十色，仿佛魔术师给它们穿上了深红色、黄色、橘红色等各种色彩斑斓的衣裳。那儿有个角落，在很早的时候，洞穴里就住着狐狸……那儿还有个长满了灌木丛的沟壑，一眼望去好似这里没有什么有趣的东西，但若仔细看去，你会发现有多少引人入胜的、生动的、可以作为富有情感色彩的语言的来源的东西啊！在沟壑深处有清泉，即使在严冬季节也不结冰。野外长满了丁香，而在我们校园里，孩子们能看到本地稀有的树木——松树、云杉和花楸。我们建议家长：带领孩子到能激发美好语言的地方去吧，让我们的孩子随意提出更多的问题吧！我们相信父母们的教育学能力和教育学天赋。父母的语言和生活智慧是人民教育学取之不尽的源泉。当你走近这个源泉并带给它科学知识，我们枯燥的教育学理论就会闪出金光，就会像鲜花一样开放。

把长辈的生活经验、智慧传授给孩子的过程，以父母的爱使孩子充满高尚精神的过程，这是无论用什么都换不来的，是用人工制造不出来的。只有在必须考虑、分析生活中常常遇见的不利因素并予以克服的情况下，家庭所创造的人员关系环境的合理性才能更为可靠。

我们学校，从孩子五岁时起就对未来的小学生进行系统教育，每周一至两次。孩子在固定的日子到学校去，由未来一年级的教师向他们进行教育工作。这项工作的主要目的是发展孩子的思维。在天气晴朗时，带领孩子到森林中、到公园里、田野里，到那些能引起思考和美好言语的泉源去，就像我们讲给父母的那样。在进入大自然怀抱时，我们应力求达到使孩子观看那些一眼看上去得不出因果关系的事物，让孩子理解其间的相互联系，这对发展观察力、求知欲是有特殊意义的。而求知欲和观察力的发展又是思维发展的重要前提。在教师的引导下，每次与大自然的相会都要有独特的发现，儿童的思维都要深入到不易察觉的、没有映入眼帘的大自然的秘密中去。一年之中，小孩子们有五百余项"发现"。其中有些是我们周围的事物，有的有生命、有的无生命；水、太阳的光和热——这是生命的必要条件；植物是从种子里长出的，继续生长、成熟、开花、结果，并进行繁殖以延续后代；水有三态：液体、固体、气体；假若人们在土壤里施以有机或无机肥料，植物的生长和发育就会非常旺盛；表土是黑土壤，这就是培养基，植物的生命便在其中进行。每个发现之所以能成为现实，是由于领悟了由感性认识而得来的鲜明形象。也就是说，在"发现"的过程中，言语获得了情感色彩并形成了初步概念，例如关于有机物和无机物的概念。

就在这期间，我们发现个别孩子在智力发育方面的某些反常现象（在这个年龄不明显，但往后就会特别明显）。有些学前儿童，对大自然的神秘，表现出态度淡然；但大部分孩子，认为这种神秘的揭示，令他们感到惊奇，而这种惊奇正是引起思维兴奋的核心。

关于那些态度淡然的孩子，我们对其家庭的人员关系环境进行了深入的了解和研究，其结果常常指出，孩子智力低下的原因是：病弱、感性认识的局限性、缺乏能刺激孩子兴奋的鲜明形象。弄清了这些缺陷，我们便开始进行个别教育，其目的首先是激发其感性认识的积极性，形成言语的情感色调。我们坦率地告诉家长：假若你每天不进行系统的教育工作，那么你的孩子将智力发育不良，进入学校后学习成绩也不会好。

六至七岁，是进行系统教育的阶段。如上一年一样，我们还组织孩子们去大自然里锻炼，以便发展孩子们的思维能力。此外，还要教孩子们朗读，教的方法是把朗读与游戏紧密结合在一起。待孩子们进入小学时，他们已初步掌握了朗读的技巧。这有利于在小学阶段继续进行内容丰富的、多方面地发展思维能力的工作。

要注意：孩子！

父母的权利

　　某些父母认为孩子年龄小、不懂事，所以任性不听话；等孩子长大一些，就会明白应当听父母的，那时就容易让他养成遵守纪律的习惯。因而，这些父母对学龄前孩子的任性是完全放任不管的。

　　在我们工人村住着一名工作人员彼特·阿方纳席耶维奇·恩。他家里有三个孩子，一个男孩两个女孩，家里经济条件很好。父母从不拒绝孩子的要求，尤其是对学龄前的小儿子维加。维加已经习惯于父母的有求必应。吃午饭时，母亲给他往小碟子里倒了菜汤，他任性地问：

　　"干吗往这个碟子里倒菜汤？我要你给我倒在这个深的盘子里！"

　　于是母亲把碟子里的菜汤转倒在深的盘子里。

　　"长大了就懂得应当听父母的话了。"每次孩子调皮、任性地提出新的要求时，阿方纳席耶维奇和他的妻子总这样解释说。

父母常常给维加买小儿书，他总是把它撕毁，用书页叠纸鸟和飞机。父亲试图制止他，这时小男孩就用他一贯使用的有效武器——耍赖、哭闹；母亲袒护儿子并当着儿子的面向父亲说：

"将来上学念书时，他就学会保护书籍了，干吗现在制止他？随他怎么干吧。再大些他就会变得聪明、懂事了。"

维加入学了。父亲说，上课前两个小时应当叫醒他，母亲则抱怨说，干吗那么早就叫孩子？于是维加起床很晚，上学时总是匆匆忙忙，不是把书忘在家里，就是忘记拿笔记本，还常常迟到。在休息日，维加睡到11点才起床，一直在被窝里没事闲躺着。他懒惰，顽劣，不守纪律。他听到父亲责备母亲对他的迁就，但显然父亲的话并没有刺痛他，因为他知道有母亲给自己撑腰。最终，父亲总是向母亲让步。孩子看到，父亲和母亲常常向他提出相反的要求，听谁的呢？指望谁的保护呢？假若事情真是这样，那么孩子当然愿意听那些符合自己愿望的意见。

就像我们在家庭里所看到的，孩子从最初的童年时期起就没有养成听话的习惯。维加的父母知道他们对儿子是有做父母的权利的，这个权利，不费什么力气就能够使儿子努力完成自己的要求，但是他们自觉地放弃了这个权利，认为随着时间的转移，孩子自己就会明白应当听从父母的，在这个时间之前向他提出要求是不应该的。这种观点证明了那些父母不懂得培养真正组织纪律性的方法，证明他们忘记了做父母的权利和义务。

在有孩子的家庭里，应当正确使用父母的权利。在我们国家的家庭里，父母权利之所以需要，是由于父母在国家面前对子女负有教育的责任。那么如何理解父母的权利呢？父母有权使孩子服从于自己的意志和条件，是依据家庭生活所提出的需求而进行安排的权利。这个权利已在我们国家的法律中被固定下来，父母有责任教育子女。

也有些父母认为，若孩子一开始就明白绝对服从的需要，那么往后他们自己就会服从。可是，这样的认识实际上也是错误的。因为事情恰好相反：服从、听话的习惯是从童年早期就养成的，当时孩子并不明白其所以然，之后才渐渐变成有意识的，并明白需要服从。假若孩子在实际生活中知道，他的任性要求都能满足，他的不听话并未招致任何不愉快的后果，那么他就会渐渐习惯于顽皮、任性、捣乱、不听话，之后就慢慢认为这是理所当然的。

为使孩子正确理解父母的权利，应当把理解与养成服从、听话的习惯两件事紧密联系起来。孩子的生活实践，是在孩子还不能逻辑地理解讲话的道理和论断的时候开始的。在这一实践过程中，孩子应当取得听话、服从的经验。同时，不是对所有孩子在许不许可做某一件事情之前都需要说明道理的（例如：根本没什么必要让妈妈给三岁的孩子说明为什么他应当比成年人早睡）。

正确地运用父母的权利，只能是在父母所提出的要求旨在为国家培养未来公民的时候，父母的要求应首先是合乎共产主义道德教育的。孩子长大了就会懂得这些要求的合理性，并且会养成良好习惯，他们是会为此而感激父母的。父母的要求，若要进一步使孩子无条件来执行，也只是当母亲与父亲的要求完全一致的时候。假若要求（命令去做或禁止去做）是产生于父母的争吵之中，而且是当着孩子的面，那么这种要求不论多么合理和正确，对孩子来说也是没有威力的，不是非执行不可的。

有些父母认为，他们对孩子的权利的主要表现形式是禁止，这种认识是错误的。假若对孩子只是一味禁止的话，这就等于给他们加上了镣铐，会使他们变得畏惧、消极，缺乏进取心。父母的要求不应只表现在禁止做这、做那上，而最主要的是表现在提醒孩子去从事某些有益的活动上。

这些年来，我们观察了在集体农庄生产队队长伊万·伊万诺维奇的家里是怎样教育孩子的。父亲和母亲养了五个孩子：有两个已经从中级学校毕业，现在学院学习；另外三个在我们学校学习。孩子们不论是在家还是在学校里都很遵守纪律。那么父母教育成功的秘诀是什么呢？首先，父母对孩子的要求永远是一致的、坚决的；他们的要求不是只放在禁止如何如何上，而是更多地放在提醒孩子去参加积极有益的活动上；父母会有意识地避开"决不允许"这个词，尽量使自己的要求用"应当"这个词来开头。

"禁止孩子做什么"，一般地说，只是在孩子已经学会做某种错事时才有这种需要。因为我们有责任帮助孩子改正缺点，至少是减少错误的程度；不应当允许孩子积累错误的经验。在伊万诺维奇家里，父亲和母亲力求使孩子养成一下子就把事情做得很好的习惯。这样一来，父母的权利对孩子来说，就成了激发他们积极活动的指南，而不总是表现在制止、纠正孩子的缺点上。有时父母不得已也要制止孩子做某件事，而这种个别的制止命令，孩子是愿意接受和遵守的。这也就表明了：假若孩子学会了并且习惯了做他应当做的，怎么正确就怎么做，那么孩子就非常容易做到不去做不允许做的事情。

在伊万诺维奇家庭里，父母对孩子的顽皮从不抱怨，孩子也从不任性胡为，因为父亲和母亲从不对孩子在同样一件事情上提出两种截然不同的要求。他们明白，任何分歧和争吵都会对孩子心灵产生不好的结果，开始是困惑莫解，之后便是不听话。所以父母都应该彼此忍让。假若需要，他们也要善于向孩子让步。

做个严格要求自己的人并不意味着做个书呆子、做个盲目服从的人。应当善于深入了解孩子的思想、情感和愿望，有时可以允许孩子去做并非父母所完全希望的。之所以允许，是因为硬性地压制孩子的强烈愿望会引起孩子极度伤心。这样做也常常是有益的：即让孩子用自己的经验说明自己的愿望是错误的。

我们介绍一下在伊万诺维奇家庭里发生过的一件有趣的事情。12岁的小儿子格里沙和其他孩子不同的地方就是性格有些孤僻。他有件保密的事，没告诉哥哥和姐姐。

某天，父亲和母亲发现格里沙与自己的伙伴到荒地里一个破旧无用的棚子里去了。"他们在那里干什么？"父母觉得很有趣，但没有详细追问格里沙。父母知道如果发生什么严重的事情，孩子自己就会找他们。他们真没有猜错，一天，父亲正要去田间干活，格里沙去找父亲说：

"请允许我今夜到棚子里去住一夜吧……"

"为什么？"父亲惊奇地问。

小儿子叙述说，他要和伙伴们玩"游击队"的游戏，在破棚子里成立了"游击队司令部"。今天夜里所有"指挥官"都要集合。父亲是不太高兴这个举动的，但他看到儿子是以何等的兴奋心情来对待这个游戏呀，对自己"值日官"的义务是怀着何等的责任感呀！父亲认为，绝对禁止就会破坏孩子的情感，这样做是个很严重的错误。格里沙并没任性、放肆，而是恳求父亲，他真诚、坦率地说出了自己的秘密，这一切表明儿子对父亲的信任和尊重，这些也是决不可疏忽的。当时，父亲考虑、权衡再三，认为一个不眠之夜是不会毁坏孩子的健康的，那就让他跟伙伴们一起去认识他们自己在游戏里玩耍得太过分的行动吧。于是父亲允许了。一切就像父亲所预料的。在夜间游戏中，孩子们碰到许多意想不到的不愉快。他们不习惯熬夜，所以很快就散伙回家了。格里沙觉得特别疲劳，想快点上床睡觉。此后，孩子们的游戏活动便进入了正常轨道，而格里沙也更加信赖父亲了。

这件事情说明了什么呢？说明行使父母的权利时要特别谨慎，要善于体察和关心孩子的内心世界。父母权利要有分寸，应当知道自己权利的边缘终止在什么地方。孩子的隐秘世界可以从何处开始，对于这个秘密世界，孩子特别关心的是成年人不要干预它。每个男女孩子都有自己的不大的私事，主要是玩耍、伙伴、友谊方面的事。成年人越是少用明显方式探听孩子内心隐秘的事，那么孩子的"秘密"也就越少，越能跟成年人坦率相处。

孩子孤僻、冷漠的性格，通常是由于成年人没有分寸地干预孩子的生活世界造成的。尤其不可容忍的是公开地、粗暴地干预孩子有关伙伴或友谊的问题。有些父母在孩子面前提出绝对的条件：和什么样的孩子可以交朋友，和什么样的坚决不许可。这样做是不对的。父母的义务不在于"禁止"或"允许"交朋友的问题，而是有分寸地帮助孩子正确建立相应的认识。孩子年龄越大，活动的范围越广，父母公开干预的圈子也就越应限制。学龄前的和年龄小的学龄儿童都能坦率地向父母讲述自己的"秘密"，而少年或青年就比较能控制自己，不想敞开自己的内心世界，并且能非常痛楚地忍受父母公开干预的行为。

这里完全需要的是另一种态度，这种态度建立在对少年、青年个人逐渐长大的尊重上，建立在对他们无可争议的权利的认可上。那时，父母与孩子们之间的关系就不再是疏远淡漠的了。

父母的威信取决于很多因素。必需且重要的因素之一是正确、善于使用父母的权利。父母的权利，不仅仅是"权"，而且是一门艺术。

依赖精神来自何处？

每当话题涉及谁应对少年犯罪负主要责任时，无论是在文章中还是在谈话里，总会把学校放在第一位。反而不常提到这样的问题：这些少年都是些什么样的人？他们的家庭出身怎样？几个人在没父亲的情况下长大？几个没有母亲？父母亲的文化程度怎样？

文学家常常责备教育科学院，问为什么那些学者不利用一切可能来研究如何教育那些难管教的少年的问题。据说，科学院拥有千百万教师的经验，有许多高速计算机在整理材料……

我手头上没有全国性的统计材料，我只依据我所熟悉的材料来谈谈自己的看法。

我当教师30年了。数千名男、女孩子都是我亲眼看着长大成人、结婚、生孩子又送孩子上学的。在我工作的年代里，我曾碰到270个难以管教的少年。这些孩子，是家庭环境损毁了他们的心灵。这些孩子，早在童年时代，就对神圣的事情失去了信心；在童年时代，他们就知道了他们不应知道的东西。在270个孩子中，有189个失去父亲，只有孤独的母亲；有77个孩子，家庭破裂了；只有4个孩子，一眼看上去家里情况很正常（有母亲和父亲），每当我讲述这些家庭的真情时，听的人没有不受感动的。

这好似不是研究工作而只是统计学了：有270个人，我给每个人都建了卡片，在卡片上我记载了为了解一个人所需要记载的材料。在我 30 年的实践工作中，在所积累的材料中，谈了些什么呢？关于难以管教的孩子和少年，首先是没有父亲的孩子，没有尝过美好家庭温暖的孩子。他们的童年，在思想上中了毒：他们认为自己降生在世界上是偶然的，是对母亲的错误进行的惩罚。

很难用言语表达儿童心灵中的悲哀，他们觉得，自己是个没有父亲的孩子，谁也不需要他。从自己开始了有意识的生活起，所听到的话就是母亲辛酸的言语：你是我的报应，你去咒骂你降生的日子吧。

每每看到变黄了的记事簿，这些孩子就出现在我的眼前，他们恶狠狠的，对教师爱发脾气，病态地对待温存的语言，无论做什么事都违反教师的意见。

人道主义、热情、体贴、富有同情心，这种预防坏事的道德免疫力，只有在这种情况下才能获得：人，在童年早期要处在善良的学校、有真正的人的关系的学校中，而这种学校只能是美好的家庭，只能是两颗相亲相爱的心（父亲和母亲）的联合。

对人们的爱只能用爱情来培育、滋养，这就如同烈火只有用火种来点燃一样。

我记得 12 岁的柯利亚，当我给他读有关卓娅的英雄事迹时，孩子的眼中放射出恶意的光芒，并且说：

"这不对！"

"你为什么这样认为？"

"因为人们都在互相欺骗，因为世界上一般说来是没有真理的，美好的语言只是为了写书而臆想出来的。"柯利亚好像干了重体力活似的气喘吁吁地低声说……

小孩子忍受了多么大的悲哀，以致对真理、善良、人性彻底失去了信心！这个孩子曾生活在充满谎言、虚伪、欺骗的非常可怕的环境中，他的妈妈三次被欺骗，这三个男人中没有一个成为她的丈夫，她生过三个儿子。每天她都给孩子说：什么你都别相信，你对谁都别相信，你就欺骗吧，只要你有可能；谁善于欺骗，谁就能胜利……。就是妈妈自己教会了孩子欺骗，虚伪、偷窃。

我们废掉了学校班日记簿中的一页，因为在这页上列有姓、名、父名一栏。之所以废掉，是因为每个班级都有这样的孩子，若向他提出有关父亲的问题，就等于往他伤口上撒盐。我们不问孩子有关父亲在何处工作的事，但我们会通过另一个渠道来了解这些，因为了解还是必要的。

在最近一期《文学报》上刊登了一则非常有趣的谈话，是民警局中校弗·契瓦诺夫与该报特约记者耶夫盖尼·保格丹的谈话。富有经验、因多年繁难的工作而变得练达、善于分析犯罪者细腻的情感和心情的弗·契瓦诺夫认为：罪行的主要来源之一是人的个人过失；是的，人在任何环境里都应当是人，对复杂环境的任何托词都不能减轻他个人过失的责任。但是这个论断的真实性是有局限性的。

假若把罪行当作一种有深根的现象来看，那就会自然地联想到：我们这里还有犯罪者，那就意味着在某些人之间，在社会关系、道德精神关系、美学关系方面，不是一切都令人满意的。

有一种老生常谈：说什么在所有破坏道德的事件中，学校应首先负责。这种说法混淆了社会舆论并且首先混淆了父母的视听，比如有许多父母认为学校什么都错了，认为学校拥有某种教学工具，借助于它，教师可以解决所有道德教育方面的问题。假若教师能使用这些教学工具或真正负起责任来，那么一切都会很好的。由于认为学校可以解决全部问题，因此，家庭在教育中就不起重要作用了。

不难想象，这样的意见会带来何等可悲的后果，现在部分后果已经出现了。许多父母，尤其是年轻的父母，认为他们的事就是生孩子，只管把孩子降生到世间，而教育孩子则由社会负责。现在人们只把学校列入社会教育的概念中，许多人认为对少年一代的社会教育可以不包括家庭对孩子的关心。实际上，家庭的稳固，才是最重要的社会问题之一。青少年一代的道德面貌如何，取决于此问题的解决与否。每个人都应当懂得：在社会面前，他的责任和对社会最重要的义务就是教育自己的孩子。孩子的首席教养者、第一位教师，就是孩子的母亲和父亲。应当在中学时代就教给未来的父亲和母亲教育学的知识。教育学应当成为对一切人都有用的学科。下面的话可能对某些人来说好像是夸大其词：我认为，没有研究过教育学基本知识的青年公民不应当有成立家庭的权利。

社会教育，就是家庭—学校教育。精神世界的形成，自己在下一代身上的再现，使儿子和女儿成为比自己更完善的化身，就是一个公民最高尚的创作。

应当颁布这样一项法律，父母根据它对子女进行教育。应当确立严格的制度，根据它，父母就无权把自己的子女转托给他人教养，在他们各方面都很健康的前提下。如果父母放弃教育子女的道义上的权利，那就说明自己在道德上是个不够格的人，他们的孩子应由社会教养，为此应设立儿童之家。

在社会主义社会里，有些人不正确地、片面地理解社会教育的实质，最近几年来产生了依赖别人的风气，这种风气也严重影响了学校的教育工作，甚至影响了少先队和共青团的组织生活。

弗·契瓦诺夫在"关于罪与罚"的谈话中，曾谈到如何有趣、用心地观察和研究"依赖精神"是怎样产生的问题。

夏天刚刚来临，共青团区委会就开始忙碌起来。他们问：老师们，你们考虑没考虑如何保证在夏天闲暇时让大班学生休息的问题？于是50岁的女教师被派到所谓的业余共青团进行青年劳动，到休息营去值班，整个夏天可以休息，那里的劳动只有鸽子嘴似的那么一点点，闲散的人尽管很多，但还是应当监督，以便使它有一个文化休息的外貌……

有一个学校的校长决定这样做：把17岁的孩子们整个夏天派到拖拉机大田作业队去。孩子们兴高采烈地到大田里去体验真正的劳动了。但是在共青团区委会里却发生了不愉快的议论：怎么能这样做呢？劳动锻炼难道没有组织起来的集体，没有墙报，没有组织起来的早操？

假若在青少年时代，他们得到的一切都是别人准备现成的，难道这样就能培养出久经锻炼的、为共产主义而战斗的战士吗？能培养出坚强、英勇的人吗？不久前，在我们地区一个村里发生过一件有趣的事情。在集体农庄俱乐部附近有个排球场，可是架球网的木柱腐朽了、倒了。一个20岁的小伙子在区报上写了一则通讯说：这叫什么事呢？对我们青年人真是不关心。区报把通讯送给党委书记。党委书记为避免不愉快的事情发生，就派了几个年长的农庄木工把腐朽的木柱掘出来，埋上新的。然后特意给编辑部寄去了一则官样文章的复文，说已经采取了措施……

某些人真正希望把球场、跳舞场、台球台子都安排得好好的，认为这样在青少年中就会减少犯罪。这真是孩子似的天真、幼稚的想法！道德上的坚强以及对坏事的抵抗力并不决定于跳舞场和台球台子。每个少年男女都应当怀有自己生活的目的和高尚的、丰富的精神追求。读书，这应当是最主要的。为什么少年晚上没事干？为什么要找可以消磨时间的地方？为什么我们要帮他找可以消磨时间的东西？为什么从孩子很小的时候就让家长养成习惯——必须跟他闹着玩，必须讨好他、引逗他，无限度地满足他？为什么在幼小的心灵中就向他灌输依赖精神——某某人需要为我组织什么，需要以什么来满足我？为什么这个少年每天必须走出家门到某处转转——有时去文化宫，有时到青年咖啡馆，有时去玩台球？为什么他就没有愿望坐下来读读书？为什么他只希望到什么别的集体里去而就不想待在家庭这个"集体"里？为什么少年就不想挽着妈妈的手到剧院或俱乐部去？所有这一切，仍然是社会教育的后果，本质上说，家庭不应是除外的。

在谈论依赖精神的根源时，绝不能忘记其中最有危害的风气是撒谎、半真半假。小孩子尚未成年时，常感觉到人们对他隐瞒着什么，或者人们没有把话讲完。起初，他会莫名其妙、觉得伤心，而后，他可能就会认为：活该，就让别人代他决定一切，做出这种或那种困难的抉择吧，让别人去把责任担起来吧……

绝不能把失算的罪过和我们日常生活实践以及社会团体活动中的错误算在学校的账上。

难管教的孩子

难管教的孩子，你带给教师、父母、整个社会多少沉重的心思，多少焦急不安和伤心呀！但不久以前，出现了一些这样受追捧的观点：没有坏学生，只有不称职的教师。所以为保险起见，"难管教"一词得永远加上引号，这样似乎就安全多了。

试问：这样一来，社会和家长是否因为这种解释就变得轻松了？实际上，难管教的孩子是有的，这个词是避不开的。这种孩子，由于各种原因，在智慧、情感或精神上都出现了反常现象。

在三十年的教学劳动中，我了解并研究了七十多个难管教的孩子，其中每个人都有自己某些特殊、深邃的个人根源，体现为个体的特点以及自己受教育的道路。

可能不止一个教师担忧这种情况：即班上所有孩子都用心听讲，当教师让大家马上做题时，而别佳一点儿也不会。看来，每个学校都有这样的孩子。但是，成绩不好、落后以致最后留级的原因不尽相同。对这种孩子，教师都给结实地贴上一张标签——难管教。校长责备教师不会教书，教师责备学生懒惰、不用心，没有学习能力。

教师力图解决所有的问题，于是给学生超量布置课上和课下作业，甚至还留了附加作业。但这些做法并未收到良好的效果，别佳更加厌恶学习了。他学会了说谎，既欺骗教师也欺骗父母，他开始抄别人的作业，甚至抄那些他能独立做出来的作业。

别佳逐渐成了真正的懒汉，而且有时学做坏事，老师发生不幸时，他幸灾乐祸，增加老师的痛苦。记得上算术大课时，四个班在一起。女教师玛丽娅·彼特洛芙娜想在外人面前显示一下全班的积极性，每个学生都要叫起来答题。轮到别佳时，老师提了一个很容易的问题：

"把10分成两等份，每份是多少？"

因无数次得到二分而怀恨的别佳，成心要使女教师难堪。

"得2!"他毫不犹豫地回答说。

女教师忍住怒火温和地说：

"什么呀，别佳，这不是开玩笑，是上课，你说是多少，假若把10分成两等份，每份是多少？"

"2乘2得4！"别佳的回答湮没在全班的哄笑声中……

智力发育的破坏以道德的形式表现出来。在学校中有多少难管教的孩子，那么就有多少不幸带给父母和教师。亲爱的成年人，请把自己摆在别佳的位子上，你想想看，日复一日、月复一月、年复一年，人们一直在说：你什么都不成，你落后，你低能，你力所不及的事而别人却做得很漂亮。听到这些，你会有什么样的心情呢？

一天，基洛夫格勒省儿童收容所的负责人说："我们从学校里拿到某学生的鉴定（这个学生曾从家里跑出来四次）。校长写了些什么呢？他写着，德尔兹柯在四年级学习，这已经是蹲班后第三个年头了，这孩子每次考试不及格，之前在三年级学了两年。他对教师很无礼，当教师大声批评他时，他居然粗野地咒骂教师，难道这样的学生还能留在学校？"

我想在这份鉴定上写个批语，然后寄回给校长："假若让你留级三年，那你恐怕就不只是骂了，而是要像狼一样嚎叫了。"

教师和校长最大的错误，在于他们没有尽力去找到孩子变得难管教的原因。他们应当像医生那样细心地察看病人的身体，找出得病的原因，而后再给予医治。假若教师也这样做，那他就是一位真正的教师。应当深思，应当细心、耐心地探索、研究孩子的智力、情感、精神的发育。难道我们能容忍一个做医生的（人道主义者）给病人说"你的病很重，但我不愿给你治疗"？而你们当中、教师中，有多少人天天让孩子感到他是不可救药的，且常常是公开谈论这些？教育家的真正意义，不仅在于能使那些低能、落后的孩子不感到自己是不够格的，而且帮助他们享受到高尚人的快乐、求知的快乐、智力劳动的快乐、创造的快乐。

多年教育工作的实践以及对儿童智力劳动和丰富的精神生活的研究，使我明白：儿童之所以成为难管教的、不及格的、落后的，最重要的原因是孩子所受的教育和孩子早期童年的周围环境条件不好。这也就是说，小孩子在一至七八岁时，思维物质没有满足为发育所需的极为重要的某些条件。

在学校里，尤其当教师的，若不了解在孩子头脑中正在发生的情况：即孩子曾集中一切智慧力量，但经过刻苦努力仍不能弄懂、学会学科的深奥道理时，他就会在苦恼中退缩。假若教师不了解这些，那么事情的危险性就要加深。

教师、父母以及从事与儿童教育相关工作的人，都应当认识到自己劳动中的某些重要原则。婴儿降生后，神经系统的发育并未结束，而会一直持续到十七八岁甚至更长的时间，其中最深刻、最复杂的过程是发生在一至七八岁时。若想使软弱无能的婴儿成长为大人，在这个过程中，孩子生活初期的人为环境是起着非常重要的作用的。三十二件由野兽养育幼儿的事例（狼、老虎、狮子把婴儿抢走并关心地养活着他们）科学地表明，这些由野兽养大的"野"孩子，再回到人类社会时，无法重新转变成人。这些可悲的事实再次证明了童年时代的智力发育是何等的重要！

为什么其他的孩子都明白解题条件并能解出它，而别佳虽经过努力仍然解不出来呢？也可能他的脑子不像别的孩子？

当然不是，在他的大脑里同样有着数十亿思维物质（神经元）细胞，这和别的孩子一样。那么原因究竟在哪里？

孩子在生活初期所处的周围环境没有赋予他的大脑以婴儿时期应有的神经系统。因为，为使数十亿神经元发育成聪明的大脑、有求知精神的个性，就要在婴儿降生之后给予他关于人的关系这些恒常的影响和锤炼。

思维始于提问。为什么？因为孩子看见周围世界的许多现象，总是会感到惊奇。如蜜蜂飞向开花的苹果树，之后又飞走——飞到哪里？为什么？一只小鸟在树上搭窝，另一种鸟则在房顶下筑巢——为什么？太阳落山了，黑蓝色的苍穹闪烁着无数星星——这是怎么回事？为什么？如饥似渴的求知精神、好奇心不是在人大脑里自然而然存在的，而是向人学习获得的，这也就是人的关系的重要内容，这对婴幼儿的正常发育是很重要的。我们成年人回答孩子的问题越多，孩子的好奇心、求知欲越强，他就会越发注意周围的事物，越能对周围的事物表示惊讶、兴高采烈。

在大脑中，时常会在转瞬间闪现一种惊人的现象，这就是思维物质中心在进行工作，即在神经元中进行着一种复杂的生化过程，神经元发育成思维器官。不对神经元进行训练，它们就好像处于一种昏睡状态，发育也就停止了，也就没有那种可塑性和机警善变性了，因而智力也就停留在本能的水平上。若没有那种活跃的、勤思好问的念头，人们智力发育的良机也就错过了。

孩子出生后，对他的智力、思维的培养，开始得越晚，孩子越容易变成迟钝和难以教育的人，这是智力培育方面的金科玉律。但非常遗憾，教师们通常忘记了这一点，而家长们一般对此一无所知。在父母中间，直到现在还流传着一种极为错误的观点：进学校之前，应当让孩子的脑子像一张白纸，一个字母也不要教给他，更不要教他念书。因此当孩子提出问题后，许多大人们总是回答：上了学就知道了。

这样一来，就压制了孩子的求知欲。

别佳的情况怎么样呢？什么样的人员关系和周围环境都没有触动过他的大脑。父亲和母亲上班，他们把儿子托给祖母照看。祖母是个善良的人，但她的关心、照看只局限于满足孩子本能的需要，如：按时喂饭、照顾睡觉、洗澡、换衣服。祖母什么也不给他讲，不给他看（祖母视力不好），也不让他与孩子们交往。孩子则听其自然，自己玩自己的。孩子看到了许多美好、有趣的事，如：啄木鸟在树干上跳跃；黄蜂们友好和谐地工作着；苹果树枝上有时落下一只美丽的黄鹂鸟；在美丽的蓝色天空里百灵鸟欢快地歌唱。美丽的画卷一张张地在别佳的眼前翻过，但在别佳的意识里却没有留下任何痕迹。孩子都快两岁半了，但周围许多东西的名称他还叫不上来。

秋天过去，冬天就要降临，别佳的天地变得更小了：温暖的大房间铺满了地毯，墙上挂着壁毯，任他走、爬、跑、跳，都碰不着硬的东西。祖母从早到晚专心致志地照看着，家里预备了大量营养食品，还有玩具。当别佳五岁时，才被允许到街上找小朋友们玩。走到街上别佳惊呆了，像是发生了可怕的事情。别佳不明白捉迷藏是什么游戏，找不到藏起来的小男孩就倒在草地上大声叫嚷，假若找到了就揪住那个孩子的头发或是用拳头打他。

孩子们不愿再让他参加游戏了，别佳并没有特别伤心，他坐在灌木丛下，折了个小树枝敲打着地，或是揪树叶玩。孩子们很惊讶地注意到，别佳已经快六岁了，连数还数不到五。

这就是别佳过去的情况。他过着"植物的生活"，但是绝不能认为他智力低下。只有那些懂得在儿童头脑中思维是如何产生的、记忆力是如何巩固和发展的人，才懂得别佳的智力完全正常，只是在智力发育的过程中被削弱了。

假若幸运的话，别佳能碰上一位聪明的、懂得儿童心理学的教师，事情就完全变样了。如果跟着这样一位教师，低年级对别佳来说可以变成发展思维的课堂，教师每天可以带孩子们到田野里去、到森林里去、到河边去。教师仿佛在孩子们面前发掘了自然宝藏，唤醒了孩子们昏睡的大脑。而孩子们也开始学习思考，他们会提出许多问题，孩子们的求知欲在逐渐发展和巩固。

给难管教的孩子们上课可与一般的课程（*所有孩子都学习的课程*）同时进行，前者要进行一至三年。这样，难管教的孩子的智力发育就能逐渐赶上普通孩子了。最重要的是：无论什么时候都不要使孩子觉得自己是不可救药的、是不够格的。

如果教师和学校校长认为：迫使难管教的孩子多多补习，

他们就能赶上来，这种想法是大错特错的。不要只是迫使孩子坐下来多读书，而是要注意培育并巩固他的智力、发展他的脑力、教给他们思考。关于这些，父母和教师要永远牢记。此外，尤其重要的是，要把聪明的、知识丰富的教师配备到曾在幼儿园中上过全托班的孩子们那里。

谈论"难管教的孩子"是个大题目，不易谈好。就其本质来说，这是教育中最重要的问题。如果家长和学校对此问题漠不关心，就会付出重大代价。

不要怕做个亲切、温存的人

我与儿童劳动教养营中受劳教的 15 岁的孩子谢尔盖谈过话。他个子很小、瘦弱，我真想问问他，孩子，你怎么来到这个地方？他清秀的面庞、蓝色的眼睛，反映了内心的紧张。他的目光充满了深深的忧郁和痛楚，这使我感到心情十分沉重。

一次偶然的机会，谢尔盖读了我写的书《人是独特的》。他读完之后给我写了封信，请我去听听"有关他生活的故事"，于是我就到他那里去了一趟。谈话的最初几分钟，使我感到惊奇的是孩子们的年龄、举动与并非孩子们的眼神、思绪、痛楚之间的反衬现象。他所讲的，以及之后我到他家里所看到的，使我知道了他父母的生活、他读书的学校，这一切令我很惊讶，这不能不使我考虑当前教育中一个最尖锐、最迫切的问题——成年人与儿童以及儿童之间的相互关系。

当谢尔盖向我叙述了"有关他生活的故事"时，我眼前出现了许多画面，从第一眼看上去，就知道这些情景在我们的时代里是多么可怕的、令人惊讶的和无法理解的。

之后，我们和谢尔盖乘车来到他所住的村子，当我了解了孩子童年时的家庭和学校时，我终于明白了。长辈们（父亲、母亲、教师）常常讲的一句独特的话，曾在他的心灵中留下了深深的印迹，并决定了他的终身。

谢尔盖的父母是集体农庄庄员，居住在乌克兰草原地带的一个大村子里。他有一个6岁的弟弟和一个5岁的妹妹。谢尔盖是一年前因重大犯罪行为而进入劳教营的。

"事情发生在我上三年级的时候，"男孩说，"一天夜里，我醒来听到母亲和父亲在隔壁房间里争吵，于是我起来，走到门口，稍稍把门拉开一点，以便听到他们争吵的内容，他们的话使我大吃一惊。父亲和母亲决定离婚。'离婚'这个词的意思像流星一般在我的脑中闪过，我懂了，就是父亲和母亲将不会住在一起了，但他们都不愿要我。父亲坚持要把我留给母亲，而母亲也不愿带我走，她说：'儿子应跟父亲走，我管不了他，他不听我的话。'争吵越来越厉害了，这还是我第一次听见父亲和母亲讲这么肮脏的、侮辱性的话，我都吓呆了。我还听到一句更可怕的话，父亲说我可能不是他的儿子。"

孩子在极度悲哀和忧伤中勉强地回到床上，直到天亮还不能入睡，第二天早晨就去上学了。这一天，三年级全体师生要去郊游。在头一天，教师叶卡捷琳娜·彼特洛芙娜告诉大家说："我们要在树林里煮饭，每个人都带点东西来，某某带面包，某某带脂油或马铃薯，谢尔盖要带来两茶杯黄米。"可是孩子头脑中怎能记起这件事呢！？

"黄米呢？"女教师问。

孩子默不作声，有苦难言。无论是黄米、林间游玩，还是林间空地上的篝火，对他来说，这一切比起压在他头上的巨大悲哀全是微不足道的。

"女教师又问我一次，我什么也答不出来，之后我低声含糊地答了点什么。我自己也记不得说了什么。后来我打听到当时曾从我嘴里冒出了一句粗野的话：'你干吗老缠着我呢？'如果当时有人告诉我说我是这样答复了女教师，那我绝不会相信。"

我一边听着孩子的叙述，一边想：这位女教师为什么不看看孩子眼中的悲哀呢？这是多么严重地缺乏教育能力啊！不去理解、不去体贴孩子的心情——孩子的内心充满了慌乱不安、悲哀和苦难。这一瞬间决定了一个人的命运、一个人的一生。

"不要去郊游了！留在家里吧，你这个粗野的东西！不光是今天，以后你也不能去，夏天、秋天都别想去！"叶卡捷琳娜·彼特洛芙娜叫嚷道。

孩子心里觉得一切都是那么残酷无情，眼前一片发黑。他走着，但自己也不知道应当去哪儿，就这样漫无目的地走到学校的花园里，他看见蜜蜂在翠菊上飞来飞去，清风徐徐吹来，结有黄色果实的甜樱桃树树枝随风摆动着，蔚蓝的天空里云雀在歌唱，这美好的景色使得孩子更加痛楚。

"没人需要我！"这种思想像火一样灼烧着他的心，他的心灵深处产生了深深的怨恨。"好吧！你既然对我这么坏，我就以牙还牙来报复你！"他想让叶卡捷琳娜·彼特洛芙娜感到痛苦，让自己的伙伴、同班同学（男孩子和女孩子）感到不快。

"我的脑子一片空白，开始揪身旁正在开花的翠菊，揪毁花朵扔在草地上，直到把所有的花朵都揪下来；之后又开始揪菟丝子的银茎和虞美人的花朵。我记得我坐在揪毁的花朵旁大哭起来。"

假若在这个时候，有个善良的、热心肠的人走近孩子，哪怕只说一句暖心的、温存的话，怜悯他，同情地问问孩子的悲楚，那他绝对不会成为现在的样子。但是，走近孩子的恰恰是个心肠不好的、不会说好话的人，是学校的守卫。"哎呀，谁把花都揪下来了？"守卫人说。他看到谢尔盖在花园里，便大声喊道："下流东西！罪犯！你搞的什么名堂？等会儿校长来了，就把你赶出学校。"

孩子沉默不语地回家了。第二天他没去学校，而是藏到芦苇丛里，点起火堆烤马铃薯吃。他的父亲在那里找到了他。

"父亲用皮带把我痛打了一顿，之后把我送到学校。少先队辅导员拽着我的手，领着我，从这个教室拖到那个教室，说：'瞧！就是他在花园里把花都揪了，怎么处理这个流氓？你们有什么意见？'我似乎什么也没看见，只听到有人建议把我开除出学校。"

他们没有开除谢尔盖，但对他来说痛苦的日子来了。女教师每次的教育举动都会记起谢尔盖是个少年犯。全班去旅行，而谢尔盖得留下来。母亲和父亲无暇关心他，他们脑子里想的是别的事。父亲准备到什么地方去，忙着收拾包裹。

学年末，全班要到第聂伯河流域一带去旅行。谢尔盖很喜欢《远东边区》这本书，特别向往书中那些地方，有个同学到那里去了。"谁都不需要我"的思想一直在熬煎着他，尤其现在使他特别不能忍耐。全班去旅行的那个星期，对他来说，就是经受严重考验的时候。在儿童的心灵里，怨恨在增长。他开始仇恨所有人。以前，读书是愉悦的、令人迷恋的事，现在就连这件事在他看来也变成虚伪和假仁假义了。他不仅不相信人，而且也不相信书籍。他焦急不安地沿着池塘岸在杜勃拉夫村、在草原上走来走去。他找到一条不知被谁赶出家门的老狗，它成了他唯一的朋友，他喂它油炸土豆和肉。没有食物吃时，他就从家里捉只鸡杀了，在火上烤熟与狗一块儿吃。

就这样度过了难熬的一个星期。谢尔盖看到同班同学都高高兴兴地回来了，脸都晒得黑黑的。叶卡捷琳娜·彼特洛芙娜亲切地向小卓娅微笑着并拉着她的手。"而我，谁都不需要……"谢尔盖心里想。他的憎恨从心灵深处升起，别人的快乐又勾起了孩子心底的难以忍受的痛。

"'我要让那些幸运的人感到痛苦和悲哀。'我想，于是我到了学校，进入温室，把植物折断了、毁坏了，在地板上点燃了火堆，然后逃走了。从远远的地方可以看到，温室的木架子突然燃烧起来。幸灾乐祸充满了我的内心。现在谁也不能归罪于我，因为谁也没有看见我。女教师一直在追问：'是谁干的?'但现在我会说谎话了，我看着别人的脸，肯定地说：'我什么都不知道，那时我正在家里，你可以去问我的母亲'……"

谢尔盖痛苦地叹了口气，就好像他已经知道多少事情、经历了多少事情一样。痛苦压迫着我的心，我真想把他的父亲、母亲、教师带到这里来，对他们说："你们可以想象得出，儿童内心里的憎恨有多深，这才是最可怕的事。你们怎能允许这种悲剧产生呢? 为什么在它萌芽时竟然看不出呢?"

几个月过去了，几个年头过去了，谢尔盖一直孤独地生活着，从来也没有人亲热地抚摸孩子的头，从来没有人问过孩子心里想什么。父母几次离散又几次和好。这几年谢尔盖曾听到过各种有关对人的、对母亲、对女性的最可怕的侮辱性的言辞。在学校里，他曾被安排到最后的座位上。有几次，教师课后把他留下来，为的是让他完成家庭作业，但后来又对他置之不理，放任自流。谢尔盖的心麻木了，他变成冷酷无情、毫无怜悯心的人了。秋季的一天（这是在六年级的时候），学生们在学校的田地里收获玉米。女孩子们把包着食物的头巾放在狭窄的田间窄道上。谢尔盖第一个掰完了他负责的那一行的玉米穗，走路的时候不小心踩了头巾，头巾被踩进泥里了。结果他受到处罚：禁止他到学校的实习工厂和体育馆中上课。"每当教师把我的行为告诉家长时，我父亲总要痛打我一顿……"

　　"无论是学校中的惩罚，还是家里的惩罚，都对我完全没有好的影响。父亲打我的次数越多、越狠，我心中的恨也越厉害。关于学校的惩罚没什么可说的，他们就是算计着怎么使我痛苦——我总觉得是这样。

　　校长知道我唯一喜爱的科目是在学校的实习厂劳动，可是却禁止我去那里。不久，钻床附近的马达烧坏了。校长猜不透为什么它被烧坏了。

　　后来，我犯罪了，为此我被审讯了……。现在我羞于谈这些，也可能，我的羞耻心——是良好的情感。我愿刷洗我心中的冷酷、淡漠、无所谓的情感……"

　　他没有告诉我最后犯了什么罪，但我了解到了。在过新年时，当所有的孩子都在新年晚会的松树旁时，他把电线弄坏并引起了火灾，致使两个男孩终身残疾。

　　"在审讯时和审讯后，我多次被问：犯罪的直接原因是什么？是不是禁止你去新年晚会的松树旁游玩？不，没有禁止我。许多年来，我都是孤独一人。心中的憎恨和冷酷在熬煎着，我现在更懂自己了，这是好还是不好呢？从那一天夜里，从我开始知道我父亲、母亲都不需要我的那时起，我就再也没有听到过亲切、善意的言语。"

　　"有关他生活的故事"，谢尔盖就讲到这里。年少的孩子呀，为走完这段孤独的路，你的心灵得经受了多少苦难，你曾变得多么冷漠无情，无恻隐之心啊！当教师与孩子的关系发生突变和转折时，我不敢相信那位教师的想法是如此无情，难道一位真正的教育家的创造性和发明性，就表现为苦思冥想如何对学生进行惩罚吗？父母和教师为什么要把孩子的心灵装在冰壳里？为什么在学校里竟没人去考虑用温暖、真诚、体贴、以心比心的情意去接触这块冰？为什么10岁的孩子眼里的大人会是如此可疑、不可信任？

在谢尔盖的眼睛里，我看到的不只是痛苦和苦难，还有要成为一个真正的人的希望。孩子的心在撞击着冰壳，力图把"不相信人们"这块冰融化。现在他力求自己教育自己、相信自己，即便当叶卡捷琳娜·彼特洛芙娜教育自己的时候也应对自己深信不疑。哪个教育家能理解像叶卡捷琳娜·彼特洛芙娜所做的，把不听话和任性的学生安排在特设位子上，并说："待一会儿吧，你玩，同学都看着你呢……"

"现在我在这儿很好。"谢尔盖结束了自己的故事，"再也没有人用怀疑的眼光来看我了。虽然我知道教师也希望我变成好孩子。我好像刚降生到世界上来。不久之前有这么一件事：在工厂里，我做一个零件，做得不合规格，师傅很生气地对我说：'看你做的活我真想揍你，你自己都不相信自己。要知道你是人呀，这个零件你应该能做得很漂亮。这可是你的劳动成果——这是反映你自己、你的大脑、你的手、你的思想、你的内心的成果。'这些气愤的话对我来说是多么美好、醉人的音乐呀！我能感觉到，师傅希望我幸福。我第一次为自己感到害羞。请相信我，这是我初次体会到羞耻感。我高兴得心都在颤抖。难道这真的是唤醒了像你书中所写的那种人吗？'人'在我内心中被唤醒了!？"

这个惊人的、少年人心灵的忏悔永远留在我的心中。他的自白成为我焦虑不安思考教育问题的根源。不论多么难堪、多么令人不快，我们教育工作者都应承认，在学校教育中，还存在着许多人对教育学无知，甚至是不学无术的现象。这首先表现在教育者忘记了一条最简单也是最英明的真理，即教人首先要教心。在人类精神财富的和声中，最细腻、最柔和的旋律应属于心声。在情感教育中，教育学上的无知，按我的看法，是最大的祸事之一，它常常导致悲惨的结局。这种祸事，在我初次了解许多学校生活的时候，就引起了我的注意。教师喊叫、大声喊叫、神经质似的提高嗓门——这成为许多学校里师生相互关系中司空见惯的一幕。学生们习惯了教师的大声喊叫、用手敲桌子、提高嗓门神经质似的喊叫声，他们要在五至六个小时的长时间里处于不正常的紧张状态，这对学生身体和心理的发育已经形成了一种威胁。神经过敏、过度紧张使孩子们变得烦躁不安，而这又引起教师嗓门的提高、加强手段——大声喊叫、敲桌子，且常常予以威胁。这种严重的教育学上的无知，日积月累，久而久之使孩子心里烦躁不安，致使心灵失去了敏锐性，变得麻木，对温柔的语调也不那么敏感，与此同时，教师也失去了对语气的控制。

"我在学校里工作了六个年头，"一个加里宁地区的年轻教师对我说，"每年我都觉得自己经常讲给孩子们的那些话，语调越来越僵硬了，失掉了'热情洋溢的色彩'，因为总是要用自己的喊声压住班上的吵嚷声。我觉得，我的语调越僵硬，孩子们对我的讲话越反应淡漠，我就越要常常求助于喊叫和威胁。下课回家后我感到精疲力竭、头痛，一直几个小时干不了事，直到晚上稍微好些，才能开始工作。夜间要长时间坐着看书，早晨起来脑袋昏沉沉的……"

看看这个恶性循环，想想我们因忘记教育学上最简单的真理而给自己和孩子带来了多大的不幸。喊叫、神经质、紧张，使教师陷入教育学上无能为力的困境，此时此地，教师又会使用更加可怕、使学生更加蒙受羞辱的手段。学校，按其性质来说应是讲究人道、仁慈、人性的地方，是培植人类心灵和高尚人的细微情感的圣地，而现在有时却成了任性、专横和非正义的所在地（这怎能不是野蛮的声调）。教师说，当他不知怎样对付（按他的说法）那些诚心破坏纪律、刻意制造不愉快事件的学生时，就会诉诸强力措施——惩罚。实际上只有弱者才求助于强力、压力和暴力。是的，在我写"暴力"这个词之前，我考虑了不止一个小时，可是任性、专横和非正义终究要铸成压力、暴力以压制儿童的心灵、意志、思想和情感。哪里以强有力的措施（非正义的惩罚）开始，哪里就以强力、暴力、专横来结束。此时，教师已不再是个教师，而成了监视人，孩子们仇恨的人。我见过叶卡捷琳娜·彼特洛芙娜，且与她相识。我开始为孩子的命运担忧，为那些她正在教育的和将要接受她的教育的孩子担忧。这样的人是不会体贴被培育的幼苗的心灵的，他们接触儿童内心的是一把生锈的锯，而不是可以安抚痛苦、治愈悲伤的清泉。若仍需靠她去"拯救"人，决不容许她再让儿童产生憎恨、残忍的心境。

　　当然，在我们的社会里，在当今时代的某些学校中，若有人还用棍子、树条、皮带打人，那简直是奇怪的、野蛮的，因为这种惩罚早已被消灭了。但是，精神上的棍子、树条、皮带，精神上的触痛伤口以及往伤口上撒盐却是屡见不鲜。此外，教育学上的无知、迟钝和盲目，也给我们社会带来了许多祸害，给人们带来了悲哀和不幸。本来，共产主义时代的人，不只是要具有高度发展的智力、精神财富以及健全的身体，同时要是个幸福的人，是个给人以幸福的人，这种无可比拟的财富的赠予者，应当是我们做教师的，此外还有孩子的家长。

　　我气愤地反击那些个别不学无术的外行人（如父母以及那些不理解现今教师工作的艰难性和复杂性的人）的不公正的指控。我认识数十位教师，他们的创造性劳动真是英雄的业绩，而这样的教师在我们国家是成千上万的。但是，我不能不怀着痛楚的心情来说，那些发生悲剧的孩子，百分之百都是遇到了缺乏教育学知识的教育者。其结果，在好的情况下，是把少年留在学校遭受淘汰；在坏的情况下，就是把孩子送到劳动教养营关几年，像谢尔盖一样。学校—家庭教育学上的无知，常表现为教师的不学无术和冷酷无情（教师的悲哀），以及家长的不学无术和冷酷无情。常常有这样的情况，当一谈到这些问题时，我们就会听到自己的朋友小心翼翼地劝告："为什么在大家面前谈这些呢？要知道，家长们可能会认为学校里全错了，那时工作就更难做了。"这种顾虑是不必要的。家长们是非常重视自己孩子的命运的，他们非常理解教育上困难的原因和根源，是从不掩盖自己的失误的。父母的教育学修养，在我们的社会里，最近十多年来大大提高了，同时我们做教师的也深深明白社会所赋予我们的责任。

去年秋天，一位父亲把自己的儿子送进了一年级，这位父亲在 14 年前曾在这个学校学习过。我终生不会忘记他：他是个任性、为所欲为、不听话的孩子，他的行动好似总违背理性的要求，然而现在他送自己的孩子来上学了。这位父亲很激动，好似难以找到适当的言辞来表达自己的思想。他请求说："孩子的个性很像我，看到他有什么不好的地方，不要当着别的孩子的面提醒他；他有些孤独，不愿与别的孩子交往；他不爱讲话，但会按着教师的要求来做的。关于他的缺点，可以单独给他谈，他一定会尽力改正。这是我的意见……"

在我们所教育的人中，不论他是多么难教育，多么"没希望""不可救药"，但我们总相信在他的心灵中一定会有一点儿好的地方。如果我连这一点儿好的东西都不相信，那么教育就会成为我自己的负担，而对受教育的人来说，受教育也就成了他的苦难。假若一名医生走进病房，对重病患者说："你的病情很重，已经不值得给你医治了，你可以去定做棺材了。"那你对这名医生会怎么想呢！舆论一定会严厉指责这名冷酷无情的医生，他也未必能继续在这个医院工作了。可是在学校里，你会常常碰见类似的情况，说某某学生是不可救药的，是个废物。教师们不只讲给学生本人听，而且讲给家长听。不只当众讲，而且在大会上讲。他们公开提示孩子智力水平低下，故意责骂讥讽，用最锋利的针来刺痛孩子的心灵（这是用什么都不可治愈的创伤），用棍子来打击孩子嫩弱、敏锐的心灵，这种重复的打击令孩子的心灵变得粗野，使人变得迟钝，对自己的尊严感到无所谓。在学校里（这应是我们社会生活中，最具有人道、仁慈环境的地方），大概还能碰见更粗野、更不能容忍的情况。当你知道有的教师用荒诞、冷酷无情但却是强力的措施来胁迫儿童时，你的怒火会因气愤而在心脏里燃烧。这些儿童，按照教师的说法，是应该好好学习并成为模范的。在一个学校的家长会上，女教师领来了两个二年级的小学生，让他们朗读；一个读得很流利，充满激情，很有感染力；而另一个不会读，慌乱了。我认为，展示出一个不会读书的例子来给家长看，力图说明不会读就是品行不好，孩子不好，在大众面前降低人格，这样做已经是一种很大的坏事和不幸，但更大的不幸是，不会朗读的小学生在自己父母面前感到非常泰然自若，对在大众面前降低他的人格并不感到不安、苦恼，并未感到屈辱。这意味着：孩子娇嫩、敏锐的心灵已经经受过许多次这样精神的鞭打，他的内心已变得僵硬，长满了硬茧，对惩罚和良言失去了感觉。

这是值得我们深思的：为什么在我们的社会里，还有不少青年人和成年人，把好话和惩处都当作耳旁风？为什么在一个美好的城市里，一个18岁的少年会因重罪而受到人民法庭的审判，而且这个少年在回答法官提出的有关他职业的问题时，竟然以挑衅的口吻说"是流氓"呢？这是为什么？这是因为敏锐的心灵，一颗需要慈祥、爱抚和公正的心灵，在童年、少年时代就遭遇过非正义的惩罚和屈辱（没有什么理由证明这种惩罚是正确的），现在已经变成皮厚并包有一层冰冷的、淡漠无情的甲壳了。

　　我收到了许多家长和教师的来信。你瞧，女教师说："我们一年级有个小男孩，像个小圆面包，他叫米什卡。……我们学校规定了这样的制度：值勤的学生，对不擦净皮鞋的孩子不让进校门。这条规定很好，但是……小米什卡没来得及擦皮鞋，因为上课要迟到了。校长看见了就把小米什卡拉到走廊里展示给大家看，并命令他站在那里不许动。我不知道这是校长决定的，是要教训孩子的。我看见小米什卡面对墙站着，我就问：'你怎么在这儿站着？'小米什卡不作声，眼睛里含着泪珠，像豆子那么大。我就拉着他的手把他领进教室。这件事您怎么看？可是，校长也好，其他教师也好，都对我的做法表示气愤，各种帽子、头衔都给我戴上了，说我想当慈善家，说我姑息、纵容破坏纪律的孩子。我听后很伤心、难过。多么野蛮……"

　　一位二年级的女教师在家长联系簿上写道："沃洛佳上课时总是笑。"沃洛佳的妈妈读了之后，不明白这句话的意思，是好呢还是坏呢？孩子为什么笑呢？但是，你瞧第二篇日记上，则带着严厉的口吻写着"沃洛佳继续笑，快采取严厉措施"。妈妈把孩子痛打了一顿，沃洛佳再也不笑了。

　　读了退休老太太叶·彼特洛芙斯卡娅的来信，我们除愤慨外还能怎样呢？信中写道："我们这里的小学有这样的规定，只要学生不听教师讲课或是跟同伴说点什么，教师就让他站到黑板前。有个学生甚至被赶出了教室。女教师跑到校办公室给警察局打电话说：'某某学生破坏上课的秩序。'往警察局送所谓的破坏者，在这个城市里是司空见惯的现象。学生若表现不好，不允许进学习小组。女学生，若功课得三分，禁止考音乐学校。芭蕾舞小组只能吸收优秀生。某学校的教师找来学生的母亲，对她说：'你的孩子下课后总是在校园中乱跑，这要跑到什么时候为止呢？'母亲答道：'为什么他不能跑着玩呢？跑着玩有什么不好呢？'教师回答说：'你这样厚脸皮的母亲，我还没见过呢！'"

真的，什么情况都有：用皮鞭打击、摧残儿童心灵，使儿童的心变得粗野、冷酷，使儿童对一切都变得淡漠无情，尤其可怕的是对自己、对个人荣誉与尊严也变得冷漠。一个人，假若他在童年时代就进过警察局、不止一次地在自己的同学面前或家长面前作为反面教员被"示众"，请想一想，他能成为一个什么样的公民呢？那么还能期望这样的人对法治有什么尊重吗？对这种人，就没有什么神圣不可侵犯可谈了。

只有爱抚才是有神奇作用的精神力量，只有它才能保护好儿童的心灵，以防变得粗暴、凶狠、冷酷、淡漠，才能使儿童对触动心灵的细微事物，首先是对善良、爱抚、真诚的言语不会麻木不仁无动于衷，这是我的教育信念的基础。也许，我这些话会引起我某些同事的讥笑：什么呀，我们要爱抚他们？可是他们都骑在我们脖子上了！上千次的观察结果证明，孩子心中的恶只能产生于成年人的粗暴和冷酷无情中，而不是产生于成年人的爱抚之中；至于那些骑在成年人脖子上、变得厚颜无耻、对大人的慈祥和爱抚采取讥笑和嘲弄的孩子，只是因为他们的心早已经变得粗鲁、磨出茧子来了。爱抚，这不是迁就孩子的幼稚之作，不是牙牙儿语，而是人道主义。这正是共产主义教育的实质和精华。共产主义教育的真理是：人们之间是朋友，同志即兄弟——这不是漂亮的辞藻，而是人们之间血肉相连的关系。共产主义教育学，诞生于世界上人类本身关系的实践之中，它是人道主义和真诚善良思想的融合物。我敢肯定地说：它就是用每个教师善良的心去乘人道主义而得出来的产物。而教师善良的心就是生气勃勃的个性，是独特的人的心灵。

爱抚，不是迁就调皮的孩子，不是不加思考地去满足孩子的稀奇古怪的要求。纵容、姑息孩子的顽皮淘气和刁钻古怪的要求会把孩子引入歧途，使孩子的心变得粗鲁、冷酷无情，因为淘气、被溺爱的孩子只能看到自己而看不到别人。他是自私自利的人，他的个人小天地就是快乐的中心。至于接受高尚的人们的抚爱和善意，影响了孩子心灵中的自尊和对别人的尊敬，是决定个人高尚的情感的关键。

温存的语言具有数百个音调，只有当你真正喜爱孩子的时候才能掌握它；就像音乐对于听觉迟钝的人来说是不可思议的，那么温存的语言对于冷酷无情的人来说也是不可思议的。

用爱抚、热心来培养孩子，这是帮助孩子形成一种观点，即如何看待自己被赋予的生命、尊严和光荣。从孩子童年起，就应保护他敏锐、善良的心地和高尚的灵魂，不要对他暴怒、怨恨，不要使他变得愚钝、残忍、硬心肠，像木石似的麻木不仁，这是我的教育学信念的最重要的原则之一。我认为应是这样的标准。我坚信，惩罚中哪怕只有一点儿侮辱人格尊严的地方，这种惩罚都是不会起好作用的。孩子有些什么不好的地方就公开对他进行侮辱，孩子会认为是个人私事但就是要向全体公布；孩子向你倾吐心灵时，你就将其作为反面教员展示给大家，在同学面前公开孩子心灵中那些神圣不可侵犯的东西，等等。所有这些强力手段，摧毁了孩子的心灵，使他们永远铭记这些凌辱。

不论在家庭还是在学校里，都要重视培育儿童的心灵，要保护它不受伤害，不受那些初看上去认不出是心灵的棍子的打击。

很难想象一个有着冷酷、恶毒心肠，有着皮鞭精神而又是领导的人（虽然是小领导，但却有权决定别人的命运），他们会有着怎样的心灵和情感。官僚的麻木不仁、冷酷无情和惊人的愚蠢（这种情况我们在生活中常常碰见），这就是一个人在童年时代心灵麻木的后果。可以想象得出，一个冷酷无情、麻木不仁的男人在家庭里会是一个怎样的父亲和丈夫。家庭的暴君又是从哪儿来的？都是来自周围的环境，来自那些由粗暴所统治着的环境。在那些环境中，心灵所接触的不是人的善良、亲切的语言，而是粗鲁的巴掌。这样的环境，不管是在家里还是学校里都会有。

关于孩子不好的地方，要多利用个别交谈的方式循循善诱，启发他改正，应当尽可能少地让人知道，甚至根本不让大家知道。这样做只有好处没坏处。因为，我们的目的就是培养孩子的心灵。孩子的心田是最细腻、最敏锐的精神织品，对待它应当特别小心谨慎、亲切、善良。关于教师对孩子的好处和坏处的看法，我认为，教师在这个真诚的相互关系中的做法越是细腻、有分寸，那么孩子越是对自己内心中的好处和坏处变得敏感，自我教育力越强，他越是力求做个好孩子。

教师这个集体之所以有教育力量，不是因为它像个纸老虎或什么法庭，而只是因为它能把人培育成真正的人，培育个人的自尊心、尊严和光荣感。教师集体培育人的艺术和技巧在于能使每个人乐意给集体带来美好的东西，给集体做好事，因而集体和他自己的生活也都会变得幸福和美好。三十年的学校工作使我坚信，教育工作中存在着这样的法则：一个学校只有当它能看到孩子的优点比缺点多十倍、百倍的时候，才能拥有强大的教育力量。这就是说，集体教育是教师对每个人的细致的、精雕细琢的工作，是对每个心灵的细腻的、亲切的、人与人之间的体贴，是对每个人有关集体生活的培养和关心。

温存体贴的情感，只有当它在孩子的内心中培养起他的自尊心时，才具有神效；它在心灵中还会发展为耻辱感。若想使孩子知道害羞，必须善于找到适当的言语且不会伤害孩子，这是培育孩子最重要的戒律之一。这样的言语是教育学教科书中没有见过的，是教授的讲义中没有写进的，它产生于教师的心田里并染有情感的色彩。只有当教师真心诚意地跟孩子讲话时，学生才能真心地听教师的话。教师可以用最普通的语言对孩子说："怎么会弄成这样呢？""现在我们对你可怎么办呢？"就这些话即可触动孩子心灵中最敏锐的角落，能使他为自己的行为而难过，能激起心灵中积极向上的念头。语言的神奇产生于教师对孩子的热爱之中，产生于对人的深深的信任之中。对人的热情，对人的信任，形象点说，是爱抚、温存的翅膀赖以飞翔的空气，没有空气，温存之鸟就会像石头一样摔落在地上，温存的语言也就成了僵死的声音。

让心灵的音乐在学校中奏出迷人的旋律吧！用最亲切的、最善良的言语去触摸世界上最娇嫩、最敏锐的儿童的心灵吧！要维护人的尊严，树立人的自尊心，要培养儿童心灵对善与恶的敏感力。就像绿树叶朝向阳光一样，让我们学生的心灵永远被亲切和善良所吸引。

要善于做个温存、亲切的人！

要注意：孩子！（致《皮鞭教育学》作者的信）

一位读者，一边读着阿·布林柯娃娅的信一边说：瞧瞧，这是绝无仅有的事。不可以在这个基础上进行总结提出问题吗？假若信中所提的那些人不认识自己，不感到害羞，难道能令人满意吗？

但是，这并不是说好像我们学校中没有高水平的、善于理解儿童心灵和智力的有经验的行家。反之，有好的教师，也并不意味着学校工作中没有教育学上的无知以及对儿童命运的漠不关心等缺点。当然，即使有也只是个别的。

在上百封的信中，父母都提到对孩子不知怎么办才好，所以我们决不能忽视父母的悲哀。

某些人认为：学校只是一座储存知识的仓库，学生每天来这里取得一部分知识。取得很少知识的人就是没希望的人。

我们不要忘记，学校对国家所负的使命是非常复杂的、艰巨的，正如我们旗帜上所写的"一切为了人类……"。所以说，我们这些做教师的是站在人类的摇篮旁，人——最大的财富，组成了社会的主要财富，而社会又把人类委托给教师，难道我们不明白这些？

一天，我到学校重建的大楼里去办事。这里一切都装饰得很漂亮：或是教研室，或是光亮的走廊，或是体育馆旁的淋浴室。不知哪个学生把新油漆的板墙弄上了墨水污点。就在有墨点的板墙这儿，校长、兼管总务的副校长和值班人员集合了。他们把墨水污点逐个刮掉，刷洗干净。可是与此同时，在校园的通道旁，有两个六年级的学生正在玩球，没有去上课，但谁也没有看见——不论是校长，还是教师。怎么会有这种事发生呢？是板墙上的墨水污点遮住了教师的眼睛使他们看不见孩子没有上课这个事实吗（孩子以及他们的缺点）？

为挽救一个坏学生，学校应做出多少努力呀，得想多少办法呀！本来嘛，孩子，就是一个完整的世界，但这个世界尚未打开，也尚未被研究。我们这些做教师的，应当把这个世界打开，并把它提高到自我认识和完善的高度。

我在答复有关教育的定义是什么这个问题时，有可能是违反科学的准确性的。按我的看法，教育就是赋予人以高尚的精神，它是一贯的、细心和耐心的、困难很多而令人兴奋的任务。

教师的真正本领在于能使自己所培养的学生获得自尊，珍惜自己的品格。假若一个孩子不尊重自己，这就仿佛濒临大祸，他的人生会遇到很多问题。

信中有几行是这样写的："小男孩，尽量不惊醒妈妈，夜里悄悄地起来，打开笔记本偷改分数，假若他涂掉二分，假若他能为二分感到羞辱，那么这并不可怕，可怕的是小男孩放学后回到家来无所谓地把书包一扔，并对'今天得了多少分'这个问题回答说'自己看吧……'，或是（还有这种情况）撕掉笔记本，并对教师提出'往哪儿给你打分数呢'的问题回答说'往额头上打分数就可以了'。"

一个人生活在集体之中，承认自己是这个集体里的一员，愿意做个好人，也希望别人承认自己是好人。我们教育工作者的任务就是设法使这个愿望得以实现。

在孩子的心灵里，悲剧可能时刻都在发生。他想为什么别的孩子能把字母写得很漂亮，而我就写不好；为什么别人能很容易地把算题解出，而我就解不出；为什么别人是好样的，而我很不好。今天不好、明天还不好……。在儿童的心灵里，不能理解原本和别人一样优秀的他居然一下子成了坏学生，于是他感到羞辱。但是，渐渐地他不怎么害羞了，他对这种处境已习以为常了，此时他心中的想法是：不可能所有的人都是好样的，某些人成为不好的学生是自然的、可以理解的，于是心灵在发生着粗野、麻痹等变化。在学校里，没有什么比这个更可悲哀的了。

当皮鞭钻到教育的隐蔽角落里来时，那么孩子心灵中的悲剧就会加深。此时正确的教育方式是矫正孩子的智力发育方向和教会做好事。否则，这里一切都会引起孩子的心里微妙变化和极度的紧张，就像阿·布林柯娃娅所写的。

直到现在虽然部分家长仍相信皮鞭要比亲切的言语有力得多，说什么在学校不可能完全像在家里，那里是培养人的地方。现在我们应当不遗余力地揭发对"皮鞭教育学"的盲目追捧，应当绝对避免在家庭中采用这种措施。

阿·布林柯娃娅是对的，很大一部分教师的理论水平是很低的，他们和学生父母的教育学水平差不多。

我的学生瓦涅亚的父亲，上帝只赋予他一种能力就是生孩子，假若我把这个"有能力"的父亲叫到学校来并对他说："你的瓦涅亚是个懒汉，他不愿学习"，那么就会发生这样的事情：我，做教师的，当然不能做那种打学生的事，然而却借父亲的手来打了孩子，我成了同案犯。

我看到不少的人，自称知识分子，其实这并不妨碍他们固执己见，他们似乎认为，不打孩子巴掌，孩子就会变得柔弱，就会失去适应生活的能力。实际上，正好相反，皮鞭不只会鞭挞孩子的尊严，也会毁损孩子的心灵，会在孩子的心灵中投入最阴郁、最卑鄙的阴影——畏缩、怯懦、仇恨和虚伪。相反，品质坚定、不会去尝试做坏事的孩子并不是那些在童年时代饱尝过巴掌的孩子。

15年前，我的班上来了一个小女孩，她叫方塔捷尔卡，她的创作能力曾使我们大吃一惊。一天课间休息时，奥列夏（大家都这样称呼方塔捷尔卡）露出恐怖的神色跑过来，气喘吁吁地对我说："别佳给格里沙……一棍子、一棍子。"那时她还不会说"敲"这个词，她还不知道一个人能打别人，因为她的童年就是在宁静的幸福中度过的。那么能否说这个女孩子没见过打人，就意味着缺乏知识、思想不成熟呢？其实事情完全不是这样。上大学后，一天当她看到流氓举起刀子刺向一个妇女时，这个19岁的女大学生勇敢地夺下了坏人的刀子，虽然她自己受伤了，但却救活了别人。

实际上，皮鞭只能破坏成年人和孩子们心灵的联系。显然，它注定使教师和父母的一切教育努力都走向失败。假若说小孩子由于受鞭挞或威吓可以做出善良的事，那也只是做样子看的，因为鞭挞是不能培育心灵的。但这种措施对爱捣乱的少年来说已经不起作用了。是什么代替了这失去控制力的鞭子呢？对于这样的少年来说，处罚他不怕，合情合理的热情的话他也不理睬。这时父母的权力和尊严全无用处，往后就不难想象他的情景了。

某些教师正是由于教育学水平低、激情不能服从理智，才只好诉诸心灵的鞭子（处罚、凌辱等）。

我并不是宣传要宽容一切。当一说到"尊重""要有同情心""要热情"时，有些人就会认为这是说教，而我认为强力手段与真正教育学的要求是不相容的。当然，当我们在孩子面前提出许多要求而孩子由于不自信而不能完成时，教师不应对学生的缺点和不努力进行迁就，迁就就等于缘木求鱼，不能达到教育真正的目的。

学校不是知识的仓库，它是智慧的明灯。所有的学生不可能具有一样的能力，因此学校就是培育孩子能力的重要场所。

学习，本应带给孩子生活的快乐、求知的快乐，可是学习若对学生意味着不安和可怕，作为教师，你能心安理得吗？学生之所以有如此不安的感觉，是因为今天、明天、每天，他都会感到"我不是好学生"。我还收到过一封这样的信："我的小女孩学习成绩不好，二分，二分，老是二分。回到家她总是很忧郁。一天夜里我醒来，听到她在哭，我问：'怎么了我的孩子？'她回答说：'妈妈，咱们搬走吧，搬到没有学校的地方去吧。'"

在学习中要使人提高，意味着无论在什么时候都不应忘记对儿童不稳定的思维能力做工作。有些人的思维如流水般敏捷，而另一些人则反应迟钝，但不要急于对低年级孩子做出评价。一般说来，不要给低年级的孩子们判二分，这是鞭子和棍子。不要砍断他们"愿做个好孩子"的愿望的根。

在我们学校，对初年级各班有个规定：当孩子还没有学会能令人满意地完成某种作业时，先不要给他打什么分数。要告诉他说："你再做一做，你本来是可以做出来的……"孩子受"愿做个好孩子"的愿望的鼓舞，就会集中一切力量来完成作业。上面所谈的要求（提高思维能力）即从此处开始了。他，还是个小孩，要集中一切力量，而这种力量在孩子的心灵中是取之不尽的，是可以更上一层楼的。只有这样，他才能从学校中找到快乐，甚至连做梦都能梦到自己的进步。我们从屈辱和堕落中挽救过许多孩子，但不是用打二分的办法，更不是诉诸强力措施。

当然，这并不意味着，带着二分就可以从这一年级升到另一年级。假若是这样的话，那就是极端的麻木不仁。相反，我们应唤起孩子的自尊心。孩子一旦有了自尊心，他就会把教师提出的要求摆在自己面前。

学校，是发展世界上仅有的而又最复杂的人的关系的地方。之所以复杂，是因为在这里正进行着伟大的、愉快的，同时又充满着困难和挑战的塑造人的工作。

心灵的劳动

这件事发生在一所乡村学校里。一年级教室的窗前，老早以前就有一个大垃圾堆，四周杂草丛生。上课铃响了，值日生向教师玛丽娅·彼特洛芙娜报告了缺席的学生。这时有两位老人用块粗布兜着垃圾走来，在垃圾堆前站了几分钟，老太太抖了抖粗布包，值日生赶紧关上了教室的窗户。

光阴荏苒，许多年过去了，老头和老太太更老了，从学校里一批又一批地毕业了，而垃圾堆照旧存在，每逢春天，上面的鸭茅和飞帘长势很旺、花儿盛开……

九月，一个晴朗的早晨，在一年级教室窗户旁的一个座位上，坐着新生小女孩玛蕾霞，她有两只蓝眼睛，梳着银白色的发辫。当老太太又抖擞那块兜垃圾的粗布包时，玛蕾霞说："咳，这斯米特尼科（乌克兰文，指垃圾堆）真讨厌！居然还有飞帘长在窗子下面。玛丽娅·彼特洛芙娜，咱们去把垃圾弄走，把飞帘挖掉，栽上花株吧！"

玛丽娅·彼特洛芙娜从来没有注意过这个垃圾堆。现在听到玛蕾霞的建议，她想："对呀！咱们窗前为什么有这么个讨厌的垃圾堆呀？为什么我一直没注意到它呢？"

打扫垃圾堆的劳动搞得热火朝天。孩子们一篮子接一篮子地把垃圾搬走了。他们清除了四周的杂草，并按着玛蕾霞的建议栽上了花株。

假若愿意的话，你可从这微不足道的小事上，分析出有关教育的实质问题。刚这么点年纪的小孩就能思考周围与她有着直接或间接关系的事物——开始辨别是与非、美和丑、卑鄙与高尚了。问题的实质在于你是如何看出是与非、美与丑、高尚与卑鄙的呢？自己是如何对待它们的，又是如何表现自己、显示自己的创造力的？一个人要注视周围世界，有趣地观察它，学习去理解它，要逐渐正确地理解其中特别重要的东西；每当你迈出一步时，它就可能使你走向高尚或趋向卑鄙。与之相对的是：紧闭自己的心扉，不去注意周围事物，就没有什么东西可以令自己激动不安，对任何恐怖或是关怀都无动于衷，惯于忍受一切。实际上这就是淡漠、冷酷，这是一种病态，它可以引起有害的负面思想。这样的人会认为世界是按它自己的意志存在的，而自身的存在更是如此，他只求平平庸庸地活在世上，可以闭眼不看那些邪恶吞噬善良、消灭善良，使善良成为微弱的孤立无援的现象。

假若一个人是淡漠无情的，那就不会有真正的个性。我为自己的教育学信念而骄傲：我所喜爱的学生，不是那些唯唯诺诺、听话、人云亦云、俯首帖耳的学生，而是那些有个性的、有意志的、不安分的，有时甚至是爱淘气的、调皮的，但对邪恶和谎言有反抗精神，敢于以头颅担保，敢于坚持原则的学生。应当如何小心翼翼地保护、关怀、珍爱这种萌发于人的内心世界而又一眼看不出的高尚精神的嫩芽呢（这种嫩芽将成长为对劳动的顽强、不妥协的态度和敢于为真理、正义而斗争的高尚精神）？

我认为教育的重要原则是：使孩子在童年时期，尤其是在童年和少年交界的时期，就成长为与邪恶作战中的胜利者，具有高尚的情感。

在某个村庄住着一个名叫马特维依的人，他有两个小孩，都在上学，一个上三年级，一个上二年级。很久以前不知什么时候，说不定是在马特维依爷爷那个时期，院里挖了一口井。井水是甜的，整条街上的人都来这里打水，院墙门总是开来关去的，马特维依很不高兴。若是禁止人们来汲水，马特维依又怕人们恨他，并将被认为是犯罪行为。于是他决定采取别的办法。

大地回春，冰雪刚刚融化，马特维依就翻掘了井周围的土地并种上了黄瓜。黄瓜出芽了，生蔓了，嫩绿的茎蔓爬了满地，真是绿茵如毯。邻居们来汲水，一看见满地是茂密的黄瓜蔓就转身回去了，并说：真不忍心踏坏这黄瓜蔓。渐渐地，人们都不到马特维依家里来了。为了欺骗别人，马特维依自己也到村里的其他井里打水。一天，马特维依两个孩子从学校回来，眼里含着泪水说："同学都嘲笑我们，他们都说我的父亲是个坏人。"

深夜，两个孩子从床上悄悄爬起来，把黄瓜秧拔掉，统统扔到沟里去了。

父亲对此无话可说。

瞧，这就是涉及孩子精神生活的事件，是如何与不良行为激烈交战的事件。为了使你培养的孩子在这场战斗中勇往直前，并做个胜利者，为永远坚定孩子心灵的力量，你需要做些什么呢？

愤怒、羞耻、良心，这些情感的混合物能给人一种可称作勇敢精神的意识。我们所谈的不是学校中的一般意识，而是关于勇敢的、不可调和的、有斗争精神的思想意识。当孩子处于对事物的感觉进入深刻理解的阶段时，就应当关心他们，使他们对凡亲眼见到的事物就能用智慧去理解，用心灵去辨认它们的善与恶。

学校全体师生的精神生活应当是这样安排的：当孩子们在为力求做个较好的、较完美的人而做出努力时，在集中一切心力以便达到最理想境界时，能使他们懂得，他们追求幸福与美好的努力，是为了使一切人生活得更加美好所必需的。

在这里我想谈及生活、劳动以及学生相互关系的重要方面。我认为，这就是高尚精神以及他们所创造的全部精神财富。只有心灵的劳动包含着深刻的道德含义时，才拥有真正的教育力量。

从孩子幼儿时期起，即从孩子刚刚开始学习观察、理解、感受周围世界和自己的时候起，我们就要教导他们：我自己所做的一切，都要在别人的心灵中引起反响，我做的一切不可能不留下痕迹。

校门两旁栽了许多蔷薇，花儿娇嫩艳丽，周围没有设防。要知道，正好孩子们要学会与这些柔弱、美丽、娇嫩的植株打交道，这就需要付出很大的精神力量。学校要尽量创造环境，使孩子们的周围有更多这类事物。如果孩子们每天接触到的全是些坚硬的钢筋水泥，这又怎么能培养他们的审美呢？他们每个人在一天之中不知从怒放的蔷薇丛旁走过多少次。为了战胜来自周围的诱惑，需要表现出多么强大的精神力量啊！不仅不能折断它，甚至不能用手去抚摸一下娇嫩的花瓣。请你们相信，这比建设一座校办工厂，比完成一百公里自行车竞赛还难得多。在对待这类细微的、不引人注目的事情上，是多么需要精神力量啊！

心灵的劳动，是无比丰富、极端复杂、无穷尽的人的活动。每当我思考心灵的劳动，首先想到的是树立理想。在我的教育信念中，有一点令我深信不疑：把学生的精神提高到更为高尚的理想境界，他们对现实世界、现实事物中产生的理想看得更清晰，不需要到远隔千山万水的地方去寻找令人赞叹的理想人物。请你们相信，在你们居住的村庄或城市里就有这种理想人物。教育工作的秘诀在于，要善于在现实生活中发现理想人物。

心灵的劳动意味着分担人（首先是父母、兄弟姐妹和长辈们）的忧伤和痛苦。不必害怕让孩子们知道这些苦难，他们心地纯洁善良。要让9岁的儿子夜晚守候在父母的病榻旁，让亲人的痛苦占据他的心房。在教育工作中最难的一件事是教育孩子学会去爱。

心灵的劳动有时还表现为委屈、伤心和痛苦。对这些情况，请不必担心。在童年和青少年时期，有些人无忧无虑、一帆风顺，有些人历经艰难困苦。这就决定他们当中某些人具有坚强不屈的性格，他们宁愿抛头颅，也不肯放弃原则，而另一些人则成了没有个性的窝囊废。

我所说的引起心灵劳动的动力，应当是不为学生觉察的、教师的坚定有力的行为。孩子们应当感到既无人催促他们，也无人扶助他们。这时能起巨大作用的，不仅是教师的语言，还有教师的目光、鼓励和训诫。

我认为，教育技巧表现为，教师在学生面前的一举一动最终都能唤起学生从事心灵的劳动。教师的言行越是细致入微、温柔体贴，就越能激发学生从心灵深处产生动力，努力成为教师所希望的那样的人。我们发现，那些意志薄弱、毫无原则、随风转舵的人，正是那种不了解什么是"心灵劳动"的教师所教育出来的。他们不知道心灵的劳动所触及的是心灵的最敏感部位，我们把它称作人的自尊心。如果你们希望孩子尊重自己，那么说得形象些，你们就要善于指定课题。我现在举个例子。

柯里亚放学回来对父亲说："爸爸，今天晚上召开家长会。"

晚上父亲去开会了。柯里亚在家做作业。做完了作业他想出去散散步，恰在这时，父亲开完会回来了。柯里亚又重新坐下，把头埋在手里。母亲不安地看了他一眼。

"会上讲什么了？"

"说彼佳善于解题；米沙能作诗，还被发表在墙报上；玛莎和娜塔莎会画画，女教师把她们两人的画给我们看，画得美极了；斯捷潘用木头雕了一只夜莺；瓦西里在校园里种了许多花，每天都浇水……"

"教师说没说柯里亚的好话？"母亲问道。

"说了，"父亲喘了口气，"说柯里亚爬到一棵最高大的树顶上去了，别人都不敢上，只有他爬上去了。"

父亲赞许地看了柯里亚一眼。可是母亲不懂是什么意思，是该高兴，还是该生气。

"这是昨天发生的事，"柯里亚说，"同学们一起争论，谁能够第一个看到日出。我爬上树顶，看到太阳从山后徐徐升起。"

尊敬的朋友们，请记住：这种微小的心灵劳动，这种不引人注目的事物，有时恰恰会成为人们建立英勇功绩的开端。

忠于伟大、神圣祖国的无数溪流细川就是这样汇成了勇敢精神的江河。

要爱护孩子心灵的纯洁

善良要靠善良来培育，邪恶离不开邪恶的引导，这是教育学、日常生活教育学、我们社会成员间的相互关系教育学的一条极为重要的规律。

可是，在生活中时而会遇到乍看起来无法用任何规律来解释的现象。在一所学校发生了这样一桩事：

一所农村学校的四年级共有 24 名学生。女教师开玩笑说："我对我的学生了如指掌。我走进教室，只要看一下孩子们的眼睛，就知道谁会回答问题，谁不能回答，谁得'五分'谁得'三分'。"

班里有几个男孩和女孩能够迅速而又准确地解题。米沙是教师引以为傲的高才生。他不等教师写出解题的条件便能用心算出来。毫无疑问，米沙向来是得五分的。教师和同学们赞扬米沙的解题能力，米沙本人也感到很自豪。

班内有个名叫尼古拉的学生，他的解题能力也很强，只是特别慢。他有时得四分，多数情况下得三分。太慢了！

突然一天，发生了一桩意想不到的事：教师口述一道复杂算题的条件，叫尼古拉到黑板上解答。他慢腾腾但十分清楚地说明了解题步骤，并用口算解答了算题。全班都愣住了。四年来女教师第一次给尼古拉打了个五分。

突然，教室里有人大哭，学生们惊讶地发现竟然是米沙。女教师明白此时此刻米沙的心情——因为妒忌而感到痛苦。他不能容忍班上出现另一个数学得五分的人。

女教师对米沙的这种思想感到惶恐不安，心事重重地来找我商量。我们思考了好久：孩子的心灵为什么产生了这种邪恶的东西？孩子周围的环境本来是很好的，教师评分向来也很公正。

不对。无论怎么说，在孩子的心灵已经产生了邪恶的东西。对这桩非同寻常的事，我经过认真思考之后，得出了这样的结论：有时候骤然看来很难发现，甚至根本看不到有什么邪恶的东西，可是周围的气氛正在摧残孩子的心灵，使其发生变化。

怎样防止孩子的心灵受危害呢？肥沃的土地如果不种植葡萄，即使无人特意去播种，也会长出飞帘来。人的心灵也是如此。在少年时期，需要以善驱恶，扶正压邪。在孩提时期，即使无人刻意教他学坏，只要没能爱护孩子心灵的纯洁，也会使他走向堕落。须知，恶种是不容易被发现的，它微小得很。当教师发现的时候，飞帘的种子已经扎根。在我的教育理念里，有一项重要的原则：要时刻保护儿童心灵的纯洁，绝不允许一粒恶种落到他们的心田里。

我们所指的恶种是什么呢？它是怎样落到儿童心田里的？需要防范些什么呢？

1. 要防止心灵空虚，即防止人的心灵中没有任何神圣的、坚定不移的信念

心灵空虚是一种最可怕的状态。在童年和少年时期，要染上这种恶习并不需要什么有害的环境，只要对人抱冷漠无情的态度，对生活漠不关心就足够了。心灵空虚的人失掉了最珍贵的幸福——即创造善良和用自己心灵的力量抵御邪恶的幸福。这种人生活于世上，如同遮上了双眼，既不能发现自己的善良心地，也没有自尊感。爱护儿童的心灵，就是要时刻关心他们，帮助他们树立坚定、神圣的信念；而这些对儿童来说，犹如自己的生命、荣誉和良知，犹如家庭的幸福、顺遂和温暖那样珍贵。为爱护孩子们心灵的纯洁，需要在他们树立以下神圣的信念：

信奉善良。相信人不仅为个人而且也为他人谋福利；相信人的最大幸福是为他人谋福利。

相信劳动能创造神奇的、巨大的、改造一切的力量；相信劳动人民能够创造自己的美好未来。

相信自己。能够发现自己的善良言行和智慧，能为自己在劳动中取得的成就、为用自己的劳动给他人谋福利而感到骄傲。

相信我们的社会理想、我们的道德、我们的伟大真理；能够感觉到自己在命运的旋涡中不是一粒微不足道的尘埃，而是一股巨大的创造力量。

要在儿童心灵中树立起这些坚定、神圣的信念，绝不能仅仅停留在关于神圣事物的漂亮词句上。而真正的思想教育是把思想变为现实，用以指导行动和斗争。思想只有和个性、个人利益、愿望、志趣、意向等融为一体的时候，才能逐渐成为儿童心灵中的神圣信念。为了防止在儿童的心灵里种上邪恶的种子，儿童需要用自己的行动去创造善良。

因此，儿童行为举止的思想道德意义在教育工作中具有重要的实际意义。我认为，让儿童用自己的言行举止来确认自己，让他们在自己的言行中看到自己心灵激动的表现，就是触动儿童心灵的意义。在儿童心灵中树立对善良美好事物的信念，看起来似乎是简单的事情，但实际上恐怕是教育工作中最复杂的事情。如果你们在培养人的这个领域里取得了成就，则可以确信，你们的学生永远不会步入歧途。为使儿童相信善良，就要使他们看到依靠自己的力量所创造的善良美好事物，让他们在给他人谋得的幸福中看到自己付出的一份心血。当儿童在创造的善行美德中反映出他们的气质和个性时，信奉善良才能成为儿童心灵中的神圣信念。我认为，教育工作的最终结果应当表现在，学生们受良心的驱使去创造善良事物，他们将如同一个舌干口渴的人不能绕过清泉一样不能不去创造美好事物。依我看，心灵纯洁这一教育的中心点应当是让孩子们通过创造善良事物来表现自己的人的精神本质。在儿童心灵中激发起创造善良事物的志向，其目的不是做给别人看，而是为了自己；因为它是内心动机的产物，有志使自己充满高尚的精神。教育工作的"秘诀"，也多在于此。

2. 不要对人冷酷无情

利己主义就是在这种冷酷无情中产生的。利己主义者的人生信条是：我可以为所欲为，只要对我有利就行，别人怎样与我无关。人是万物中最独特、最复杂、最美丽、最不可思议的。认识世界并在这一过程使自己变得高尚起来，这首先要求去认识最为奇怪的存在——人。当一个人举起手来要伤害另一个和他同样精力充沛、能够思维、有着复杂和独特精神世界的人的时候，那么他的巨大悲剧恰恰表现为他并没有思考过他伤害的是这样的一个人。通过什么办法，才能使学生认识到世界上最宝贵的是人，以及人的思想、感情、无比丰富的内心世界呢？我认为从事教育工作的过程，首先是认识人的过程。孩子们在周围世界中首先需要认识人。无论他们对人的认识有多少次，每一次都能在人的身上发现新颖、美丽和奇异的东西。人的复杂和伟大令他们惊叹不已。认识人的过程应当贯穿于学校生活的始终，贯穿于学生与其周围人的相互关系之中。这也是为了爱护儿童心灵使之免遭邪恶的侵蚀。

为帮助孩子认识人而去触动他们的心灵和智慧，需要掌握教育知识和技巧。在培养孩子待人接物方面，我努力让他们掌握最基本的态度，即诚挚、有分寸，尊重人的精神世界中最为敏感的领域——思想、愿望、感情。我竭力把儿童集体中的相互关系建立在体贴入微、诚挚和委婉的态度上。从幼年时期起，就应在孩子心灵中确立一种思想，即不论男女老幼，每个人都有权享受幸福……。这一点极为重要。尊重人，就意味着不要粗暴地触动人最敏感和最疼痛的地方。

在实际中需要怎样培养孩子具有这些细腻的精神品质呢？孩子们从幼年起就应当对影响精神世界的最细腻、最温柔的手段最为敏感，而语言、美、情感记忆就属于这种手段。孩子的心灵对语言要极端敏感，应当像纤细的琴弦对同一音域的音叉振动所反应的那样敏感。文明的语言是防止儿童的心灵变得粗野、冷酷、麻木、无情的有力武器，正确使用这个细腻、有力的工具，是至关重要的。这首先要求能够用语言描绘出人的精神世界。我竭力找出一些能够使孩子们体察到人的各种细腻情感的词语。

常常会出现这种情况：孩子们朝夕相处的人发生了不幸，可是他们竟然毫无觉察。如果不教会他们用心灵去认识人，恐怕永远不会觉察这种情况。心灵需要用语言唤醒。我给他们讲述了人类遭受的种种不幸，孩子们的感同身受表明了他们精神发展的高度。同情的源泉就在这种能力之中。学会同情他人，才能学会尊重他人——爱惜他人的情感，珍惜他人的心灵。这种能力教人们去体察他人的内心精神状态，即不通过言语便能了解别人的痛苦、忧虑和不幸。孩子们在今天遇到昨天或前天见过面的人，就能从他们的精神状态中发现某些微小的东西，这种对人的精神状态中微小变化的感知，使儿童的情感记忆得到不断发展，并日趋完善：他们不仅用智慧来记忆，而且用心灵来记忆；不仅记住亲眼见过的东西，而且记住自己感受的东西，记住自己如何对待别人的痛苦、忧愁和不幸。对于培养孩子的情感记忆并使之日趋完善，这是一种重要的教育技巧。从孩子来到学校的第一天起，我就教孩子们用心灵去体察最亲近的人——父亲、母亲、祖父、祖母的精神状态。我使用了母语中传情表意的全部手段，使孩子们的心灵具体感受各种忧虑、悲伤、痛苦。关于这些感受，甚至他们的最亲近的人也没有对他们讲述过，他们必须能够体验和理解这些感受。我教育孩子，当母亲下班回到家里来，要用心灵去感受她的情绪好坏。可能受种种原因影响，母亲的情绪会产生一些微妙的变化。根据母亲的目光、举止言行、对你的态度，都能够察觉出她的心地是平静还是焦虑不安，是高兴还是忧虑。你要视母亲的精神状态来控制自己的言行。

要特别注意培养一种体察老年人——祖父、祖母的各种感受的敏锐能力。我竭力让孩子们不仅明白并用心灵感受：老年人已进入了垂暮之年。能敏锐体察祖父、祖母的精神状态的能力，是儿童和青少年情感修养的主要标志之一。亲切热忱、对老年人关心，并不是简单的"帮助别人"。我想尽办法，让孙子和祖父有着共同的精神需要，而对人的需要则是最主要的精神需要，借用它把年轻人和长者团结在一起。

3. 要防止儿童的心灵染上利己主义、个人主义

儿童染上利己主义的最主要原因往往是这样：在他们有意识生活的头几年，他们的心理易变、敏感，容易接受教育影响，但在这个时期，孩子的个人愿望成了他们的"宇宙中心"，他们的全部感情、对待他人和自己的态度，几乎全是在个人愿望的基础上形成的，而且以个人愿望得到多大程度的满足为转移。随便什么小事都能令他们烦恼，但对别人的精神状态却漠不关心，对亲人的痛苦和不幸听而不闻、视而不见，更谈不上分忧。利己主义摧残着孩子们的心灵。染上利己主义的人，甚至对终生为子女的幸福而奔走操劳的父母的精神世界也不闻不问。在利己主义者的眼中，人不是具有无比丰富的思想、情感和志向的万物之灵，而是使他们满足享受的源泉，或者是不能给他们任何好处的完全中立的生物。

利己主义不只是人们意识中的旧社会遗毒，因为有可能在一个美满的家庭里，父亲和母亲是善良的公民，他们热爱集体，待人热忱、亲切并富有同情心，可是他们的儿子却可能是个冷酷无情的利己主义者。所以，我认为，利己主义是精神上的自我堕落。这种可怕的恶习得以传播和根深蒂固的主要原因，首先是大人的放纵。他们让孩子整天尽情享乐，只知道个人幸福，而不敢让孩子正视其他人，不敢对他们说每个人都有权欢乐，有权获得幸福。

怎样使儿童的心灵免于染上利己主义呢？

利己主义的对症疗法，是教育孩子善于控制自己的愿望。这种教育工作应从家庭开始，即当孩子开始懂得他生活在许多人之中，每个人都有他自己竭力想获得满足的愿望的时候，父母就要有意识地教育孩子。我们对青年父母说：让孩子尊重人，首先必须尊重人的愿望、兴趣和志向。孩子进入学校后，培养他们尊重别人的愿望，这在引导他们用理智和心灵认识周围世界的活动中占有重要位置。任何一种个人愿望都在某种程度上与他人的精神世界和愿望发生联系，因而冲突是不可避免的，但为维持生活的和谐，每个人都应当尊重他人的合理愿望，以使自己的愿望与和谐的生活并行不悖。

关于这些道理，我都是采用孩子们易懂的鲜明生动事例来进行讲解的。其中特别重要的一点是，我列举了纷繁复杂的各种生活环境，使孩子们在各种愿望、志趣、意向相互交织的世界里，学会确定方向。

学校附近种了许多秋菊，每个孩子都从它的前边走过好几次，他们多么想摘一朵花，尽情地观赏一下啊！可是，倘若每个人都为所欲为，会成何体统呢？恐怕只剩下光秃秃的茎秆了。生活的和谐将被破坏，随之而来的是一片混乱，刁钻古怪的种种念头犹如脱缰烈马，无法驾驭。要牢记，你的愿望是一只名叫"我想"的敏捷的鸟儿，它在碧空中飞翔，必然要遇到名叫"不可"的另一只鸟儿。"我想"遇到"不可"，怎么办呢？在多数情况下，你放出去的鸟儿应当返回自己的鸟笼。你应当从中吸取教训，下一次就不要放鸟儿出笼了。

为在"我想""不可""可以""应当"等错综复杂的情况下确定方向，孩子们必须以极大的热忱和高度的敏感来对待他人的精神世界，对待上述和谐生活。孩子们在一定程度上应当是这种和谐生活的创造者。我们应当用这种方法引导孩子们用理智和心灵认识世界。和谐的生活使人听到悦耳的旋律，因为人如同辛勤劳动的蜜蜂，给人的复杂的相互关系的共同蜂房增添蜂蜜。人这个辛勤劳动的蜜蜂给精神财富的共同宝库中增添的每一滴财富，实际上都饱含着人的道德和人类社会的规范。如果不是每天都采集一滴花蜜——为增进共同幸福而做好事，那么社会生活将变成地狱般的生活，人们将痛苦不堪，备受折磨。因此，为防止儿童染上利己主义，就需要坚持不懈地教育他们每天都给和谐的生活增添一滴蜜。在这方面特别需要遵循一项规律：孩子们从共同幸福的蜂箱中取出来的蜜一定要少于他创造的部分。倘若破坏了这种平衡，辛勤劳动的蜜蜂的日子就不好过了。

4. 与防止染上利己主义同样重要的事，是防止儿童心灵染上另一种恶习——漠不关心

它是利己主义的一个方面。在孩子幼儿时期，父母告诉孩子"要多关心自己，少管别人闲事"，于是，在孩子的弱小心灵上播下了漠不关心的种子。起初父母还觉得这是无可非议的，母亲教育儿子说："看到同学打架斗殴，你不要理睬，要快些走开，别招惹是非。"久而久之，孩子不但对同学们的恶作剧视而不见，而且对那些依强欺弱、凌辱无力自卫的女孩子的行为也熟视无睹了。在这方面也有一项精神生活的规律：倘若一个人对一件事视而不见，很快就会对一切事都熟视无睹。没有什么事情能促使他焦虑不安，也没有什么事情能挂在他的心上。漠不关心会使心灵日趋空虚，使利己主义者本来就缺乏道德情操的世界变得更加贫乏无物。正如陀思妥耶夫斯基所描绘的，这种人的生活"只顾个人温饱"。

漠不关心是利己主义结出的小浆果。所有漠不关心的人都没有任何理想，他可能沦为叛徒，他昨天崇拜过的事物，今天就能肆意诋毁。漠不关心是冷酷残忍、麻木不仁、无情无义的孪生姐妹。一切漠不关心的人，都没有知心的亲人和朋友，他不懂得人离不开对人的需要，不懂得真正的友谊、人对人应忠贞不渝，以及子女对父母、父母对子女应履行义务。漠不关心必然导致道德堕落。

防止儿童心灵染上漠不关心的恶疾，就需要在每个人的身上找到人性中最美的一面，使其大放光彩。防止漠不关心的第一项措施是：在生活中尽量找到能打动儿童心灵的事物。儿童心灵对周围世界中美与丑、善良与邪恶的反应——这是人的精神生活的一个极敏感的领域。在这里，社会理想和个人志向融合在一起，道德信念也随之产生并得到确立。深思熟虑的教师从来不让孩子冷眼放过能引起他们欢乐、惊叹，或者相反，引起他们反感、气愤的事物。教师的真正艺术就表现在，教会孩子不仅用眼睛而且用心灵观察世界。

5. 要防止心灵染上说谎、欺骗、弄虚作假，做一切都只图"形式"或为了"汇报"等恶习

说谎、欺骗、颠倒黑白、粉饰太平，这会使人变得卑鄙无耻、口是心非、冷酷无情、漠不关心。当孩子看到并用心灵感受到大人在竭力粉饰现实的时候，他们就会对真理失去信仰，觉得在生活中没有什么不可动摇的神圣事物。他们逐渐认识到人都在虚伪地应付生活，他们都言不由衷，只会竭力讨好决定自己荣辱的上司。阿谀奉承、溜须拍马——这些是说谎、欺骗、口是心非的畸形儿。

为保护儿童心灵免于染上这些恶习，必须牢记一点：我们成年人常常觉察不到说谎、欺骗、弄虚作假这些邪恶的种子，可是孩子们却总是能看到或用心灵感受到，他们或是表示反对，或是习以为常。有的孩子学得马马虎虎，经常得三分，他照样"被拖着"升级；校园里的作物刚刚发芽，区里的报纸就吹嘘某某学校的试验田种得如何好；共青团委员会本来无所作为，可是在工作总结大会上却说工作取得了重大成绩。这些现象都会在儿童纯洁的心田里播下弄虚作假的种子，它终将破土发芽，结出恶果。

保护儿童的纯洁的心田，就要教育他们说实话。说实话，是教师的原则。在任何情况下，教师在儿童的心目中都应当是一个教会他们与弄虚作假、说谎和欺骗做斗争的人。

从孩子们入学的第一天起，怎样使儿童的心灵像朝露那样纯洁，是我最为关心的事。关心心灵纯洁，是一种高超的教育艺术，是一种复杂的劳动，它把理智的声音和儿童纯洁的感情的最初流露有机地结合在一起。依我看，心灵中光彩夺目的一面，恰恰是以儿童对世界的认识为基础的。他们不仅用理智而且用心灵认识周围世界，能够对他们的所见所闻做出生动鲜明、符合真实情况的富有感情的评价。儿童对周围世界一些现象的看法，常常伴以感情的最初冲动，它总是纯洁无瑕的。

如果你们想教育自己的子女永远说真话，反对说谎和弄虚作假，那么你们就要想方设法永不摧残这种至纯的高尚感情。

教师尤其要注意，对待劳动问题绝对不能弄虚作假。劳动和诚实，是相辅相成的两种强大的教育力量。从这个意义上讲，客观评价每个孩子所付出的劳动，是很有价值的。作为教师，我们任何时候都不应该忘记，儿童的智力劳动的成果——他掌握的知识、在具体阶段完成的具体学习任务，远远不能准确地反映他所付出的劳动，例如：有的孩子没有付出艰苦劳动，轻易地掌握了知识，得到了高分；相反，有的孩子认真钻研了课本，克服了许多困难，却只得了三分。这种情况是很不正常的：分数既不能衡量和说明所付出的劳动，也不能衡量学生的意志品质，只表明学生的素质。如果深刻分析学生学习的内因，我们就能得出一个结论，那就是这种评定成绩的方法是学校教育工作中的一个缺点。那些十分用功却得了低分的学生会感到委屈，甚至产生抱怨和愤恨，想依靠别人，而对自己失去信心。那些轻易地得到高分的学生，又会趾高气扬，骄傲起来。

怎样保护幼小心灵免遭这些评价的折磨呢？怎样评价才能够既准确反映孩子的劳动，又考虑到他们的能力呢？优秀教师的经验表明，只有一种办法：个性化布置作业，精心、准确、有分寸地评定成绩。对才华出众的学生，要多提问（例如，在独立完成算术或语法作业后，给能力强的学生布置些难题，让他们开动脑筋，认真对待）。怎样使能力强的学生不感到他永远能得高分，使能力差的学生不感到命中注定只能做容易的习题，这一切完全取决于教师的教育艺术。正确评定智力劳动的成绩，能够发展那些智力差的学生的能力，使他们在昨天还对中等复杂程度的习题不敢问津，而今天已敢于尝试解答难度很大的习题并取得成功。

评定劳动成绩的客观性，其必然前提是在学生集体中展开公开评论。

6. 不要让孩子染上懒惰、游手好闲、粗枝大叶的恶习

在我看来，懒惰表明心灵正处于冬眠状态。懒惰使那些无所事事的人日益蜕化堕落。懒汉虽然有时也能按人们所要求那样去劳动，但对他来说，唯一的动因是强迫，是监督。懒惰的一种特殊表现形式是精神萎靡不振，有这种恶习的学生缺乏一种迫使自己去做更多的努力，把作业完成得更好的内因。对他们亲笔完成的作业的质量漠不关心，就是懒惰的明证。

懒惰摧残儿童的心灵，使他们失掉了激励活动的最主要的内因——灵感。在孩子的心灵中激起劳动的愿望，这意味着给予他们从事创造活动的幸福，使精神生活变得丰富多彩。人为地激起儿童心中的灵感，这是一种细致的教育技巧。这种技巧引导儿童，或者干脆说拯救了儿童，使他们脱离了那种单调乏味。欢乐的生活，改变了他们把劳动看作重负的偏见。

在学校生活中，懒惰由思想懒开始。要知道，任何工作——看书、写字、在校园劳动，都是精神生活的表现，思想如同一条红线贯于其中。灵感始于思想，而在思想中有着一种想肯定自己的火花，缺少这种火花，就不会产生热爱劳动、勇于创造的动力。我曾观察四年级学生尤拉伏在桌上写作文，题目是"晴空万里的初秋一天"。男孩子苦思冥想，强迫自己写作。看来，他实在没有兴致。因为在他的头脑中根本没有万里晴空的秋天的生动景象，怎好用言辞来表述呢？只有放下笔跑到教室外边去时，他才轻松地舒了口气。尤拉

全然没有写作文的愿望，坐在那儿痛苦难耐。但我记得，在去森林、田野旅行的时候，学生们观察自然景色，收集材料，尤拉的两眼曾闪烁出思想的火花，他兴奋无比，简直着了迷。我竭尽全力回忆哪些景色曾使尤拉欣喜若狂。我试图抓住一点线索，抓住一幅情景，以便激起他内心的灵感。我走近尤拉，小声地说："你想一想，你见到过霜——那个秋天早晨凝在菊花瓣上面的银色晶体，还记得吗？想一想，太阳出来后，霜是怎样融化的，在花瓣上形成了露珠……"

孩子的两眼射出了光芒。看来，尤拉想起来了。他已经忘掉了使他痛苦难忍的快些写完作文的念头，在他的脑海中浮现出宁静的初秋黎明的景象……。此时的尤拉多么想描绘这些景色啊，思想翻腾起来了，伸出手来就想写！孩子的面前平放着的已经不是一张洁白的纸，而是一块画布，这位小画家将要画出周围世界的美丽风光。灵感就是这样产生的，它寓于生动思想的闪动之中，是一种紧紧抓住心灵的思想。它成为一种内在的力量，使尤拉全然忘记是在教室里写作文。灵感确实改变了人。几分钟以前，我还看到尤拉的两眼呆滞无光，死气沉沉，可是现在，生动的思想使他容光焕发、生气勃勃，灵感使他感受到劳动的欢乐。

我认为，我最重要的任务是让每个孩子在智力劳动中体验到灵感的力量。只有它才是进行独立的、兴致勃勃的智力劳动的巨大源泉，学习的巨大源泉。各种形式的智力劳动——无论孩子是在做单调乏味的语法作业，还是学习诗歌、解算术题，都需要灵感。教师唤起学生灵感的机会，可以说是成千上万。

灵感也是在生产劳动中克服懒惰的强大力量。孩子不愿意学习首先是由思想懒惰引起的。教师常想强迫孩子的双手进行劳动。要知道，缺乏思想，双手是不能激起灵感的。我们让孩子从事的体力劳动不论怎样单调乏味，其中总有能发展创造性思想的空间，而由思想唤起的灵感则能让双手劳动，让劳动成为思想和双手的和谐游戏。我在每种工作中都力图找到能把双手的力量同思想灵感联结在一起的线索。这是一个非常庞大而又复杂的课题，即脑力劳动与体力劳动的统一问题，它需要专题加以研究。

7. 虚荣心，对儿童心灵来说也是一种可怕的恶习

诸如：争荣誉，图表扬，追求高分，在伙伴中表现与众不同等都是虚荣心的表现。令人遗憾的是，儿童心灵之所以能沾染上这些恶习，通常与学校的风气有直接关系。当教师忽视内因而夸大外因作用的时候，尤其会造成这类情况。过分重视分数往往也会产生不良影响，刺激虚荣心的产生。孩子回答问题时，还没说完，教师就给他打了分数。夸奖过头致使孩子产生错觉，认为自己的智力和才能超群。他们变得自私起来，目中无人，瞧不起同学，思想变懒，内心世界日渐贫乏。虚荣心是冷酷无情、无怜悯心的一种表现。

虚荣心会导致何种后果呢？请看下面的例子。四年级的一个女学生在校园里拾到 20 戈比（俄罗斯等国的辅助货币）。她拾金不昧，把钱交给了女教师。女教师在全班同学面前表扬了这个小女孩，学校墙报介绍了她的事迹（甚至登

了照片），广播站也做了报道。过了一个星期，在课间休息时有两个女孩子来找女教师，一个孩子说拾到 10 戈比，另一个孩子说拾到 5 戈比。可是老师没有表扬她们，她们很不高兴，感到委屈，抱怨老师为什么不在墙报上介绍她俩的事迹。后来查明，这两个女孩子根本没有拾到钱，她们想"买"一个表扬……

教师出自善良愿望常常想不放过对任何行为做出"道德评价"：是好，或是坏。对那些符合人类正常规范的行为，予以表扬；对帮助老人穿过马路的孩子，予以表扬；对向生病在家的同学转达家庭作业的学生，予以表扬；对在三八妇女节时给母亲送了礼物的孩子，就不仅当着全体学生的面，而且在家长们面前予以表扬。这样久而久之便在孩子的心灵里种下了虚荣心的种子，而且根越扎越深。

要在学校生活中消除虚荣心的影响，这就要求教师深思熟虑地、合理地评定知识，注意培养能力。为什么要在学校或在一个班级内突出一部分学生，给他们贴上个标签，说他们才华出众呢？我想在这里再次重复一句话：有才能的学生应当完成难度较大的习题。要让能力一般的学生在某些方面也能获得优秀成绩。总之，才能的形成和发展的过程应当是生动的、不断变化的。这是防止学生产生虚荣心的最有效的办法。

不应对学生在学校的全部活动都做出评语。特别是在中年级和高年级时，让学生完成的大部分智力作业，不是为了给他们打多少分，而是为了让他们热爱知识。

在品德方面进行表扬要特别慎重，它应能推动学生出自内因，凭良知去做好事，而不是贪图表扬。

8. 最后，要防止孩子们患幼稚病

这里的幼稚病，我指的是人的精神发展中的一种奇怪的病症，即在道德方面的极端不成熟。在学校里常常遇到这样的孩子，他们已经十五六岁，论身体发育情况，已近乎成年人，但论道德面貌和劳动准备情况，仍然像个十来岁的孩子。某校一批 16 岁的九年级学生于冬季某一天被派往集体农庄劳动，把被虫子咬坏的树叶摘下来。四周一片寂静，气温 -3℃，在这种条件下，16 岁的建筑工人要连续劳动 6 个小时，可是这些学生连一小时都难以忍受：怕冷，丢下工作，跑回学校去取暖。这是学生在道德修养和劳动准备方面极端不成熟的典型事例。

幼稚无能、无力自卫、缺乏劳动准备、在困难面前束手无策——这些都会导致思想幼稚无知。我曾听过一批 16 岁的女孩子回答托尔斯泰和屠格涅夫长篇小说的问题，她们的回答令我十分惊讶，她们幼稚无知、眼界狭窄，对一些复杂现象理解得非常肤浅。

幼稚病，是个很大的缺陷，它束缚了人的创造精神，使人参加社会生活的范围变得很窄。

怎样防止染上这种病症呢？最重要的是，要实现道德修养和劳动准备的统一、体力锻炼和精神修养的统一。如果学生做什么事总是感到轻而易举，不需克服什么困难，不需出力流汗，双手也没磨出过茧子，那么，他们在道德修养和劳动准备方面永远不能达到成熟的境界。

为实现道德修养和劳动准备的统一，我们让十二三岁的少年完成他们需要付出相当多的脑力和体力的作业。因为他们到了十五六岁，应能付出更多的努力，接近成年人的劳动强度。比如，在气温不低的户外，让十二三岁的少年完成他们力所能及的，并非轻松的作业，让十五六岁的少年在−15℃ — −10℃，甚至在暴风雪里劳动（如从田里往养畜场运送饲料）。青少年通过切身体会懂得了什么是真正的工作。让他们明白，不战胜重重困难，就不会有生活。这种切身体会，就是他们在道德和劳动方面趋于成熟的最重要标志。在青少年时期学会真正劳动和战胜困难的人，才能像成年人那样思考，而不会像孩子那样幼稚。

在孩子身上重现自己

儿子心灵上的烙印

1. 幸福的和不幸的家庭

乌克兰有一个古老的传说：

一位母亲只有一个儿子，珍爱异常，娇惯过度。她把露水一滴滴收集起来给儿子洗脸，用绸缎给他做衣服。儿子长大了，容貌出众，娶了个妻子，也姿色非凡。他把年轻的妻子带回了家，可是妻子不喜欢婆婆，甚至十分厌恶她。母亲害怕和儿媳妇照面，整天待在农舍里不出来，后来干脆搬到草棚去住。儿媳妇还不满足，她跟丈夫说："如果你想和我一起过，你就把你母亲杀死，把她的心取出来，用火把它烧掉。"

儿子听完后并没感到吃惊，他完全被妻子的非凡的姿色迷住了。于是他对母亲说："妈妈！妻子让我把您杀死，把您的心取出来并在火上烧掉。如果我不同意，她就要离开我。我不能没有她，我只好照做……"母亲哭了，她跟儿子说：

"那好吧！儿子，你凭良心去做吧！"

儿子把母亲带到茂密的树林里，点燃了一堆干树枝。他杀死了母亲，将心取了出来，放在火红的木炭上。突然，燃烧的干树枝噼啪地响起来，一小块木炭飞起来，打在儿子的脸上，烧伤了他。儿子疼得大喊，用手掌捂着被烧伤的地方。正在火上燃烧着的母亲的心突然震动了一下，并且低声说道："我亲爱的孩子，你感到疼吗？快去揪一片车前草的叶子来。你看，火堆旁边就有，把它贴在烧伤的地方，再把我的心放在车前草叶子上，然后放到火里去。"

儿子失声痛哭。他急忙把母亲这颗炽热的心捧在手里，放进自己无限痛苦的心中。这时，他已泪流满面，泣不成声。他终于明白了，从来没有人像母亲那样热烈地、真诚地爱着他。母爱是如此的强烈和没有穷尽。母亲的心希望看到儿子生活得幸福和无忧无虑。母亲的心具有如此强大的力量，以致它重新活跃起来，又回到母亲的身体里。母亲站了起来，把儿子的头紧紧地抱在自己的怀里。儿子对漂亮的妻子感到非常憎恶，再也不愿回到她的身边。母子二人一起向茫茫无际的草原走去，变成了两座高高的山。

这就是人民的智慧创造出来的传说。没有比母爱更强烈的感情了，没有比母爱更温柔的爱抚和关怀了，没有任何忧虑比母亲的无数不眠之夜和她合不上的双眼更令人忐忑不安了。

对一个年近古稀的人来说，没有什么能比子女们对父母为他们创造幸福所表示的感激更为高兴的事了，反之，没有比看到子女对父母漠不关心、冷酷无情并且忘记父母给他们带来幸福更伤心的了。

"不孝之子""不孝之女",这恐怕是在人民道德的宝库中,对人之恶最尖锐、最深刻的谴责。在我从事教育工作最初的年代里,曾在这里上课的学生,现在早已做了父亲或母亲。我亲眼看着千百个学生成长起来。生活使我确信,我们应当向劳动人民学习如何培养纯洁高尚的心灵,应当从人民道德这个取之不尽用之不竭的宝库中吸取真正友谊的、同志关系的、兄弟般团结的精神力量。劳动人民无情地谴责子女们的忘恩负义,赞扬他们懂得感恩和忠诚的高尚品质。我现在讲一件不久前在我们村子里发生的富有教育意义的真人真事:

有两位母亲,一位叫玛丽娅,一位叫赫丽斯季娜,她们是邻居,都在集体农庄劳动。她们各有一子。玛丽娅的儿子叫皮奥特,赫丽斯季娜的儿子叫安德烈,这两个孩子同岁。1939年秋天,皮奥特和安德烈都到了参军的年龄。

玛丽娅和赫丽斯季娜一起送儿子去参军,一起扳着指头计算还剩多少天,蓝眼睛、淡黄头发的皮奥特和黑眼睛、头发蓬乱得像鸡窝的安德烈就该回来了。

然而,战争爆发了,敌人侵占了乌克兰大地。母亲们已经两年没有得到关于儿子们的任何消息了,也没有收到信件。终于,苏联军队解放了乌克兰。玛丽娅和赫丽斯季娜收到了装在蓝色三角形信封里的信——母亲们的心都快乐地颤动起来——儿子们还活着。战争结束了,皮奥特和安德烈终于回来了，两位母亲痛苦到极点的心别提有多高兴了。

然而好景不长，两位母亲都遭遇了不幸，但她俩的命运却不一样。先说玛丽娅吧，她病了，下肢瘫痪。这时皮奥特的处境十分困难，不仅是因为母亲突然病倒这件不幸的事，而且还在于他的未婚妻加莉娜怀孕了。要不是母亲卧病在床，儿子就把姑娘接到自己家里来了。母亲看出儿子的苦恼，晚上睡不着觉，对儿子说："别让加莉娜蒙受耻辱了，把她接到家里来，做你的合法妻子吧！至于我，就听天由命吧！"加莉娜来到了皮奥特家，夫妻恩爱和睦相处，要不是母亲有病，一切都非常美满。

皮奥特听说基辅有个名医。但把母亲送到那儿去医治需要路费，皮奥特和加莉娜决定把农舍卖了，寄住在母亲的一个远亲家里，然后把玛丽娅送到基辅。母亲顺利地住进了医院，医生说，治疗需要半年左右时间，也可能还要长些。

尽管年轻夫妻的生活十分艰难，但他们一直尽力给母亲治病。为了治病，加莉娜的衣服和皮奥特的巴阳风琴都卖掉了。玛丽娅在医院住了两年，终于恢复了健康。她对人们说："不是药物，而是伟大的儿女的爱治好了我的病。"

皮奥特和加莉娜的行为受到全村人的赞扬，大家都以十分尊敬的心情谈论他们。许多父母都用他们做例子，教育自己的孩子。

现在让我们暂时把幸福的玛丽娅和她幸福的孩子与孙子们（婆婆管媳妇叫女儿，媳妇管婆婆叫母亲，这不是没有原因的）放一放，再来看看赫丽斯季娜家的情况吧。她的命运和玛丽娅完全不同。安德烈带回来几箱战利品，但从未在母亲的农舍里打开过。他觉得母亲的房舍过于窄小，想要另外建造一栋新房。他选了村头离草原不远处一块僻静的地方，盖了一座漂亮的砖房，房顶上盖着铁合金板——这在当时是很少见的。安德烈还娶了妻子。这对年轻人小日子过得很好。

可是赫丽斯季娜住的房子快要倒塌了，她对儿子说："你帮我修修房顶吧！"儿子回答说："我操心的事够多了，你自己想办法修吧！"母亲哭了，没办法，她只能用一些草把房子稍微苫了一下。赫丽斯季娜心想："如果我身体好的话，这还算不上什么不幸。"可是现在她遇到了真正的不幸——病倒了，她的一条腿和一只胳膊瘫痪了。母亲的邻居找到安德烈，质问他："安德烈，你还有没有良心？你母亲病得起不来床了，需要有人照顾！"安德烈口头上答应去看望母亲，可实际上并没去，只有好心的邻居们一直在照顾这位有病的老人。

一年过去了，赫丽斯季娜的病没见好。儿子竟一次也没去看过母亲。村里的人都这样议论：儿子把母亲抛弃了。人们都骂安德烈是铁石心肠，甚至管他叫畜生。人们看见他都躲开走，没有人同他打招呼。安德烈陷入深深的恐惧之中，最后自杀了。

为什么会发生这样的悲剧？

为什么安德烈会变得忘恩负义？这种心如铁石的人是怎样产生的？人们回想起这位不幸的母亲的一生：她把全部心血都倾注在自己的"宝贝儿子"安德烈身上，甚至晚上连觉

都睡不足。人们还记得，在组织集体农庄之前，赫丽斯季娜
同丈夫下地割麦子时，经常在马车上放上点芳香的干草，上
面铺上一块白色的亚麻布，然后把正在熟睡的安德烈连枕头
带被子一起抱到马车上，她还会把孩子的脸蒙上，以免被灼
热的阳光晒着。像安德烈这样已经 8 岁的孩子，早该到树林
里去拾柴火、点篝火和打水了，可是他却在睡觉。

安德烈人长得很结实，性格天真活泼，母亲对他极其疼
爱。她总担心，怕出什么事伤了孩子幼小的心灵，怕遭受什
么不幸，会给他安逸的童年留下忧郁的阴影。有一年秋天，
赫丽斯季娜给孩子做加有酸奶油的煎蘑菇吃。安德烈非常喜
欢，每天都要吃这种加酸奶油的煎蘑菇。可是附近蘑菇越来
越少了，赫丽斯季娜有时不得不到将近 12 俄里的森林里去采
摘。有一次，母亲把脚划伤了，好容易才回到家。她强忍着
痛，对发生的不幸完全不露声色。"为什么要让他知道世界
上还有痛苦呢？"每当孩子假装看不见悲伤的事情时，她总
这样说。这一次也是这样。她好歹把受伤的脚包扎了一下，
就到邻居那里去了。邻居每天送来一篮子蘑菇，而母亲就将
自己做的衬衫作为报酬送给人家。

因此，安德烈一直不知道母亲辛苦的付出，他总是那样
心情愉快，心满意足。他只会从别人那里得到东西，而从不
给予对方什么——这就是他最终会成为一个铁石心肠的人的
原因。

2. 教育的基本内容

皮奥特的童年却完全不同。母亲也很喜欢他，疼爱他，

但从不向他掩饰生活中的各种复杂问题和矛盾。在生活中，快乐和痛苦、幸福和灾难，各种不同的感情总是交织在一起。一个人从小不仅要用理智去认识世界，而且要用心灵去领会它。生活中所发生的一切，都能在幼小的心灵中激起各种不同的情感、激情和意向。在孩子的内心活动中，尤其像怜悯、仁慈、同情这样一些感情，会给他们的心灵打下特别深刻的烙印。玛丽娅这颗慈母的心，想的是如何让孩子从小就明白：我是和人们生活在一起的，他们都有自己的兴趣和愿望，他们都想成为幸福的人。

要想自己成为幸福的人，就应当对别人关怀备至，体贴入微，赤诚相见。玛丽娅当然不可能随时随地对儿子重复人民道德的这一金科玉律（孩子还不可能理解这一真理的深刻意义），但是，她正是这样教育儿子的。

有一个孤身的老大娘同玛丽娅是邻居，她经常生病。每当玛丽娅的大果园里的果实成熟了，如樱桃、苹果、梨、李子、葡萄等，母亲便叫皮奥特给这位孤身的老人送去。

这对孩子来说已经习惯成自然了。

"谈论对人类的爱要比帮助亚丽娜奶奶砍出过冬用的柴火容易得多。人类——它是个抽象的概念，而亚丽娜奶奶却就在眼前。如果她没有柴火烧，良心会使我们夜不成眠。听着，孩子，要关心人们的疾苦！"玛丽娅教育孩子说。

过了几年，皮奥特和加莉娜的孩子们早已从学校毕业了。我盼望着9月的一个天气晴朗、阳光和煦的早晨，在学校门口迎接皮奥特和加莉娜的孙子孙女们——这不需要很久了。

学校生活中的每一天对我来说都是从看到孩子们的欢乐开始的。我从孩子们欢快的目光中，看到他们对正在开放的玫瑰花的美所表示出的赞赏不绝的心情，看到他们在观察周围世界时对某些异常的、新奇的现象所流露的惊异的表情。孩子们高兴地把爸爸妈妈的礼物拿来给我看……。社会和家长给孩子们带来这么多的欢乐，这有多好呀！但是，每当我看到孩子们高兴的、安逸的面孔时，不知为什么心里总会潜藏着一种忧虑。

回想起安德烈小时候：他也曾是一个天真活泼的孩子，他甚至一点也不任性，但母亲这颗赤爱的心未曾防患未然，没有在孩子任性的毛病还处于萌芽状态时把它制服。

一个可以称作家庭教育基本内容的问题总是萦绕在我的脑中：当教育孩子时，如何把严格要求和亲切关怀、严厉和慈爱、服从和自由结合起来？"明智的父母的爱表现在哪里呢？"这个问题，我在数十封父母的来信中也看到了。

我们进入这样一个美好的时代，我们国家的每一个公民都把培养人这一最高尚的工作（即在孩子身上重现自己），把创造人，培养人的智力、感情、意志、性格、道德美和人所固有的个性，都看作最大的幸福。我们每个人都要为自己的同胞创造些什么——生产面包或制造机器，制作衣服或建造宇宙飞船，培育新品种的牲畜或创作交响乐，——然而，我们每个人都还有既完全属于自己个人的，同时又完全属于社会的创造性工作，即培育人的工作。我们如何教育自己的孩子？我们将把什么样的接班人带到这个世界上来？父母们，你们要在孩子们的心灵中留下什么？这是一个值得思考的问题。培育人的问题，同建立工厂、安装石油管道和建设电站都是同样重要的。

我们做父母的，在为建设共产主义社会而奋斗。我们为我们的崇高理想而生活、劳动和斗争，实质上正是为了我们的孩子们都能生活得幸福。我是属于在艰苦的 1941 年拿起武器，参加苏联军队迎击敌人的那一代人。我们当中许多人在战火中牺牲了。成千上万的弟兄们的坟墓，如今隐蔽在已经生长了 20 年的大树的树荫下。繁重的劳动任务落在能从战场上回来的那些人的身上——我们在一片废墟上重建了工厂，建设了新的城市和电站，建起非常好的学校和少年宫。

我们的妻子是幸福的，我们做父亲的也是幸福的，我们的孩子们正在健康地成长。每当我们看到为孩子们所建起的少年宫，看到成群结队的、兴高采烈的孩子们同家人们一起走向开往少先队夏令营去的汽车这一情景时，便从内心里感到高兴。爷爷、奶奶们手里提着箱子，母亲们更是一次又一次地祝福他们。伴着发动机的声响，汽车扬起了云团似的尘土，遮住了守卫着英雄墓的哨兵塑像身旁的栗树。每星期我们都要去少年宫看望一次孩子们——他们的年龄都是十四五岁。我们仔细询问他们都吃些什么。当得知夏令营食堂的玻璃被打碎时，我们感到十分气愤——总务主任干什么去了，要知道，孩子们会感冒的。我们向夏令营的负责人表示了我们的愤怒和担忧，还不到 5 分钟，总务主任便同安玻璃的工人一起来了——玻璃安好了。

所有这一切都是我们生活规律性的表现，我们应当对此感到高兴。如果有谁认为遗憾，说什么在艰苦的日子里进行教育比较容易，而今天环境不那么艰苦，所以进行教育不那么容易了，这种说法是非常愚蠢的。让那些艰苦的日子，那些孩子们忍饥挨饿，只幻想得到一小块面包的日子一去不复返吧！然而，有一个问题，使我这个做父亲的共产党员感到不安，同时，我相信也会使许多做父亲的共产党员感到不安，即我们对孩子的这个巨大的永不熄灭的爱的火炬，是否能在他的心灵里点燃起感恩的火花？孩子是否能感觉到，他生活中的欢乐和幸福是心地纯洁善良、温柔体贴、富于同情心的父母们不知流了多少汗水、付出了多大的劳动才换来的；同时，也是许许多多"不是亲人"，是"外人"，但却是孩子亲近的人们的关怀的结果？——他们之所以亲近，是因为没有他们，孩子便不能生活，尽管经常发生这种情况，但孩子根本想不到这一点。

父母的爱是否永远闪耀着人类明智的火花？明智的父母之爱都包含着什么？我亲眼看着许许多多孩子成长的经历，这些经历使我得出这样的结论：最明智的父母之爱在于父母要善于在孩子面前揭示他们亲眼看见的、亲身感受的幸福生活的真正源泉。

儿时的幸福，就其性质来说好像是自私的，因为在他们看来，长辈们为孩子们创造幸福是天经地义的事。在孩子们没感觉到、没亲身体验到（这种体验不会自发产生的）长辈们所付出的辛勤劳动和流出的大量汗水是他们幸福的最重要源泉之前，他们始终认为，父母生来就是为了给他们带来欢乐的。

一度流传过这样一种说法：好吃懒做的人、游手好闲的人和忘恩负义的人，据说多半出身于脱离生产劳动的知识分子家庭。这纯属无稽之谈，是臆造出来的判断，已被现实生活所驳倒。生活使我坚信，事实恰恰相反：铁石心肠的人大都生长在那些父母溺爱子女，对他们百依百顺、一味迁就，对他们没有任何要求的劳动人民家庭，工人、农庄庄员的家庭和知识分子家庭。乍看起来，这好像有些奇怪和令人难以置信：在美好的、劳动的、诚实的家庭里，在那些心地纯洁善良、温柔体贴和富于同情心的父母面前，却会出现冷酷无情、无恻隐之心的人。然而，这没什么好奇怪的：孩子变成铁石心肠的人，这是因为，他只是欢乐的需求者，他生活的全部乐趣仅仅在于可以索取什么、获得什么，这正是家庭教育中最令人担心的事情。

3. 明智的父母之爱

当前，我认为，在形成我们的社会道德原则方面，一个非常重要和十分细致的任务，是为培养明智的父母之爱做好精神准备。现在有一种观点，认为我国公民的社会工作同教育子女、履行父母的义务毫不相干，这是非常错误的。

教育人，教育自己的子女——这是一个公民的最重要的、最首要的社会工作，是他作为一个公民的义务。多数家长都能很好地认识这一点。在我们学校的一次家长会议上，一个五年级学生的父亲说，由于他的社会工作负担过重，简直没空管教自己的孩子。其他家长一针见血地指出：如果你找不出时间教育自己的孩子，你这个社会活动家就分文不值。没有时间教育儿子——就意味着没有时间做人。

我们认为，努力使家长懂得什么是明智的父母之爱，是教育教学过程中极其重要的一项任务。我们同学生家长谈话的所有内容都贯穿着这样一些思想：什么是明智的父母之爱？如何使热情关怀和严格要求、慈爱和严厉相和谐？我们非常注意掌握分寸，不去涉及那些属于个人的、不健康的内容，尽量使家长在精神生活这一最细致的事情上不犯错误。

在没有明智的家庭教育的地方，父母对孩子的爱只能使孩子变成畸形发展。这种变态的爱有许多种，其中主要的有三种：一是娇纵的爱，二是专横的爱，三是赎买式的爱。

娇纵的爱——这是最可悲的，这种后果我们可以从父母和孩子之间的关系中想象得到。这是一种本能的、缺乏理智的爱。父母对孩子在生活中跨出的每一步都感到高兴，但他们从不想一想，这是怎样的一步，它将导致什么结果。下面请看由于父母掉以轻心，对孩子百般宠爱，结果给自己带来苦恼的几件事例。

我亲眼见到这样一幅情景：隔壁一个妇女来找谢廖沙的母亲。她们站在院里谈话，5岁的谢廖沙在她们身边玩耍。突然，孩子当着这个妇女和他母亲的面小便。母亲却宠着孩子，说："瞧我这个儿子，谁也不怕！"这种娇纵导致了可悲的结局——儿女们依赖父母养活，变成了家里的"小霸王"。

娇纵的爱使孩子的心灵受到腐蚀，这首先是由于他随心所欲；野蛮、卑鄙、下流的人的座右铭成了他的生活原则：我想干什么就干什么，别人不得干预，主要是——我愿意。用娇纵的爱教育出来的孩子，不知道在人的共同生活中还有"可以""不许""应该"这样一些概念。他觉得自己可以为所欲为，并逐渐成为一个任性的、近乎病态的人，生活向他略微提出一点要求，他就感到受不了。用娇纵的爱教育出来的人，是极端自私自利的人。他不知道自己有孝敬父母的义务，他不会劳动，也不愿意劳动，因为他的心中只有自己。他也感觉不到他周围的人，（比如他的父母、祖父、祖母）也都有自己的愿望、自己的需求、自己的精神世界。他相信：他活在这个世界上，他的存在本身就会给父母带来欢乐和幸福。

一本文艺杂志里有这样一张照片，我看了之后十分生气。照片里的场景是这样的：开学第一天，一年级小学生坐在自己的位子上，幸福的爸爸、妈妈们便从窗外、门外往里张望，所有人的眼睛都流露出温柔、赞许的神采，女教师也显得十分激动。孩子们感到所有的人都在深情地望着他们，这时他们产生的第一个想法就是他们来到学校，坐在这里，仅仅这一点就值得奖赏。

孩子们是我们生活中的乐趣，我们是为了孩子们的幸福而生活和劳动的，这是不容置疑的事实。然而，把这些告诉给孩子们，甚至把它编成戏来演，用以强调这一思想（比如，在庄严的气氛中将学校和幼儿园的钥匙交给孩子们），就意味着把孩子们引入歧途，给他们的心理带来危害。我们做父母的随时随地向孩子们的脑子里灌输这些东西："你们，是我们生活中的乐趣。"于是，孩子们就确立了这样的信念：虽然他们从父母这里得到了物质和精神的福利，而他们也给父母带来了很大好处。孩子想，既然如此，我就可以随心所欲，我的每一个愿望都必须得到满足。任性和自私的种子就是这样从小播下的，以至于后来父母们追溯以往时追悔莫及。

还有一种本能的、缺乏理智的父母之爱，这就是专横的爱。1967年1月22日的《工人报》刊登了克里沃罗格一所学校16岁的九年级学生托利亚写的一封信。这封信是在绝望中写的。这个男孩子的学习成绩是四分和五分，他在家里帮助父母干各种家务活，如擦地板、洗餐具、给全家人洗衣服和擦皮鞋。托利亚写道："父母给我穿得很好，并关心我让我吃好，可是当他们要给我买什么新东西时，总是没完没了地埋怨，这种无休止的埋怨和责备把家里环境变得像地狱一般。"父母之所以这样做，用他们自己的话来说，纯粹是因为他们爱自己的儿子，希望他幸福，要教会儿子生活，使他变得聪明一些，并且能够尊敬父母。

我了解过一些像托利亚这样的家庭。在这些家庭里，孩子们的生活是忧郁且痛苦的。利己主义加上蒙昧无知就是这些家庭中的父母进行专横教育的土壤。他们对待自己的子女就像对待自己的物品一样：我的桌子，我愿意放在哪里就放在哪里；我的女儿，我想让她干什么她就得干什么。据我所知，有一位父亲竟然专横到这种程度：他给在八年级学习的15岁的女儿买了一双时髦的皮鞋和一件漂亮的衣服，他让女儿把鞋放在写作业的桌子旁边，衣服也挂在那里。他对女儿说："如果第一学期各科成绩都在四分以上，你便可以穿上新鞋新衣，如果哪怕有一门功课得三分，就不准你动这些新买的东西。"

很难想象，还有什么能比对人的专断强横更叫人厌恶的呢？

父母的这种粗野卑劣的专横行为，是使孩子从小就把人原本是善良的观念给弄颠倒的原因之一，孩子从此对人和人道失去了信任。在这种专断强横、无谓的吹毛求疵、无休止的责难的环境中，孩子变得粗暴起来——我认为，这是儿童精神世界中最危险的东西。专断强横把在正常家庭中使孩子产生善良、审慎、谦让这些感情的最重要的精神上的激励给驱散了。这种精神上的激励就是温存，在小时候不知道温存的人，到了青少年时期就会变成粗暴、冷酷的人。

我常听到一些父母不安地议论：儿子小时候曾是善良的、懂事的、听话的，可是到了少年时期就变得粗野、任性了。为什么会发生这种情况呢？

我完全相信，产生这种现象的原因，在于父母不善于利用自己的权利，在于孩子深深感到，强横是父母压迫他的意志的一种凶恶的力量。父母应当利用自己的权利去鼓励和鼓舞孩子的内在力量——要做一个好孩子的愿望。这种愿望可以说所有的孩子都有，要注意在使用这一有力量的工具——父母的权利——时，不要挫伤这个还十分脆弱的愿望。如果你把明智的权利变成专断强横的行为，那么，孩子要做一个好孩子的这一还不十分坚定的愿望就会破灭，而且很可能在孩子的心灵中出现最令人担心的情况。

要尊重孩子做一个好孩子的愿望，就要把它当作人的心灵的最珍贵、微妙的活动加以爱护。不要滥用自己的权利，不要把明智的父母权利变成专断强横的任意胡为，不要挫伤孩子们要做好孩子的积极性。要记住，你们的子女也和你们一样，当有人企图把他们变成专横下的玩具时，他们心里肯定是会反对的。

有些家长认为，如果"适当施以压力"，孩子的学习就会得五分和四分。家长们通常认为学习成绩好的孩子品行也好，这种完全错误的认识会给孩子带来严重的危害，甚至会摧残孩子的心灵。把学习成绩和品行评定混为一谈，这是把学习成绩和及格率看成是成功的唯一标准并对它盲目、片面追求的结果。这是学校工作的一大弊端。许多教师在与学生家长谈话时，从头到尾都是谈学习成绩问题，这一切都会直接导致这样一个结论：分数好，就是好孩子；分数"不怎么样"，则意味着学生"没达到标准"。

这个奇怪的、在教育学原理上完全错误的观点，已抹杀了人是多方面的特点、品质、才能和爱好的和谐统一。然而遗憾的是，这个错误观点已经渗透到家庭和社会生活之中。有大量的文章贯穿着这样的观点：三分——说明知识贫乏、无用。读到这样的文章时，我感到非常气愤。

亲爱的教师同志们，现在到了果断地向我们自己提出这样的问题的时候了：三分——这是可以视为对知识完全满意的评语。说起来，如果所有教师对这件事都有正确的观点，那么考试中的蒙混欺瞒的情况就会绝迹了，对不能令人满意的知识也将不会用三分来评定，而父母也不再要求自己的孩子去完成不能胜任的事情：因为并非所有人的才能都是一样的，有的人得五分、四分很容易，而对另一些人，得三分也是很好的成绩。目前，当我们即将实现普及中等教育时，尤其要记住这一点。

第三种缺乏明智的父母之爱是赎买式的爱。有些父亲真诚地相信，如果他们满足了孩子的全部物质需要，也就完成了自己作为家长的义务。孩子有吃有穿，身体健康，有各种教科书和参考书——还需要什么呢？这样的父亲认为，可以用满足孩子们在物质上的需求来衡量父母的爱，起码可以用此来赎免父母应尽的责任……

以上我们谈到的是一些父亲的情况，这样的父亲虽然为数不多，但确实存在。应当指出，他们得了一种不治之症——道德情感上的冷酷症。其实，他们根本不懂什么是父母的爱。为什么要首先谈到父亲呢？因为在母亲当中，这种人很少，这同她们经常与孩子进行心灵交往有关。在道德情感上冷酷无情，对自己的孩子不热情、不温和，这并不完全因为父亲文化水平低，主要由于他把对孩子的教育当作一种完全孤立的、同社会义务截然分开的东西，这是一种极其错误的观点。

在这种家庭里，如果母亲对孩子也不大关心，没有成为孩子们精神生活的中心，那么，孩子们就会感觉处于精神空虚和思想贫乏的气氛之中。他们生活在人们中间，却对人们不了解——对这些家庭来说，这才是最可怕的，因为孩子的心对人的细腻的感情，如温存、怜悯、同情、仁慈是完全陌生和难以理解的，而他们长大之后就会成为情感粗线条的人。对这些孩子，学校尤其应当负起教育的责任，对他们进行培养感情的专门训练，这是理论和实践上需要解决的一个重大课题。遗憾的是，我们目前在教育学中还没有开辟这一领域，没有人对那些由于家庭某些情况而造成情感道德世界十分空虚、缺乏个性的孩子进行专门研究。学校顶多关心一下如何"保证"那些觉得在家里被认为没有用的孩子的学习成绩。

4. 手捧鲜花的人

究竟什么才是真正的父母的爱呢？为了使我们的子女长大成为真正的人，应该给他们的心灵中留下什么？如何才能使父母的爱在孩子幼小的心灵中点燃起永不熄灭的火花？如何才能使父母送给子女的几粒金砂变成人民的金砂矿床？

教育孩子去认识和了解人——这恐怕是教育事业中最为复杂的事了。父母的爱应当是这样的：它能激起孩子对周围世界、对人所创造的一切的关心，激起他为人服务的热情。我坚信，在孩子心灵中培养高尚的品质，是从他表现出尊敬人，而且首先是从尊敬父母的纯洁而又高尚的情感开始的。

孩子们刚刚迈进学校大门，成为学生。在学校生活的最初几年，学校同家长的联系，我强调一下，尤其是同父母双方的联系，具有特殊的意义。学校教师、校长每周都要同父母进行单独谈话，交换看法，提出建议——这是一项研究如何教育人的内在创造活动。我们共同思考，孩子应该做些什么，为了使他从内心深处感到他生活在人们中间，他需要积极参加一些什么样的活动。

我们和家长共同努力，使学生在学习期间，特别是在小学阶段，对学校产生一种亲切感。在学校里最重要的功课是创造美、关注美。所有能使孩子得到美的享受、美的快乐和美的满足的东西，都具有一种奇特的教育力量。孩子们还会为家庭、为父母和为人们创造美。

每年秋天都要过玫瑰节，我要强调的是，这种节日首先是家庭的节日，其次才是学校的节日。孩子们并不集合在一起，也没有那种缺少真挚的、天真烂漫感情的和充满孩子所不习惯的矫揉造作的庄严气氛。我们的儿童节日主要是在家里过，但学校会帮助孩子们准备。

每年秋季玫瑰节这一天，孩子们在父母的宅旁园地栽种几丛玫瑰。我们为孩子们准备好花秧，让他们拿回家里栽上，好好照看着，用玫瑰花为家庭创造一种美的环境，好让父亲、母亲、祖父、祖母看了高兴。

孩子把玫瑰花种上。他要时刻提醒自己：浇水、防冻、松土。对这些事情他还不大习惯，也缺乏坚强的毅力。教师所说的玫瑰花开、馥郁芳香的情况，在孩子们看来是非常遥远的事。孩子通常不善于耐心等待并为目标而努力——在这方面我们应该教会他，用劳动教会他。

你看，出现了第一个花蕾，接着第二个，第三个。花蕾开放，五彩缤纷，鲜红色的、粉红色的、深蓝色的、嫩黄色的花瓣，在阳光照耀下放射出奇异的光彩。这时，孩子们的眼睛里闪现出无比兴奋的火花。这不是孩子们从父母那里得到某种礼物时所感受的那种兴奋，也不是在闲暇、休息时所感受的那种兴奋，更不是预先得知要到哪儿去旅行所表现出的那种兴奋。

这是为最亲近的人们——父亲、母亲、祖父、祖母做好事的喜悦。这种好事之所以引起孩子心灵的感动、激动和喜悦，恰恰因为这种好事体现了一种美。玫瑰花含苞未放，孩子非常焦急地等待着，这时他已经学会了忍耐。如果有人摘下了这朵准备作为礼物送给母亲的花，他会感到十分悲伤。如果从未感受过这种悲伤，那么他就不是一个真正的人。

当孩子把摘下来的玫瑰花兴冲冲地拿去送给自己的母亲时，母亲别提有多开心了。对我来说，没有什么比看到这一幕更令人感到幸福的了。孩子的眼睛焕发出纯真无邪的人道主义的光彩，洋溢着发自内心的喜悦——为人们做好事的喜悦。

孩子第一次感受到为人们创造美和做好事的喜悦，从而也得到了对美的新的想象。他看到，开花的苹果树、成熟的葡萄串、仿佛沉思着的五颜六色的菊花，都体现着人们的心血和劳动。他不能下手去折断树枝，或是将花揪下，原因很简单，因为"良心不允许"。

"手捧鲜花的人是不会做坏事的"——在这美丽的诗句中，可以找到什么才是父母的爱，我们应该在孩子的心灵中留下理想的答案。亲爱的父母们，我们的爱，应当是一股凉爽的轻风，它可以把孩子心灵中对父母和所有人的关心的火花吹得更加旺盛，这种火花正是靠我们教会孩子做一个善良的、讲人道的和心灵美的人的办法点燃起来的。

一年过去了，孩子们升入了二年级，我们和孩子们一起建造了一座敬老园。这个花园是专为在祖国的土地上辛勤劳动了 50 年、60 年、70 年甚至 80 年的那些老人建造的。为了建造敬老园，我们照例找了一块荒芜贫瘠的土地，将它加以改造，使之宜于植物生长。我们种上葡萄、苹果、梨和杏。劳动是艰苦的，有时需要运来几十吨淤泥，以便使土地得到滋养，产生活力。因为这种劳动受到崇高目的的鼓舞——我们在给别人带来快乐，所以，这种劳动的乐趣是异乎寻常的。

敬老园里的第一批果实成熟了，孩子们把大家所敬爱的老人都请到敬老园来。亲爱的家长们，让你们的孩子也走上这条道德发展的道路吧！使他的劳动也充满这种崇高的精神吧！你们将会看到，在他摘下敬老园的果实并把它送到在祖国土地上辛勤劳动了半个世纪的老人面前的这一刻，将在他的心灵中留下不可磨灭的痕迹——他好像即将登上道德发展中的第一个高峰。

孩子在感受无私奉献带给自己的欢乐的同时，获得了宝贵的精神财富：他心里能感觉到，什么时候，在什么地方，他应该给自己周围的同志、朋友、亲人以帮助。当孩子感到做好事的需要和对人的需要时——马克思曾把这种需要看作自由的人类最伟大的精神财富——他就会成为一个对周围世界，对人们，对各种行为、事件和人们之间的相互关系非常敏感、非常关心的人。那些体验过为人们做好事的喜悦的孩子们是多么关心自己父母的悲伤和痛苦啊！他们明白，父母由于劳累需要休息，安静、清洁、美丽的环境是使父母的精神生活充实的重要条件。品尝到为人们做好事的喜悦的孩子们，从内心里感到，他们的不良行为和不好的成绩都会给父母带来苦恼，而给最亲近的人造成痛苦，对纯洁真挚的、心地善良的孩子来说，就相当于一种恶劣的行为。

纯洁真挚、心地善良的孩子正是在乍看起来似乎没有什么不良行为的地方感觉做了错事。"我应当好好学习，"有一次五年级学生科利亚对我说，"我妈妈的心脏不好。"孩子觉得，如果在他的分数单里出现了不好的成绩，妈妈会难受的。他希望母亲心情平静。他知道，他可以用自己的劳动使母亲的心得到安慰，不给她带来任何不安。

希望孩子好好学习——这是每个父母朝思暮想的事。如何才能激起孩子学习的愿望和要求呢？希望给父母带来喜悦是产生这种愿望的源泉。而这种希望只有在孩子感受到、体验到为人们做好事的快乐时，才能在他的心灵中产生。我确信，要使孩子学习好是可以做到的，问题是要激起他为人们做好事的愿望，在他的心灵中树立起对周围世界的关心，培养他善于体会别人精神世界的能力。

记得有一个叫卓娅的姑娘，她的母亲对自己心爱的女儿过分娇惯，百般纵容。突然母亲得了一种慢性的折磨人的病，身体好一阵坏一阵。我们的一项重要教育任务是让孩子这颗纯洁善良的心从母亲的目光、说话的语气和一些动作上察觉到她的痛苦、悲伤和不好的心情。然而，在从小娇生惯养的孩子身上激起这种感情是很困难的。

卓娅所在的三班准备沿第聂伯河进行一次为期五天的有趣的旅行。卓娅的母亲来到学校，询问需要给女儿路上准备些什么。虽然她身患重病，但却尽量装作没事的样子。我好容易才说服她，让卓娅不要去旅行，因为不能让母亲一人在家，没人照顾是不成的。我把卓娅从教室叫出来，告诉她不要去了，女孩子听了大哭起来。

"难道你没看见你妈妈现在的状况？"我说，"要知道，她的病情很严重，为了显出健康的样子，她要花多大的气力，难道你没看见吗？"

女孩子莫名其妙地望着我。

"我怎么会知道这些情况？"卓娅用漫不经心的口吻说，"要知道，母亲从来不说她有病。"

卓娅对不让她和同学们一起去旅行很不满意。从道理上讲，她不能把母亲留下不管，可是她的心却没有觉悟到。不幸就在于此。我花了不只一年的时间，试图激起小姑娘关心他人的心——可是真怪，她的心已经变得像石头一样。我教她懂得：你看人的眼睛——这是心灵的一面镜子，要学会体察人的精神寄托在什么上，什么使他高兴或痛苦。

有一次我和卓娅一起来到农庄甜菜场女庄员干活的地里，小组里有八个人。我告诉卓娅，在这些妇女当中，有一位母亲，她的三个儿子都在前线英勇牺牲了。不管时隔多少年，这种悲伤都不会从母亲的心中消失，因此，每个有同情心的人都能从母亲眼睛里看出她的悲伤，从心里感受到她的悲伤。卓娅认识了这位英雄的母亲……。这一天给她留下了终生难忘的印象。现在她已不是一个冷漠的姑娘了，而成了一个善良、真挚、热情的女儿。她每天晚上都陪伴着母亲，不让她一个人孤零零地待在家里，并尽自己最大的可能给母亲带来愉快。

现在卓娅已经是大人了，结了婚，有了儿子。去年秋天，有一次她非常激动地来到学校。

"快，快去，那儿有一个人急需帮助，"她由于走得太快，累得上气不接下气，"如果不给他帮助，要坏事的。"她很快平静下来，叙述说：在密林的一个老树墩上坐着一位老人，悲痛异常，心情抑郁，他弯着身，低着头，什么也听不着，什么也看不见。"他的眼睛里充满了痛苦和绝望，要赶快去看看。"卓娅把情况说完后，带我们来到了森林。

老人原来是我们村的一位住户。他遇到了极大的不幸：三天前他埋葬了妻子，现在孑然一身，孤苦伶仃，兄弟和儿子都在前线牺牲了……。我们把老人送到家里，他不愿意走进他的农舍，害怕孤零零一个人生活。于是少先队员每天都到他这里来陪伴他。卓娅和老人成了好朋友，也和每天来看望老人的孩子们成了好朋友。在老人的宅旁的空地上，孩子们开辟了一个玫瑰花苗圃。"如果没有卓娅和孩子们，我早已不在人世了。"有一次这位老人对我说。

作为父亲，我们要在孩子的心里留下什么呢？我们要经常向自己提出这个问题。让我们把劳动人民饱经沧桑，在千百年来为确立人类的崇高尊严的斗争中历尽千辛万苦得来的精神财富留在孩子的心中吧！让我们永远记住，对共产主义社会的最崇高、最光荣的创造，就是对人的创造。

寄语父亲们

在冬天的傍晚，经常有学生的父亲到我们学校里来，教师们常和他们进行关于父亲在家庭中的崇高使命的专题座谈。我们对这种谈话十分重视，因为父亲在教育孩子方面起着特殊的作用。

说实在的，孩子多么希望有一个坚强的、有才华的、责任心强的父亲！每个做父亲的都应知道和理解，孩子是多么的需要他！

50 年代初期，在我们学校二年级有两个要好的女同学，其中一个叫娜塔莎，她没有父亲。当她小的时候，她经常问母亲，父亲去哪儿了。可是妈妈始终没有回答，有一次甚至号啕大哭起来……。娜塔莎上了中学以后，再也没有向母亲问过关于父亲的事。

她的好朋友娜斯佳则父母双全。有一次娜斯佳到娜塔莎家做客，她问娜塔莎："你爸爸呢？"娜塔莎不好意思说她没有父亲，于是回答说："我父亲是个飞行员，他在飞行，很少回来。"娜塔莎每天都要从母亲给她买午饭的钱里节省几个戈比。有一天，她乘公共汽车进城买了一顶飞行员的军帽。如果在她的考勤簿中出现了不好的分数，她就会跟女同学说：

"哎呀！父亲要说我的……"这话给人们一种不是害怕而是骄傲的感觉。

娜塔莎长大了，她有了自己的家庭，有了丈夫和两个女儿。记得年轻的娜塔莎送自己的大女儿上学的那一天，她对女儿说：

"你是很难想象的，父亲在我小的时候是怎么要求我的。我在自己的想象中创造了他，这样我的生活还好过一些。父亲在我的想象中是一个温和善良却对我严格要求的人。那时我希望有一天他拿起我的日记簿，说：'噢！我的孩子，你的日记上写的什么……。特别是在我生病的那些日子里，我多么希望有个大人——一个坚强的人走到我的床前，用手抚摸着我的头，安慰我说：'没什么，孩子，你的病很快就会好的……'"

我认识许多孩子，他们的父亲在伟大的卫国战争中牺牲了。如今这些孩子已经是大人了，但是他们像对待至宝一样，保存着父亲遗留给他们的一些东西：星形勋章、皮带、手帕、钢笔、烟口袋、手提包……

我永远不会忘记小谢廖沙。他父亲在喀尔巴阡山战役中牺牲了。母亲接到装在蓝色信封里的阵亡通知书后痛哭不止。战争结束了，一些士兵复员回来了。在一个炎热的夏日，一个白胡子的士兵走进了谢廖沙家的院子，他向谢廖沙的母亲详细介绍了她丈夫牺牲的情况。这个士兵对谢廖沙说："你父亲是个机枪手，他是被一颗法西斯的炮弹炸死的。在他牺牲的现场，我只找到了我这位忠实的朋友用过的一个小汤匙。"说完，他把这个小汤匙交给了谢廖沙。

几年后，谢廖沙也成了一名战士。他随身带着父亲的宝贵遗物来到了部队。他在部队服役三年，这个铝制的小汤匙始终陪伴着他。现在谢廖沙已经有了三个孩子。他们把祖父遗留下来的这个小汤匙放在屋子里最显眼的地方，而且我相信，他们会永远把它放在那里。

谈到做父亲的为人，看他是否能称为孩子的表率，那么在衡量这一标准时，首先要看他是否承担起对孩子的责任。

现在的家庭关系已经发生了历史性的变化。父亲为孩子的健康、幸福、生活而辛勤操劳，这集中反映了他的道德水平。这种劳动越自觉，说明他的道德越高尚，他越是值得后代效仿。

父亲是孩子心目中最亲近、最贴心的人。在父亲的形象中，体现着对他来到这个世界，对他生活中的一言一行负责到底的精神。父亲肩负着承先启后，提高由他和母亲塑造的新人的道德修养的伟大使命。

要使所有的父亲懂得：孩子听话和遵守纪律的程度取决于父亲责任心的强弱。父亲为人民献身，对祖国忠诚，这是孩子的骄傲。他们珍惜父亲过去和现在为人民所做的贡献，珍惜父亲为了祖国的物质文明和精神文明呕心沥血的奋斗精神。

俗话说："水有源，树有根。"父母的根、父母的业绩、父母的荣誉不应成为儿女赖以生活、索取财富和特权的资本。儿子如果自己不扎根的话，就会像飞帘那样依附在父母的根上生长。父亲对社会的贡献越显著，儿子就越需要有自己的光华。这种光华要由父亲去引燃，要由父亲以自己对崇高的社会理想的一片忠诚，以及为实现理想而身体力行的榜样去引燃。

我们教师的教育工作的目的，是启发每个学生看到并且发掘父亲身上构成人类永恒财富——每个家庭的骄傲感和荣誉感的那些品质。认识父亲具有的崇高美德的过程，就是培养公民荣誉感的教育过程，这是任何东西无法取代的一课。

请看下面列举的两个例子。

当一个学年结束时，父亲跟别佳说：

"孩子，今天我们一起到我们的地里看看！"

"难道你还有自己的土地？"

"是的。"

路上走了很久，父亲和别佳又乘火车，又乘汽车，最后来到森林旁边。他们看见，顺着林边，出现了一马平川的田野，人们正在地里收割小麦。

"这就是我的土地"，父亲用手指着说，"我在这里同法西斯战斗过。我们是从这里把敌人驱逐出去的。我在这块土地上流过血……你看，我受伤后就躺在那里……"

儿子沉思片刻，神情严肃地看了又看这块迄今为止在他看来非常普通的土地。也许，正是在这一瞬间，这个男孩懂得了什么是为人民服务，也正是在这里他真正懂得了自己的父亲是祖国的保卫者，是个勇敢的人。如果每个孩子都像别佳一样参观过这块土地后用崇拜的目光看着自己的父亲，我相信，就不会出现不听话、不尊重的情况。

再举一个例子。

二年级学生小帕弗利克的父亲也和法西斯战斗过并曾被授予"战斗功勋"奖章。冬季的傍晚，父亲经常给儿子讲述战争年代走过的艰难道路、被积雪覆盖和泥潭般的战壕，以及战士们的勇敢精神。

"经历过多少艰难险阻才得到这一枚奖章……"有一次帕弗利克躺下睡觉的时候说。很快，学年结束了，小帕弗利克带回来一本配有漂亮插图的书——因学习成绩优秀而得到的奖励。妈妈一边翻看，一边微笑，而帕弗利克却默不作声。

"你怎么了？为什么学校给了你奖励，你反而不高兴？"母亲吃惊地问他。

"因为获得它并不难……"儿子回答说。

这不仅值得做父亲的，也值得我们教师深思。我们往往很少关心使"困难""很好""应该"这三个概念在孩子们的头脑中融为一体。而且，在培养孩子对长辈（包括父亲）的尊敬和热爱时，我们应该十分敏感并注意分寸。

有一天上课，教师按次序向一年级学生询问有关家长的情况，孩子们一边答教师一边记。听见询问到同桌的父亲时，别佳面色开始变得苍白起来。

原来，前一天放学回家，别佳在茶馆旁边遇上了父亲。父亲俯身在篱笆上，醉眼蒙眬。"爸爸，咱们回去吧！"别佳说。这时过路的行人很多，众目睽睽下，别佳羞愧万分……

拖拉机在田野上轰隆隆地响，阳光普照着大地。世界给人一种幸福、安宁的感觉。然而，小别佳在为自己喝醉酒的父亲哭泣，同时又等待着教师的提问，浑身冒出冷汗，在这种情况下，难道会有人感到幸福吗？我们是否想到，在这种时候小孩子会对一切光明的、愉快的和正确的事物完全丧失信心。对"正确的"东西——这个词是我从一个少年述说他的家庭不幸的话中借用的——失去信心，教育就不会产生有价值的结果。只有当孩子有信心时，他才是幸福的；不听话、没礼貌、粗鲁——这些都是在孩子完全失去信心时容易出现的行为。

如果有人问我，在我们的工作中什么最困难，我的回答是：同孩子谈他父母的情况最困难。这里，任何疏忽大意和处理不当都会导致极其不良的后果。

班里寂静无声，孩子们正在以"秋天"为题作画。"米佳的爸爸进监狱了！"一个孩子突然大声说。帕弗利克和米佳是邻居。妈妈昨天跟他说，米佳的父亲进监狱了，面对这样惊人的消息，孩子按捺不住给讲出来了。

这件突如其来的事使我感到茫然。米佳的脸红了，他用来画雨的铅笔在手中一直颤抖。

"这没什么大惊小怪的！"我对孩子们说，"你们知道，米佳的父亲是镶玻璃工。你们还记得，他给学校的窗户镶过玻璃吧！监狱里的玻璃坏了，米佳的父亲到那里镶玻璃去了，不可能那么快就镶完了。"我看到，米佳的眼里噙着感激的泪花。

保护儿童的心灵是我们教师的天职。这种突发情况，就好像一把锋利的尖刀出现在孩子面前，使他感到无比恐惧，甚至全身抖起来。这种感觉在孩子不愿让人知道的家庭隐私被暴露出来时会经常出现。

因此，我想告诉做父亲的，你们要知道、要记住的是：孩子们把你们的道德堕落当作自己的不幸，而把你们的快乐当作自己的幸福。要珍惜孩子们对人的感情，巩固他们对人的信心。

在孩子身上重现自己

自古以来在人民的道德中就确定了这样一条真理：孩子好，这是父母的光荣和骄傲；孩子坏，则意味着不幸、悲伤和苦难。被人理解为最大幸福的情感表现在自古相沿的尽父道和母道上，这种情感是为了在孩子身上重现自己的一生，使他们继承父母的事业、巩固前辈的奋斗所得、并加上他们自己的经验和通过创新充实了的道德财富。

这不是神话，而是发生在第聂伯河岸一个古老村庄里的真实故事。

在这个村子里住着一位年迈的妇女，她总共生了五男七女。每个儿女都生了几个孙子孙女，孙子孙女又有了孩子，唯独她的一个小孙女维拉出嫁已经好几年了，一直还没有孩子。

在一个温和的夏日，女始祖（整个家族都这样称呼这位年迈的妇女）过107岁生日时，子孙们都来给她祝寿。在苹果园里，大家围着她，祝她健康长寿、精力旺盛、头脑清楚、眼光敏锐。女始祖看了一下整个家族的人，发现没有维拉。老人心里十分难受。她刚要问："维拉为什么没有来？"邻居突然跑来，向她鞠了个躬，然后说道："维拉生了一个儿子！"女始祖松了一口气，脸上露出了笑容。她把每一个亲人仔细地看了一遍，小声地说："我的生命要到尽头了！"之后，她作为世上最幸福的人离开了大家。

多少年来我每天都要同一些家长谈话。有些父母怀着惊喜的心情跑来告诉我，他们生了个儿子，或者他们的孩子很快要做爸爸妈妈了。更可贵的是，一些家长向我讲述他们的快乐和悲伤，甚至把隐秘也托付给我。年复一年，我越来越相信，做父亲和母亲是人的第二次降生。我毫不夸张地说，一个人做了父亲或母亲，就意味着他对人类事业这一伟大活动在道德上做好了准备，他这才是真正的降生。

我永远忘不了这样一件激动人心的事情，这件事使我很受教益。在我们学校有一个名叫斯捷潘的男孩子，他在教师的印象中是一个非常淘气但心地十分善良的孩子。过了好多年，斯捷潘长大了，结了婚，他的形象在我们的记忆中也逐渐淡薄了。一天我们正在教员室里休息——大约有五位教师，门忽然开了，斯捷潘非常兴奋地走了进来，他头上没戴帽子，手里拿着一瓶香槟酒，他对自己的冒失表示道歉，接着前言不搭后语地说明了他的来意："今天是我喜得千金的日子，我从医院把我的妻子和女儿接回来了。今天，亲爱的老师们，我的思想好像豁然开朗起来。我明白了，真正的人是对别人负责的人，由此我联想到我在学校的那段时间。当我一看见女儿的小脸蛋时，我仿佛看见了自己。我给老师们带来多少伤心的事啊……。请原谅我这个不懂事的人吧！现在我终于懂得了你们劳动的意义。请教会我怎样教育孩子……"

他还说，他和妻子商定，用他的启蒙老师奥利亚·彼特罗夫娜的名字给他的女儿命名。之后，我们离开学校去向他妻子表达祝贺。

几天过去了，几个星期又过去了。斯捷潘经常带着问题向我求教。他们教育奥利亚的方法对吗？她现在已经半岁了，已经学会走步了，而且牙牙学语，不知说些什么。他提出的问题和激动的心情使我感到高兴。但更使我兴奋的是他的责任心："不管我在哪儿，不管我做什么，我总是惦念着家，惦念着摇篮里的奥利亚"，斯捷潘向我诉说他对孩子的感情，"就好像有人在敲我的心，如果你离家很久，可能要出事的……"

年轻的父亲经常带着他和妻子的快乐与担忧来找我，每次我都要问"最近怎么样?"最使父母高兴的是奥利亚爱上了玛利娅曾祖母，奥利亚经常帮助曾祖母干家务活，曾祖母对曾孙女帮助她干活这件事也非常重视。"我们在工作""我们现在有事""我们感觉很难""我们累了""我们在休息"——这些充满深刻意义的话都是奥利亚在同曾祖母相处的过程中学来的。这些话反映着在爱情、信任、同亲爱的人愉快交往上的细腻的情感色彩。我了解了这个家庭教育孩子的情况。我高兴地看到，孩子是通过劳动认识世界的，因此随着对各种事物和现象的不断认识，孩子在幼小的心灵中产生了道德评价。孩子对她周围的一切都抱有一定的态度，她从小就爱憎分明，尤其是对那些游手好闲、松懈懒惰的人非常反感。

当奶奶重病卧床，奥利亚第一次感受到人的不幸，常常在暗中哭泣。一天的大清早，年轻的父亲跑来了，他当时很激动："怎么办？奶奶快死了。不让五岁的奥利亚看着亲人死去好不好？"我建议他不要让孩子脱离人类世界。认识生活是从认识人开始的。小孩子最初看到的是母亲的眼睛、微笑、快乐和太阳，要珍惜生活的快乐——这意味着珍视生活，把它看作无价之宝。生命火花的熄灭，爷爷奶奶的衰老、死亡也可以教育孩子。

作为父母，如果你们希望自己的孩子能成为好人，并且爱惜自己的尊严，希望父母的话和意志成为不变更的信条，那就请你们教会他从小就看到生命之树的全貌：从细根到干枯脱落的枝丫。

要认识生活、珍视生活、爱惜生活，保护生活不沾染上坏的东西，蔑视和仇视一切污泥浊水——这就是我急于告诉给父母的应具备的教育学知识的中心内容。每当未来的父母到家长学校上第一堂课时，我都给他们讲述下面这样一个故事。

故事发生在很久以前。在乌克兰一个村庄里，姑娘们和妇女们决定显示一下自己的匠心和技艺。她们约定星期天来赶集，每个人都要带来自己亲手制作的一件最漂亮的东西，或是绣花的面巾，或是编织的花边，或是亚麻台布。星期天所有的姑娘和妇女都来到集市，她们带来许多非常好看的东西。大爷大娘们受大伙委托，来评定谁的手最巧。面对这么多心灵手巧的姑娘和妇女，大爷大娘们的眼睛都看花了。富人们的妻子和女儿带来用金线、银线刺绣的丝绸罩单以及编织有非常美丽的花、鸟和精致花边的窗帘，每一样都漂亮极了。

但是，出乎大家意料的是，穷人的妻子玛丽娜成了最后的胜利者。她既没有带来面巾，也没有带来花边，尽管这些东西她都能做得很好。她带来了她的儿子彼特鲁西，而彼特鲁西带来一只他自己用木头雕刻的百灵鸟。这个男孩把百灵鸟放在嘴唇上——突然小百灵鸟就跟活的一样，啾啾地唱起来。集市上所有的人都停下来屏息静听，而被地面上的歌声引来的真的百灵鸟也在集市的上空歌唱起来。

"谁能创造聪明、善良和勇敢的人，谁才是最手巧的人。"这就是老人们的结论。

在一个家庭里，在父母对儿童心灵和智慧的细微关系上，书里往往写得非常鲜明、复杂，然而又十分朴实——因为每个父母都能接受——这就是我们大家所说的社会教育。社会，是用家庭这一小块一小块砖建成的巨形大厦。只有砖结实，房屋才能坚固。如果砖不结实——啊，这对社会来说是非常危险的，必须设法挽救。这种不结实经常表现为不负责任。如果你没有孩子——你只不过是一个人；如果你有孩子——那你就是负有三倍、四倍乃至千倍责任的人。我们努力把这一思想贯穿在对家长的全部教育工作之中。你们给新生儿以生活，就好像把自己的名字列入人民的史册。

父母若对子女不负责任和漫不经心，将是一个极大的缺点，其根源在于歪曲地理解了幸福和生活的乐趣。那些不能在自己孩子身上重现自己的人，年迈时等待他的将是孤独。

老年的孤独——这是人的最大不幸。有一种人，年轻时过着悠闲自在的生活，年老时变得孤苦伶仃，生活没有着落。只有真正地深入到他们的内心世界，才能理解这种不幸。请读一读下面这个故事吧，无忧无虑的年轻人！有些父亲不再爱曾经深爱过的妻子了，因为在路上出现了新的娇艳的花朵，而老的花朵已经凋谢在孩子的摇篮旁了……。这是我曾经接触过的一个真实的故事，我把整个故事原原本本地讲给你们听，只是不会指出姓名来。

某个家庭有三个人：父亲、母亲和儿子。在儿子还不满一岁时，父亲就把母亲抛弃了。他是偷偷走的，既没说到哪儿去也没说为什么走。

家里只剩下了母子两人。母亲拉扯着一个孩子很不容易，每天早上她先把孩子送到托儿所，然后自己去上班。

儿子长大了，母亲不再送他去托儿所了，而是每天领他去幼儿园。他发现其他的孩子不仅有母亲，而且有父亲。这一发现强烈地震撼了他的心。于是儿子向母亲问道：

"为什么别的孩子有父亲，而我没有？同学们都说，没有父亲，孩子是不能出世的，是这样吗？"

"是的，没有父亲孩子是不能出世的。"

"这就是说，我也曾有过父亲？"

"是的，你有过父亲，可是他离开了我们……"

"他为什么走了？"

"他不爱我们，所以走了……"

"不爱——这是什么意思？"儿子问道。

母亲尽量给儿子解释。三岁的小孩子没能全部听懂。于是母亲说道：

"等你再长大一些，就会懂的……"

又过了两年，五岁的儿子问母亲：

"妈妈，我们的父亲爱自己吗？"

"他对自己的爱比对我们的还少。他不但不爱自己，而且也不尊重自己……"

"什么叫不尊重自己？"

母亲试图把这个问题讲明白，但五岁的孩子还不能理解这样复杂的事情。

又过了两年，七岁的儿子问母亲：

"妈妈，尊重自己是什么意思？"

"尊重自己就是对自己的孩子负责的意思。谁不想对自己的孩子负责——谁就不想做一个人。"

"难道父亲他不懂这些道理吗？"儿子吃惊地问道。

"他只有到了老年才会懂得。"

当儿子满七岁时，母亲改嫁了。有一次，只有母子两人单独在一起，母亲对儿子说：

"这个人爱我，我也爱他。如果他爱上你，你也爱上他，也许你会成为他的儿子，他会成为你的父亲。可暂时你不要管他叫父亲，也不要叫叔叔——这样不好。你对他称呼'您'就行了。"

母亲的第二任丈夫是个善良的、温和的人。可是孩子当他面从没说过，因为对他还不信任。"如果一个没有他我就不能出生的人没成为我的父亲，难道别人能成为我的父亲？"孩子心想。每当想到这个问题时，他就感到很痛苦。

儿子得病了，一连几天几夜处于昏迷状态，只是偶尔醒过来。有一天夜里，他感觉稍微好一些，睁开眼睛看到他的继父，这个男人正握着他的瘦弱的小手在啜泣……。孩子闭上了眼睛，他希望时间永远停留在这一瞬间。时间过去了一分钟、两分钟、三分钟。男人抚摸着孩子的手：由于幸福，孩子心里突突跳动。他感到，这个男人希望他的病快些好。这男孩再也躺不下去了，他睁开了眼睛，微笑着说：

"我可以叫您父亲吗？"

过了几年，这个幸福的家庭突然遭遇了极大的不幸：母亲得了不治之症，从此卧床不起。她一病十年，全都是由丈夫和儿子服侍照顾。当儿子满23岁时，母亲去世了。儿子结了婚，他也有了儿子。继父已经年老体衰，儿子仍然热烈地、忠实地爱着他。在家里从来都是等他回来才吃饭，在决定任何一件事情之前都会先征求他的意见。

有一天，全家正在吃晚饭，突然有人敲门，进来一位老人。

"你还认识我吗？"

"不，不认识。"

"我是你父亲。"

儿子全都想起来了。他回答道：

"请看，这才是我父亲……而您对我来说只不过是一位老人。"

"可你是我的亲生儿子"，老人哀求起来，"收留我吧！"

"好吧！您就和我们住一起吧！"儿子说道，"不过，我不能热爱您，也不能孝敬您，更不能管您叫父亲。"

就这样，他们一起住在一所大房子里，周围都是苹果树和樱桃树。

炎热的夏日里，全家都坐在花园里吃饭，有说有笑，好不热闹！而这位老人却在自己的屋里，垂着长满白发的头坐在窗前哭泣。

好好想想这个故事吧，父亲们！即将结婚的青年人，请你们也好好想一想。建立和巩固家庭的力量，是爱情，是父亲和母亲、父亲和孩子、母亲和孩子相互之间的忠诚的、纯真的爱情。然而，这种爱情不是从外面什么地方产生的一种灵感或得到的一种启发，而是一种巨大的劳动。伟大的思想家和文学家陀思妥耶夫斯基曾经写道："家庭是用孜孜不倦的爱情的劳动建立起来的。"爱情的劳动——这是一种自觉的渴望，以便为孩子树立榜样，保持自己的内在精神美。如果你们真正爱自己的孩子，如果你们忠实于他们，你们对孩子的感情不仅不会一年比一年减弱，而且会变得更加深厚和忠贞。爱情——是勇敢的娇子。在孩子身上重现自己——意味着在爱情上是个勇敢的人。

要把自己献给他人

1. 你进学校读书时是七岁儿童

父母亲认为你是幼小的，没有自我保护能力。实际上你也的确需要成人的照顾、关心和保护，否则你就不能很好地应付周围错综复杂的环境。你是幼小的，但不要忘了：十年之后，你从学校毕业，就会长成大人。葡萄树枝的叶子凋谢十回，你就不再是七岁的小傻瓜了，而是一个独立的劳动者、战士，未来的父亲；如果你是个女孩子，可能想到自己将有个亲昵的不懂事的小家伙——儿子或女儿了。对七岁的你来说，这十年是多么不可思议而又伟大的生活阶段呀——周围的世界也会像这样反映在你的意识中。不过对你的教师来说，十年，并不像你所感到的那么长……他会觉得，与学校同龄的那棵老椴树一点也没有变老，葡萄藤蔓到了你的青春年代时也会长得像今天一样茂盛。

善于憧憬自己的成年时代可以帮助你成为真正的人。成人们——父亲、母亲、教师们把你造就成人，不过你应当记住：你将成为怎样的人，是由你自己的努力、你的独创精神所决定的。我是你的教师，对你说这些话是一点也不夸张的。在你还是不懂事的孩子时，你的行为决定着你将成为怎样的人，你将怎样发展自己的才能，你将在自己身上展现出什么。你应当珍视和感谢成人的指导和关心。但是，你也要力求尽快地摆脱对成人的依靠。不要怕将来成长为成年人时所担负的责任和所遇到的困难，不要怕任何困难的事情。相信你会成长为一个坚强的人的。当你在爱好劳动、坚定的信念和自觉性方面逐渐接近于成人时，你就会为此感到自豪。

　　要不要对年纪小的孩子谈论所有这些道理呢？多年来的经验证明，学校教育，特别是家庭教育的一大弊病就是把儿童永远当作儿童来看待，而忘记了今天的儿童将是明天的成年人，这就常常会带来各种意想不到的烦恼。成人意识的培养，是一个完整的道德教育问题，它似乎是把人的智力、道德品质和创造才能的培养都汇合到了一起。有关这方面的教导不仅要对七岁儿童进行，以后还要反复进行。这对培养儿童的创造能力有特别重要的意义。

　　这个问题不可认为是狭隘心理学问题。一个人的个人幸福，也可以说，一个社会的幸福，归根结底取决于人的身上将展现出哪些才能，取决于他在哪一方面的才能表现突出并将使他的一生闪耀出光辉。这是因为，人们要是从童年起，进到少年、青年和成年时代，如果都知识浅薄，没有本领，一事无成的话，那么要建立一个和谐的社会是不可能的。能力的形成和发展的问题，是个广泛的道德教育方面的问题。能力是从童年时代发展起来的——多年来的经验证明了这一点。为了使青年人坚信他将有成熟的思想和健全的心灵，教会他向往成年时代是重要的。

　　每个心理正常的儿童的大脑，都已奠定了在广泛领域里发展创造能力的基础，这就为每个人成为创造者提供了一切必要的条件。怎样扩大这一领域，要在儿童身上发掘出哪些能力，取决于儿童的活动（具体地说是在入学前二、三年和入学后二、三年的活动）。此外，儿童自己对待这种活动的态度如何，以及我们成人能在儿童意识中激励起并使之坚信哪些成熟的思想因素和精神因素，同样都有重大的意义。

因此，鼓励儿童对成年时代有所憧憬和向往，这也属于一种道德教育。进行这种道德教育是很必要的。

人之所以区别于其他高等动物，是由于人"脑"的"成熟"期持续时间很长。儿童的脑是在他度过紧张、激烈、丰富的精神生活的背景上成熟的。——看来，这好像是一种奇迹，当然这已经不是自然所给予他的奇迹，而是人真正的奇迹。儿童在生活着、发展着，他感到喜悦和伤心，他有时笑、有时哭，他喜爱着什么，也憎恶着什么，可是他好像还没有真正地出生到世上——这是从下述意义上出发的：脑的成熟期才是儿童有最大可塑性的时期；在此时期不仅对各种外界条件最为敏感，而且对"尚未最后长成"的机体本身，对外界环境怎样在他思维中进行反映都有极大的敏感性。在这个时期，我们要关心的不单是儿童的身体发育，而且要关心奠定未来的人——人的各种能力——能力的基础——脑。脑，我们称之为"天赋物质"的脑，是在母亲肚子里就有的，不过那时人还只是个有生命的东西而已，人的生气蓬勃的生命是在脑成熟的过程中出现最大可塑性时才开始的。

父母教育的明智性（教师是把这种明智性自觉体现出来的人）在于能够在儿童的脑处于最大可塑性时期，鼓励他们进行最紧张的脑力劳动。

儿童，在一定意义上说是软弱无力的，因此若没有我们成年人给予关怀和照顾是不能生活的，但是成人不要让儿童认为自己是软弱无能的。相反，要试着让他的行为表现出他相信自己是强有力的，他周围有无数的多种多样的生物远比自己要弱，需要自己加以照护。正因如此，这样的道德教育是重要的：你是孩子，但是不要忘了，你将是成人。你要想到，你不会总是儿童。只有人才能这样想：对人来说，求知欲就是人的精神的本质。我认为完成这样的任务特别重要：学龄儿童进学校后，不要使他们的活动成为单调乏味的事情。因为单调乏味的活动对智力发展是一种可怕的障碍。从学习一开始，课堂活动中有很多单项作业是要求学生强记硬背的，这也是必要的，但这时增进儿童强烈的求知欲的专门活动的作用就显得特别重要了。

再来说一说在学校的工作室、农田里、花园里和畜牧场里的成人性质的儿童劳动。儿童应在各处劳动中都能产生真实感。我们学校拥有一些专门为儿童制造的小型农机具，如拖拉机、汽车、摩托车、脱谷机、刈草机、扬谷机。儿童发电站备有可防止发生事故的全套设备。

这样的教导是有深刻意义的：你是儿童，但是不要忘了，你正在变为成人——儿童会意识到这点，则正是因为他收割庄稼用的虽然是小型的机器，然而是真正的机器，他用真正的脱谷机脱粒小麦，驾驶着真正的拖拉机。儿童在这样的时刻就会逐渐产生成人的思维方式和成人的世界观。从我们成人的观点看来，儿童的这种活动多数像是游戏，而在他看来，这绝不是游戏，正如真正的游戏在他看来也不是游戏一样。

在小学低年级工作的教师集体要力求做到，使儿童的劳动像成人的劳动一样渗透着同样的责任感。一个人在少年时期就应看到他童年劳动得到的收获；他栽培的小树苗现在长成了大树，要结果实了；一粒小麦种子，经过他小时候的细心照料，变成了成堆的小麦。

在童年时期进行的有创造性的、符合要求的、有朝气的劳动，这是一种思想和智力发展的活的源泉，是任何事物也替代不了的。打个比方来说吧，它既是燃料，又是新鲜的空气，没有这些，求知欲的火焰就会逐渐熄灭。

2. 人的诞生是一件大喜事

要知道，你降生于世是父亲和母亲的一件大喜事，所以每年到了你的生日，他们会激动地回忆你诞生时他们曾有怎样的喜悦心情，回忆你的第一次啼哭是怎样的，你讲出的第一个字是什么。每一个降生于世的人不只是人类的继承者，也是使自己祖国的光荣、伟大、强盛之源得以畅流的无与伦比的开拓者。人的出生代表着民族的未来，父母亲的喜悦，是组成全民族喜悦的一颗微粒。

儿童对新生命的出生这件事抱有什么态度，对怀孕的妇女，特别是对自己又要分娩的母亲抱有什么态度，决定着他对待周围的孩子们是否有坦诚的胸怀、正直的言行、纯洁的品质。对人的出生形成一种良好的态度，这本身就是对未来的父亲和母亲的教育。

在乌克兰的村子里，一个婴儿的诞生被看作大家共同的节日，而学校在培养人们的这种态度上起着积极的作用。

家长和教师们常要提出这样的问题：怎样向孩子们说明他们出生的秘密？有些人认为，可以讲讲鹳鸟的故事；另一些人则相信：要是给孩子讲出全部或近于全部的真实情况会更好些；还有些人则认为这样回答最符合要求：你还小，等到大了就会知道。从道德方面说，讲鹳鸟的故事的做法最为合适，因为这是艺术的形象，表现出了人民的智慧，且富有诗意；因为这是对我们现实生活中秘而不宣的事物所表现出的一种关怀的态度，对儿童敏锐的心灵表现的关怀的态度。给儿童讲述美丽善良的鹳鸟的故事，他就会像故事中说的那样来理解事情，像故事里说的那样来相信事情。在涉及内心秘而不宣、不宜侵犯的事情时，含糊其辞就可以了；在这种事情上应当用诗意般的思想来表达——否则我们就太粗野了。谁要是因家里出现新生儿而进一步增强了自己的兄弟情谊之感，谁就能在上述纯洁的民间故事中满足自己的求知欲——这样做，不但不会有任何危险性，相反，只有这样才可以培养孩子纯真的感情。

我曾经专门为学前儿童和学龄初期儿童找到了一个讲有关人的出生的故事。这个故事是这样的：

奥良卡，你问你的小弟弟是哪里来的，是从哪里走到你这儿来的，为什么你的妈妈也成了他的妈妈，你成了他的姐姐，而他成了你的弟弟，是不是这样？那你就听着，孩子，我给你讲个世界上最真实的故事。你看，东方的天空发红了，太阳很快升起来了。在很远很远的地方，是太阳在晚上休息的地方，而这里是一块美丽的花田。现在太阳在渐渐走近这块花田。鲜红的花朵永远在这里盛开着，河谷里晶莹的小溪水在潺潺作响。奥良卡，太阳就在这块田地里给每个母亲，包括你的妈妈在内，每人一束鲜花。当母亲想要儿子或女儿的时候，她会许愿：我将会有个什么样的孩子？就这样，在那束鲜花下，她按照自己的愿望，儿子或女儿出生了。从母亲的愿望中，在太阳的闪闪金光里，婴儿诞生了。小人儿躺在鲜红鲜红的花瓣上，伸出小手儿，微笑着——他想投入母亲的胸怀。在这一瞬间，在这块美丽的花田里飞来了一只鹳鸟——一种有银色翅膀和子母绿眼睛的小鸟。鹳鸟把小人儿叼给了母亲。这小人儿就是母亲最亲爱的孩子，她在自己的梦幻中爱护着这个小人儿。太阳缔造了你，奥良卡，妈妈也像这样梦幻般地把你要了来。而神奇般的小鸟，这种鹳鸟，展开银色的翅膀又飞向那片花田，因为世上有许多母亲，每人都有她自己的愿望……

使儿童对新的生命，甚至在这个新生命还未出现的时候，就持有一种珍惜、爱护和热忱的态度，这得靠母亲和父亲的智慧。

3. 人生下来，并不是为了像无人问津的尘埃那样消失得无影无踪。人生下来是为了在自己身后留下痕迹——永久的痕迹

一个人首先要对人类做出自己的贡献。我们的不朽之处就在于此，崇高的幸福和生活的意义就在于此。要是你想在人们的心目中留下印象——你就教育自己的孩子吧。教育人，这是最重要的社会义务。

一个人的道德面貌决定他在父亲和母亲的教导中能否看清楚自己存在的高尚意义。我们的重要教育使命在于，使得我们创造的人，不仅对他今天的每个行为负责，也对他的未来负责，而未来——代表一个有生气的人的智慧、情感、信念，其根基是现在打下的。

当女孩们到达成年的年龄，即满了十六周岁，每个人都有可能成为母亲的时候，我就给她们讲述乌克兰神话《谁是大地上最能干的人》。

青年男女要走上生活之路了。在你们面前的太阳是引人入胜的——它只是在地平线上升起，它的行程还在前面。你们耕耘土地，建造房屋，架设桥梁，饲养家畜，为从温带飞来的鸟儿感到欢快，也为娇嫩的草茎（碧绿的麦苗）的命运感到担忧，你们对这一切都要拿出自己的一部分精力、智慧和才能。但是只有对人才能献出你的全部心灵。不要忘记你们终要成为父亲和母亲。在父母的教育中，有一种最复杂的劳动就是智慧。这是劳动，劳动，重复千百次还是劳动。你将近乎屏息静气地谛听新生儿的喊声，我现在就要来提醒你们，未来的父亲和母亲，你们将不得不经受痛苦和艰难生下儿子和女儿，在踏上未来的、遥远的生活征途时，你们要尽可能把在青少年时期积累的丰富经验认真总结出来——这是为你们创造真正的人所必需的。

有一个关于无所事事的人的民间故事。有个人爱好唱歌，快快活活，但就不能老在一个地方待着——整天从绿色的田野到茂密的草地，又从茂密的草地到浓荫如盖的丛林转来转去。就这样他后来有了儿子。他把孩子的摇篮挂在槲树枝上，自己坐在旁边，唱起歌来。孩子很快长大了。他跳出了摇篮，走到父亲跟前说：

"爸爸，告诉我，您用自己的双手做了些什么呀？"

父亲对儿子问出这个问题感到吃惊，他微笑着。他沉思着：对儿子该说什么？父亲不知怎么回答，只好沉默不语。儿子瞥见了高高的槲木枝，问道：

"也许，这是您种的槲树？"

父亲的头低垂着，沉默着。

儿子带父亲走到田野里，看着饱满的麦穗，问道：

"也许，这是您种的麦子？"

父亲的头垂得更低了，依旧沉默不语。

儿子同父亲一起走到深深的池塘边，看到蓝天映照在水里，又说：

"爸爸，说一句聪明的话给我听吧……"

可是这个无所事事的人不仅不能用双手做出什么东西，而且连说句聪明的话也不会。他的头更加低垂下来，沉默着……。就这样他变成了一棵只开雄花的草，从春天一直开到秋天，既不结果，也不结子。

青年男女们，这是多么巨大的不幸啊！千万不要过这样无所事事的生活。无所作为地浪费生命，你们将会在子女和人们面前感到羞愧。

4. 把自己献给人——不能简单地理解成生儿育女

我们在延续生命的时候，要把自己的美德、理想以及对崇高事物的忠诚之心都流传下去，人的精神正是因此区别于一般生物的。青年男女们，你们越是善于深刻地使自己反映和刻画人的面貌，你们作为公民的精神世界就会越丰富，你们的个人生活也就会越幸福。在儿童身上，公民的需求和个人的需求是一致的、交融在一起的，因为它既是你们个人的幸福所在，同时也是人民的希望了。"祖国"之所以成为我们的语言里最美的词，不仅是因为它反映着一个光明正大的、全民族的宏伟事物的本质，而且因为它是通向每个人心灵深处的东西。

我要向每一代青年男女讲一件真实的事情，我作为一个教育工作者，这件事情曾经深深地打动过我。

在一个大城市郊区的小医院里躺着两位母亲——契尔诺可莎娅和别洛可莎娅。她们各生了一个儿子，是同一天生的，契尔诺可莎娅的儿子是在早上生的，别洛可莎娅的儿子是在晚上生的。两位母亲都是幸福的人，都展望着自己儿子的未来。

"我希望儿子成为杰出的人，"母亲别洛可莎娅说，"他将成为全世界闻名的音乐家或作家，或者有不朽艺术创作的雕塑家，或者建造能飞往遥远星球的宇宙飞船的工程师……。瞧，生活就是为这个……"

"可是我希望自己的儿子成为善良的人，"母亲契尔诺可莎娅说，"希望他时刻都不要忘了母亲和出生的家庭……"

孩子的父亲们每天都来探望这两位年轻的母亲。他们久久地瞧着自己儿子的小脸，眼睛里流露着幸福、喜悦和非常激动的神色。他们坐在自己妻子的床边，柔声细语地和妻子一起说着什么事情。他们在新生儿的摇篮边展望着未来，当然只是展望幸福的未来。过了一个星期，这两位刚刚当了父亲的幸福的男人把妻子和儿子接回了家。

30 年过去了。在这所大城市郊区的小医院里又住进了两位妇女——契尔诺可莎娅和别洛可莎娅。她们的头发现在已经是银白色的了，岁月在脸上刻下了不少皱纹，但是她们还是像 30 年前那样美丽。她们彼此还认识，现在躺在 30 年前生儿子的那个病房里治病。她们谈论着自己的生活。她们都曾经历过不少欢乐，也经历了巨大的伤痛——她们的丈夫都在前线牺牲了。但不知为什么，在谈论自己生活的时候，都没有谈起儿子。最后，契尔诺可莎娅终于问道：

"你的儿子是做什么的？"

"一个杰出的音乐家，"母亲别洛可莎娅自豪地答道，"他现在是乐队指挥，指挥着市里一个最大的剧院的乐队，他享受着盛誉。你难道不知道我的这个儿子？"于是这位母亲说出了音乐家的名字。当然，契尔诺可莎娅是熟悉这个名字的，这个名字也是为许多人所熟知的。不久前她还读到过这位音乐家在国外演出得到很大成功的报道。

"可是你的儿子成了怎样的人了呢？"别洛可莎娅问道。

"一个农民。不过，更明白一点说，他是集体农庄的一个机务人员，也就是拖拉机手，或者说是一个康拜因农机手，有时在畜牧场工作。从早春到晚秋，再到雪花盖上大地的时候，我那孩子一直在耕地、播种、收割庄稼，再耕地、播种，又收割庄稼……。我们住在村子里——离这里一百公里左右。我的儿子有两个孩子——男孩三岁，小女孩不久才出生……"

"但你终归享不到福气了，"别洛可莎娅说，"你的儿子成了个普普通通的人，谁也不知道的人。"

契尔诺可莎娅没有再说话。

傍晚时分，儿子从村里赶来看母亲契尔诺可莎娅了。他穿着白罩衫坐在白色的长凳子上，同母亲长时间地小声交谈着。母亲的眼睛里闪着愉悦的光芒，她似乎在这个时间忘掉了世上的一切事情。她把儿子有力的、被太阳晒得黝黑的手握在自己的手里，微笑着。在同母亲告别时，儿子好像在请母亲原谅，并从口袋里拿出一串串葡萄、蜂蜜和黄油，放在小桌子上。"保养好身体，妈妈。"他在告别时吻了妈妈。

可是没有人来看望别洛可莎娅。夜晚，病房里寂然无声，契尔诺可莎娅躺在病床上，宁静地微笑着，沉思着。别洛可莎娅说：

"我的儿子现在正在音乐会上，要是他没有音乐会，当然会来的。"

第二天夜色降临前，当农民的儿子又从老远的乡村跑来看望契尔诺可莎娅了。他又久久地坐在那条白色的长凳子上。契尔诺可莎娅听他讲现在田里的工作正干得热火朝天，他们怎样在日夜工作着……同母亲告别时，儿子拿出蜂糕、点心和苹果放在小桌子上。契尔诺可莎娅的脸由于幸福而发光，皱纹也舒展开来。

还是没有人来探望别洛可莎娅。

晚上，这两位妇女沉默地躺着。契尔诺可莎娅微笑着，而别洛可莎娅轻轻叹着气，怕别人听到她的叹息。

第三天，夜晚降临前，儿子又从老远的乡村跑来看契尔诺可莎娅，这次他带来了两个大西瓜，还有葡萄、苹果，三岁的、黑眼睛的小孙子也同儿子一起来了。儿子和小孙子久久地坐在契尔诺可莎娅床边，妈妈的眼睛里闪烁着幸福的光芒，她变得年轻了。别洛可莎娅内心痛楚地倾听着小孙子告诉他祖母：他和爸爸在昨天中午坐上了"船长台"号康拜因收割机。"我将来也当康拜因手。"小孙子说。祖母吻了他……。别洛可莎娅这瞬间想起了她的那个当杰出音乐家的儿子，在出门作长时间旅行的时候，他已把自己的小儿子送托到某个寄宿学校了……

这两位母亲在医院里躺了近一个月，那个农民的儿子经常从老远的村子来探望契尔诺可莎娅，带来他做儿子的应尽的孝心，而妈妈也好像只是靠了这种孝心才很快康复起来。在别洛可莎娅看来，当儿子跑来探望他的母亲的时候，甚至医院的墙壁也好像在希望农民儿子的母亲尽快康复。

仍然没有什么人来看望别洛可莎娅。过了一个月，医生对契尔诺可莎娅说："现在您已经痊愈了，没有脉动不匀，心律不齐的现象了。"可是别洛可莎娅呢，医生说："您还得躺几天。当然，您也会成为完全康复的人的。"他说这话的时候，不知为什么眼睛看着旁边。

契尔诺可莎娅的儿子来了。他带来了几束月季花，分送给医生和护士们。医院里人人都微笑着。

别洛可莎娅同契尔诺可莎娅分别时，请求她再单独和她待几分钟。两人从病房走出来时，别洛可莎娅眼里含着泪水问道：

"告诉我，亲爱的，您是怎样培养出这样的儿子的？我们不是在同一天生下他们的吗？你很幸福，可是我……"她哭了起来。

"我们这次分开后再也没有机会见面了。"契尔诺可莎娅说，"不可能有第三次这样奇迹般的相会了。因此我要告诉你全部真实情况。我在那个幸福的日子生下的儿子已经死了——他还未到周岁就死了。而这个……不是我生的儿子，但是和我很亲！我是在他三岁的时候收他为养子的。当然他是模糊地记得这一事情的……，不过我对他来说是亲爱的母亲，这是你亲眼看到的。我是幸福的，而你是个不幸的人，我深深地同情你。你知道，这些天我是多么为你感到难过呀！我早就想离开医院了，因为我儿子每次跑来都给你带来了沉重的心情。你出院后要找找你那儿子，告诉他：他对人漠不关心，会反过来自食其果的。他怎样对待母亲，他的孩子们将来也会怎样对待他。对待父母亲的淡漠态度是不可饶恕的。"

爱国主义思想是应从孩子摇篮时开始培养的。如果不能成为父母亲的真正儿子，也就不可能成为自己祖国真正的儿子。

对青少年集体的精神生活的关心应当贯穿这样一条思想

红线：我们每个人都将有孩子，不难做的是爱他们、抱他们，使他们想到他们是我们的孩子，对我们是宝贵的。但困难的是要在其心灵中树立起他们每走一步路时对我们的责任感，树立起那种忠诚和信赖的感情，把我们当作许多事情的经历者、活生生的榜样，并铭刻在他们的记忆中。我要提醒走过生活道路的每一代青年男女，你们将会培养出怎样的孩子，这是要对社会、对人民负责的。

为祖国培养出忠诚子女的父母亲，是给自己立下了活生生的不朽丰碑。如果你们的孩子成为祖国和人民的叛徒（这样的事情也发生过，因此需要对未来的母亲和父亲说一些严肃的话），你们就会受到蔑视，因为这是你们最大的失职，背叛——这是最危险最可耻的罪行。未来的父母们要切记，按照陀思妥耶夫斯基的说法，利己主义、自私心、"只为自己的肚子活着"，都是最卑鄙的叛卖和变节行为的种子。对伟大神圣事物的忠诚是可以从下面的事情看出端倪的：在接到父亲给的面包时，您的孩子所抱的是什么心情；当他看到母亲、父亲疲惫不堪地下班回家需要得到关心和问候时，是怎样的思想使他的心灵感到焦虑不安；当他明白由于自己的疏忽和漫不经心导致父亲出现痛心的一刹那，他胸膛里的那颗跳动的心有怎样的感受。

青年男女们将要从学校毕业，在取得毕业文凭的夜晚，我要和他们一起走到丛林里去，在繁花似锦的自然环境里举行一次最知心的谈话会。我有意把这种谈话会称作对未来的父亲和母亲的最后一次叙谈。我为这种谈话会选择了能触动公民良心隐蔽角落的话语。

我对青年男女们说，要记住，人的崇高荣誉就在于为社会培养真正的公民；要是你们能够这样做，你们将会得到做父亲和母亲的真正幸福。

你们每个人都是负有责任的。每个人都有义务，你要对劳动、对行为、对喜爱的和憎恨的、对自己说出的话负责。不过最高尚和最重要的、最困难和义不容辞的，是父亲对孩子的一种责任感。在这种义务和责任感上充当最高法官的是祖国、人民和我们自己的良心。青年男女们，你们每个人都将成为农民或医生，钳工或工程师，砌石工或教师，但是你们每个人也都将成为父亲和母亲。

当一个男青年遇到一个姑娘注视的眼光时，他那颗年轻的心会加速跳动起来，呼吸也好像要停止一般；男女青年彼此的每一次接触都产生着一种难以理解的感情波动，产生着期望和憧憬。你们向往着幸福的生活，老一代把无价的财富传递给你们，这些财富的名字就是祖国、社会主义制度、自由的劳动。可是只有在这些财富使得人们的心剧烈跳动的时候，才能成为使人幸福的东西。老一代把一切都给了你们，让你们传了下来，可是创造人的任务是谁也不能替代的，这是你们自己的劳动。随着孩子的出世，世界好像又开始重新缔造，然而你孩子的世界将是什么样的，这得由你们负责。

5. 你的同学家里人生了一个弟弟或妹妹——就要祝福他

祝贺一个人的诞生，是人类文化修养的标志之一。

对每个人来说，他的生日是他生活中最幸福的日子。要是谁都不祝贺他的生日，甚至也不去提这件事——这个人是孤独的、不幸的。你应当知道并且毕生都记住父母亲、亲爱的祖父母和兄弟姊妹的生日。家庭的幸福在于我们彼此的热忱关怀。家里有多少个人——就应该有多少个生日。

最好早一点去祝贺你所敬爱的人的生日，对他说："祝你生日快乐。衷心希望你健康和幸福，有矍铄的精神和睿智的思想。"要是祝贺自己的弟弟或妹妹，就得记住生日的主人今天已满了几周岁，要使他们感到快乐。

送给你所敬爱的人一些生日礼物。生日礼物——这是你的文化修养的物质的表示，是心意的象征。要善于制作或购买礼品。给你所敬爱的人送的最珍贵的礼品，最好是你亲手做成的某种东西，例如你自己种的花，或者是一幅画、一首诗或一本小纪念册，也可以是一本你画上画或写上诗的普通的笔记本。如果不会写诗，可以写一个小故事说说你一辈子都会记得的事。如果是妈妈的生日，就可写自己的回忆：她在你的记忆的最初一页上留下的是怎样的印象。为了给爸爸妈妈买生日礼物，向他们要钱是很不妥当的。如果自己不会亲手或懒于亲手做任何礼物，那也好，要想办法把自己不必要的费用节省下来去买礼物，要做到对得起自己的良心。不要买贵重的和笨重的礼品，要买那种东西虽小意义非凡的礼品。生日礼物的价值是一种道德的价值，是不以物品的价格来衡量的，可是它所灌注的那种精神力量将会给人带来欢乐。

给祖父母致以生日的祝贺要特别郑重。忘记祖父母的生日意味着你是在道德上无知的人。

不要忘记自己的老师的生日，特别是孤独的老教师的生日。

生日——家庭的喜庆日。生日是亲人和家人的节日，而不是整个集体的节日。在集体里盛大庆祝小于 50 岁的人的生日，或者被庆祝的人不是社会所承认的值得庆祝的人——那就是一种不体面的事情。一般成人的生日，通常是在家庭，也只应是在家庭热烈庆祝。

要教给儿童怎样祝贺节日和赠送礼物，但是只有在儿童学会体贴人时才能真正明白教育者的话。在生活中存在着一些现象，它在儿童面前展现出人们相互关系的领域，它会使教育者和父母亲的每句话充满深刻的含义。有时，即使一般的话语也会在他们面前突然揭示出人们所不知的、奇迹般地触动他们内心世界的语意。

是的，应该这样来教给孩子去体贴别人。教师就是这样真诚地对待孩子的理智和情感，他的每句话都揭示了一个微妙的道理。形象点说，从某一个观点去看世界，教师和孩子们同样会为它的伟大和刹那间的独特性而感到惊讶和赞叹不已的。

劳动和义务

培养义务感

在离古老的第聂伯河岸不远的一个村庄里，住着两个美丽的姑娘——达吉耶娜和娜达莉娅。她们在同一天出嫁，碰巧又在同一个星期里生下了儿子。达吉耶娜的儿子叫尤里，娜达莉娅的儿子叫维克多。1941年夏天，在炎热的6月里，这两个妇女又都一起送丈夫到前线当兵。她俩各自守着一个14岁的儿子。这两个儿子都长得又高大又强壮，看上去就像16岁。

后来，第聂伯河两岸被德国占领了，在敌人的铁蹄下，人民过着苦难的日子。一年之后，占领者搜捕苏联青年并押送他们到德国去服苦役。这时，尤里和维克多也长得更高了，已经长成强壮魁梧的青年了。好心肠的乡亲们劝告他们的母亲：赶紧把孩子送到警察和宪兵到不了的偏僻的地方藏起来，免得被抓去给万恶的德国鬼子做苦役。就这样，尤里和维克多躲到了第聂伯河下游芦苇、灌木丛生和树林遍布的低岸区和小岛地带。那里林木繁茂，在干燥多石的土地上遗留着中世纪查波洛什哥萨克聚居时期挖掘的洞穴。这两个男孩就在那里躲过了法西斯的抓捕。

孩子们在洞穴里住了一年多，苏联军队解放了他们出生的那个村庄，他们才回了家。与此同时，达吉耶娜和娜达莉娅都收到了噩耗，她们的丈夫在战争中牺牲了。

在一个阴冷的 11 月的夜晚，尤里离开了家，给母亲留了一个纸条："亲爱的妈妈，请原谅我……。不过我不能待在家里。我要参加红军，誓为父亲报仇。"达吉耶娜哭了一阵，此后就一直等待着儿子给她的来信。

可是维克多在妈妈的农舍里又住了一年——还没有到军队征兵的时间。最后，军队征兵的时间到了，这个青年失踪了，像水泡一样地消失了。娜达莉娅对邻居和区战时委员会工作人员说，他也许自己跑到路过这儿的某个部队里去了。几乎与维克多失踪的同时，达吉耶娜又收到了关于儿子的噩耗：尤里在卡尔派茨基山区英勇地倒下了。接着有人送来了儿子的战斗奖章——四枚奖章和一枚红星勋章。悲伤折磨着母亲——就在一个星期里达吉耶娜的头发都变白了，她病倒了，病了很久。

1945 年，欢乐的日子临近了。在 4 月一个温暖的日子里，娜达莉娅跑到苏维埃委员会来报告说，她的儿子逃避服兵役，藏在荒芜小岛的洞穴里。娜达莉娅说："我对他好说歹说，对他哭泣，但是一点儿用也没有。生活在折磨着我。"人们把维克多抓回来，进行了审讯，并判他以自杀结束生命。

战争胜利后，按大赦令对维克多改判，罚他在建筑大队服役三年，后来期满被释放回家。

每一个家庭都有自己的不幸，关于维克多的罪行，很少有人去记起它。这个年轻人结了婚，在机务人员训练班学习，成了一个拖拉机手。现在他在那个古老的第聂伯河边的村庄里工作着，两个女儿已经出嫁了，一个儿子不久前走上了工作岗位，还有两个更小的孩子在上学。在人们中间时常说起关于他的生活：一个无怜悯心的、死气沉沉的人。他把女儿们嫁出去了，可是没有人愿意到他那里做客，他也不邀请别人到自己这里来——这在村子里被看作严重的道德缺失。还有，和他一起工作的同志说，要求维克多按照定额干，他是干的，可是，若让他去帮助别的同志，或为集体做点事，那他就"像堵石墙"无动于衷，——机务工作队长这样说。

两个人的命运：尤里和维克多，他们在同一所学校学习，一起参加少先队，同样戴上了红领巾。然而他们的命运为什么有这样大的差异呢？一个走的是正直的诚实人的生活道路，另一个则过着阴郁的野兽般的生活——正是因为这样，一位八十多岁的守林人，年老的农村"哲学家"米柯拉爷爷，把后一种暗淡的、一点光彩也没有的生活，称为狼一般的生活。

我为什么要讲这件事情呢？时光飞逝，在我的生活里，我了解数以百计的人的命运——他们都是一些卓越的、各具特色的人，彼此都不相似。我亲眼看到那些男孩子，先是学会说"妈妈"这个对他们来说世界上最宝贵的词，以后又把这个词写在小本本里，用惊讶的神情瞧着它想：这难道是我写的？这样的一些男孩子后来都成了有黑胡髭的父亲，又把自己的小男孩带到了学校，"一切又从头开始"。

在生活的进程里不断呈现出的是各不相似、各有独特之处的人。我们干教育工作的要跟每代人打交道，这就给我们提出了新的要求，还给我们提出了巨大的挑战。我每年都在观察这些青年男女，同家长们一起送他们走上独立劳动的生活道路。我每次都禁不住要思考同样一个主题：在我们培养人的问题上，究竟什么才是最重要的事情？在学生们毕业的那天，在那短促的6月的夜晚，男女毕业生从日落至次日日出都沉浸在欢乐之中，我同他们一起走向田野迎接离校第一天的初升的太阳，迎接他们的新生活，我的心激烈地跳动着，我会不由自主地提出一些很折磨自己的问题：人生最核心的东西是什么？怎样来创造这种东西？怎样把人的个性的根基深深地栽在土壤里？促使新一代人的美好品质茁壮成长的种子在哪里？

在这个6月的夜晚，我的脑海里浮现出各种人的命运。我又想起了尤里和维克多的生活道路，打开了记载他们童年时代的书页，把40年前，即30年代的往事同今天的生活进行了比较。当我这样想这样做的时候，我就更加清楚地看到了人与人之间的活生生的千丝万缕的细致的联系，就越加坚定不移地要提出这样一些触动内心的问题：你要把我们这些亲爱的学生培养成为怎样的公民？你认为什么是生活中神圣不可侵犯的东西？你要在自己的子孙后代中留下哪些人类可贵的特征？你能在多大程度上使他们在自己的道德发展中提高作为人民一分子的自觉性？

在我的生活中，考虑人的命运问题越多，就越能看清楚人与神圣祖国的关系以及人与人的种种关系的最细微的线索，就越加相信人的重心，即人的一切都取决于它和开始于它的主根，那就是义务感，即对社会主义祖国应尽义务的觉悟和认识，对人民的意志和道德要求应尽义务的觉悟和认识，以及对别的人——他的命运，他的欢乐、幸福、生活、诞生和死亡——应尽义务的觉悟和认识。义务——这是道德的核心。我们期待自己的学生有以下品行，一个公民对共产主义理想的忠诚之心；善于把个人利益服从于社会利益（正是在服务于社会的活动中才能使个人的生活变得美好起来）；同敌人进行毫不妥协的斗争；准备把自己的生命献给祖国正义、伟大而光荣的事业；准备并乐于为人们造福。

义务感的培养——这是共产主义教育的中心部分。我们的目的是培养能承担崇高义务的人。只有这种人才能真正得到人的幸福，只有忠诚于崇高的理想才会使个性完善，使人得到幸福，并且有丰富的精神世界。

在人的种种关系的细节中，我力求找出以下问题的答案：尤里和维克多这两个少年似乎是在完全相同的条件下成长的，为什么会成为截然不同的人：一个是英雄，而另一个是懦夫和变节者？人的各种关系形成了我们的生活以及社会主义和道德进步的最本质的东西；在这种关系中，有崇高精神境界的人与像维克多这样卑贱的人的冲突——这类冲突是一种尖锐的思想意识的斗争，是在最难管教的人的心田里一种新旧世界力量相互进行的斗争，是为塑造新人的心灵而进行的斗争。

是的，乍看起来，维克多和尤里的生活和教育似乎是一样的，但是大的东西是从小的东西开端的，再粗壮的根也是从极细小的头发丝似的东西开始长起来的。在一次恳谈会上，深明哲理的老爷爷米柯拉就曾帮助我看出了这根"头发丝"。他说："维克多的心灵是恶劣的——从眼睛里看得出的，虽然心是看不到的——他按自己的样子活着。可是尤里的心灵从小就是坦率的。他从小就有一颗为他人服务的心——人的美也就在这里……"对我来说，这种想法已成为照亮人民的教育学的一束清晰的光。人民的教育学，使得几乎被人遗忘的道理重新放射出光辉，它对这些道理做出了解释，把它们摆到了应有的位置上。

例如，人民的教育学使我们对这件事找到了解释。一次，维克多的母亲病了，可是儿子要乘车到少先队夏令营去。母亲对孩子隐瞒了她的病。娜达莉娅对自己说："为什么要让孩子的心感到不安？让它不要受任何损伤吧……"在维克多家邻近住着的是两个孤独的没有子女的老人。维克多常跑到他们那里去，两位老人经常给孩子吃甜胡桃。可是当那位老爷爷病了的时候，母亲却不让儿子去看老人，又重复说："让孩子的心不要受到损伤吧……"

这样就意味着——人只为自己活着——在孩提时代就禁止他有热忱精神的体验和产生强烈的苦痛情感。人，人的欢乐，人的悲伤，人的担心和苦痛，这一切，都不允许在孩子的心灵里占有地位。

尤里的童年时代则完全是另一个样子。他的心灵敞开着，接纳了人的各种感受。离自己村子10公里远的邻村住着尤里的外公和外婆，孩子曾给他们带去了春天酿成的第一罐蜜、果园里第一批长熟的苹果，还有第一批长好的胡桃。尤里的童年生活充满了欢娱、担忧、激动和痛苦等各种感情。达吉耶娜慷慨地把母亲的温暖给了儿子，作为母亲她以明智和敏感心理认识到：对人来说，最大的欢乐、最大的幸福就是把自己的精神力量奉献给他人。这个男孩因为关怀母亲、关心外祖父母而感到欢乐。有一次父亲读报，当孩子听了法西斯分子在西班牙土地上的兽行后，整夜没有睡觉，哭得很厉害，一直到早晨才平静下来。这使我更加明白，敏锐的、易受感动的心灵是一种什么样的心灵，而无动于衷的心会导致一些什么样的结果。

我亲眼看着一些孩子诞生了，讲出了第一个字，开始站起来了，带着惊讶好奇的眼光认识了人的世界。我有时细听着孩子们无忧无虑的牙牙学语声，有时细听着孩子们第一次关于善恶、曲直、是非的不安的话语，这时我就更加相信：只有当人意识到自己的存在时，他才能把自己从周围世界中识别出来，识别出在他的成长中自己要变成怎样的人，识别出祖国要的是怎样的公民，女人要的是怎样的丈夫，孩子们应当有怎样的父亲。而对这一切认识的形成，有决定意义的条件是：各种愿望的协调一致和"义务感"的培养。

在观察儿童和集体的生活时，在思考年轻人说的每句话和做的每件事时，我都力求找出，是什么因素在决定着人与集体和与其他人的各种关系——就是这个人所向往的事情，或者说就是他应当做的事情，为了全体的福利必须做的事情。我研究了一些人的个性形成过程，以及这些人在家庭和集体里（从发出第一个字音开始到获得公民证和中学毕业证书止）的发展和完善。我力求透彻了解人们之间那些极为微妙的，甚至是隐蔽的关系，以便弄明白各种愿望和义务应当怎样协调一致起来。

观察和研究的对象是一些出生于各种各样家庭中的儿童和少年：在有些家庭里，生活是和睦的，宁静的，悠闲的；在另一些家庭里，儿童从幼年起就有强烈的心灵感受和震惊。在一些家庭里笼罩着和平、安定的气氛，在另一些家庭里常有吵架、冲突。某些家庭中，孩子的愿望能无条件地得到满足，而另一些家庭中，孩子的愿望则受到抑制。

我是一个教育工作者，深信义务感是人的个性的中心部分，是公民的果敢精神和忠于人民理想的核心部分。因此，我力求领会产生这种饱满精神的规律。每年都使我感到很欣慰的是，一些优秀人物，一些善于为人们创造幸福和欢乐之情的，并且自己也从中感受到很大幸福的积极的建设者们，都走上了生活道路。

瞧，在我面前的是 17 岁的青年阿辽沙，他有一双聪明的、总是带着几分激动神色的黑眼睛。他担负着不少要他做的事情。这孩子 10 岁失去了母亲，14 岁时又没有了父亲，成为一个孤儿，但是他并没有惊慌失措、陷于失望之中，而是成了家庭的主角。高龄的祖母的生活和幸福现在也得全靠他了。"我即使进了学院也不会离开祖母。"阿辽沙在中学毕业时的那个六月的夜晚说。这是一种真正的勇敢精神。可是这青年并不认为自己的行为有什么特殊的地方。他进了一所学院，靠领助学金学习。他利用晚上的时间工作，用自己微薄的工资养活自己和祖母。他毕业后当了工程师，现在祖母和他生活在一起。一次我到他家做客时，阿辽沙的祖母对我说："要是没有孙子的爱和自我牺牲精神，我早就不在人世了。"

生活越来越让人相信，一个人，如果在童年和少年时代，对给予他生命的、扶持他自立的人，为使他幸福而自己毫无所求的人，没有产生一种感激之情，那么这个人就会渐渐转变为一种对人淡漠的、无动于衷的人。

我理解到，义务感——这是人内心的审判者，激起良知最重要的兴奋剂。义务感对良知来说，好比舵和桨之对独木舟。没有义务就没有了良知，也就没有了高尚的人的原则。对于那种没有体验到人的高尚之情、在这方面无所表现的人来说，是不可能把义务变为个人的信念的。

当我用一些有指导意义的话语来激励孩子们，使他们在人的崇高的义务中愿意并努力做出贡献的时刻，我接触到了孩子们敞开的心，观察到了他们的眼神，这时我明白了，在义务感、思想的信念、人的观点和个人立场之间有着非常紧密的联系。在善于建立这样的一种联系中，或许也包括要创立那种规定着人的道德面貌的和谐关系——一种在欲望和义务之间的和谐关系。一个人如果在崇高的人的义务中没有亲身体验，他就不会懂得真正的人生幸福和生活的欢乐，不会感觉到自己的幸福有赖于他人的劳动，更不会产生感激之情——而这种情感正是使之能充满义务情感的源泉。

我确信，一个人要是在童年和少年时代未曾履行过自己应尽的义务，未确立他个人的好品德，未能建立各种必要的人与人的关系，那么，下面这种初看起来是古怪的事情就不免会发生：那些关于人和社会、善和恶，以及关于应当怎样做人的知识和真理，就都不能进入人的心灵；不能产生使他激动的力量，尽管这些知识和真理都是由教育人员用各种各样的方式，用教导、训话、申斥多次反复讲述，以及鼓励做好人、好事等方式引导，尽管它们是完全能吸引人的有趣的东西。之所以这样，原因在于：在教育中，若要使那些起十分重要作用的真理变成一个人的信念、观点和立场，这只能是在他明智地理解各种事实和深切地体验各种思想的情况下才能做得到。

每个教育者——不仅是学校教育工作者，还有成人教育工作者——所热切希望做到的是，在把道德的美和勇敢的鲜明形象印到学生的脑海里和心田的时候，使他的眼睛里点燃起欢乐和激动的火花，使他的心房加速跳动，使他憧憬未来。只有在这样的时刻，他才会开始珍视那些道德哲理，并把它们当作自己个人的精神财富。

对我这个教师来说，使学生达到这种精神境界始终是我的愿望和理想。不过我确信，要用教育的力量把自己的学生带到这种精神境界，这只能是当一个人在与他人的多方面的关系中，在他履行自己义务时才能做得到，只有这样，他才会有意识地建立自己关于一个人应有的美德并获得精神财富。

曾经有一次，我为五年级学生讲述了一个曾为祖国的自由和独立献出自己生命的人的事迹，大家都屏息倾听，眼睛里闪烁着激动振奋的火花。但在这一刻，我突然看到了一个淡漠的、无动于衷的眼神。听了如此激动人心的话语，竟然还有这样一对漠然的眼睛，一颗这样封闭的心，我怎能平静下来？这使我苦苦沉思，好几个夜晚都未能入眠。这种冷漠是从哪里来的？为什么神圣的东西打不开他的心扉？还有，一般说来，是不是这颗心还有其他打不开的角落？

我不断地接触我的学生们的心灵，观察他们并使他们在集体中建立起彼此负责和尽义务的关系，使年轻人通过某事来反映出他的道德面貌，进而认识和教育自己。在这样做的时候，我越来越相信，真正的教育是在教育和自我教育一致的地方开始的，而这种一致性只有在一个人能珍视某种事物的条件下才有可能达到的——起初是珍视人，珍视自己同他人的种种关系，而后是珍视一种思想、真理。伟大的诗人和思想家歌德写道："只有当真理是为人们服务的时候，它才是真理。"

是的，对道德和革命的真理，对观念和思想原则，对内心人格的信念，加以理解并深信不疑，这是建立人的种种关系的开端。从这些关系一开始，随之产生一种义务感：使人们从自身看出什么是道德的美，我应当成为怎样一种人。一个学生，一个带着冷漠、无动于衷的眼神的青年，他显然是没有亲身体验，一般来说他也不懂得这种道理。不懂得什么叫尊重人，不明白为什么要在自己享受欢乐和幸福前必须先要给他人以欢乐和幸福，要给别人做出和创造出能使之欢乐和幸福的事情。那种不会尊重他人的人，也不能珍重信念、道德和革命真理，这是因为各种信念只能是在人们之间相互给予的精神力量，是在兄弟情谊和相互帮助的种种关系中产生的。

关于年轻人是能够接受教育的，能够接受年长者，首先是教师的教育影响的思想观念就是这样产生的。下面这个令人苦恼的问题正在逐年地、越来越清楚地得到回答：这个学生为什么难以接受教育的影响？为什么对他什么也不起作用？这是因为他和周围人的关系未能使他体验到做一个高尚的人的好处。一个高尚的人，有善于尊重某人和某事的能力：开头是尊重人、集体，而后是尊重各项道德的原则。正像石地里渗不进水也就不能给予它肥力一样，没有亲自体验过什么叫尊重人的人，也就不会在思想上接受什么规劝、教导和训诫。一个不尽自己本分的人，是不能自然地懂得这样的道理的；尽本分是人的相互关系的法则，在人的相互关系中，一个人的利益、幸福和欢乐有赖于能使他人得到利益、幸福和欢乐。

读了这些结论，学生读者也许会觉得它们过于理论抽象，它们和生活的联系太少了。并非如此。这些是学校日常教育实践中最本质的东西。这些，要是你愿意那样说的话，也是进行道德教育最基本的东西。

在普通学校里，学生每天都在无数次地说着尽本分的话，教师的要求首先是从这点开始的。犹如砖可砌成大厦一样，从无数次地尽本分这种小事做起，那座叫作"人的义务"的大厦才能建立起来。不过，要使这座大厦建得稳固，需要有十分坚实的基础。这些基础就是：一个人要尽义务，通过尽义务的行为以及在跟人们和集体的各种关系中建立起自我认识，以及把尽本分看作对自己提出的要求，是对良心的启示。在教育实践中还有一种很突出的不相称的情况：教师往往对学生过多地说"我们应该"，但是，学生对自己说"我应该"的时候却很少，在很多场合和一般情况下甚至不说它。对这种情况深思熟虑是有好处的。要是一个人对自己无所要求，在这种情况下，与他谈论人的义务是一点意义也没有的。

我懂得，教师是要用自己的言语和自己的意志打开学生的心扉，要使他感受到自己的话语、教导、提示和榜样。

为此，在实践中必须做些什么呢？为使人的义务这座大厦成为坚固的安全的大厦，应当怎样打下牢固的基础呢？

我国公民人人必须有义务感——这是一种对他人、集体和社会的利益的认识和体验。祖国是同个人各种利益密切相关的。义务产生于人们相互之间的各种关系之中，但是尽义务是从个人生活的种种微小的事情上表现出来的。在尽义务中，社会与个人的利益神奇般地融汇到了一起。通向义务顶峰的道路——通向理解和关心社会的利益及社会主义国家利益的途径——是从人与人的关系开始的。人，人的生活、斗争、欢乐和悲伤——这是一种最复杂的有关认识主、客观事物的课题，是一种能够影响心灵各角落的最强大的力量。我看到，通向义务顶峰的道路在于，使一个儿童从有意识地生活的头几步起，就能具体地关心他人的命运。要使别人的命运成为他个人深切关心的事情，要使他从别人的命运中认识到人的最高利益，要使一个人在走向理想之路时看到自己，正确对待自己。多年的经验使我相信，在一定程度上要善于面对自己，善于对自己提出各种要求，善于做出于心无愧的事情——这一切都跟一个年轻人的欢乐和幸福的泉源直接有关。

　　来家长学校上课的家长们，有的小孩尚在襁褓之中，有的小孩已经能睁大双眼惊奇地看着周围的世界。我们同这些家长充分沟通。我们互相建议，共同讨论着有关孩子们欢乐和幸福的事情。我确信，正是这个关于童年时代的幸福和欢乐的话题，才应当成为教师和家长们最该重视的问题，并且应取得一致的意见。父亲和母亲，他们在教养孩子上的明智态度应首先表现在他们是如何对待儿童的幸福这一问题的，这样说并不夸大。我认为，对待幸福的态度、如何理解儿童的幸福和欢乐，是教育者是否能有明智的态度的一个最重要的根源。儿童的幸福，既是一种使人感到温暖的有生气的篝火，也是一种灾难性的火种，关键在于你如何控制它。希望召集教育学者和家长们开一个大规模的科学讨论会，讨论儿童幸福问题，这种讨论显然是有益处的。只要在理论和实践方面正确地解决了这个问题，教育方面的一大半困难也就会迎刃而解。

人同其他人多方面关系的建立，取决于在能用智慧和心灵认识世界的人的面前怎样展示幸福，更确切些说，取决于我们教师是否善于给儿童揭示幸福。关于幸福的概念，以及对幸福的理解和认识，决定着我们的小学生能否继承老一代已经创造、历尽艰苦才获得的那些道德珍品，决定着他们能否尊重这些道德珍品。特别重要的是，当一个人看到为人民和伟大的共产主义理想奋斗过程中的生活的意义时，能否把自己的道德提高到所需要的高度。只有懂得人类幸福的真正意义和价值的人，才能认识自己，控制自己的思想、感情、心灵的冲动，说到底，他才能成为自己良心的主宰者。

我们都是和教育少年儿童有关系的人，对他们的命运负有责任，因此也对人民的未来负有责任，因此我们就不可能不对有关的情况感到担心：在许多家庭里，孩子们并不知道什么是幸福，一些儿童的所有愿望都能由体贴备至的父母来满足，他们生活得无忧无虑。这些孩子的生活是使人深深感到忧虑的，如果物质方面的幸福从小就无休止得到满足，孩子就会养成个人主义，常常提出许多过奢的愿望，和稀奇古怪的需求。用这样的"幸福"养育出来的儿童，是一些非常不幸的人，他们不能理解我国社会的道德财富。假若学校能明白这种物质幸福的害处，想要在孩子们内心中揭示真正的人的道德，就得投入大量精力。

我认为，教育的最高目的是让家庭和社会关心人的幸福观。我深信，教育的一个最鲜明的目的性，在于使人具有强烈的情感和心灵的感受，使成年人关心年轻人。一个人若不经历艰难险阻、没有体验过忧愁痛苦，就不会理解幸福。这里我要借用高尔基说的一句话：事业是一种创造性的劳动和建树。劳动是良心和义务的第一个最正直的捍卫者。从广泛的意义上说，劳动是把精神的振奋和手的能量融为一体的活动，是人对人、人对集体和祖国所表现的一种态度，是在为人民服务这一活动范围内激励公民表现自己的一种高尚的鼓舞人的力量。

儿童、少年和青年早期的最重要的幸福源泉，就是对劳动永远保持着一种崇敬的情感。尊重劳动的情感由义务这条精神线索把儿童跟其他人联系起来——起先是同亲近的人，之后是同所有正直的同胞联系起来。从尊重劳动的情感中，从认为劳动是幸福的创造者这种思想中，逐渐产生一种必须尽义务的意愿，没有这些，就谈不上人的基本的道德修养，谈不上人对未来的责任心。一个儿童要对父亲和母亲的劳动，对全社会的劳动产生感激的情感，只有在这样的时候，他才会产生"我应当尽义务"的思想。

我总是努力使儿童观察父母亲的劳动，使之产生上述这种产生感激的情感，确立起从事劳动的愿望，其目的是，使之通过劳动感受到无与伦比的快乐和自豪。我确信，儿童认识世界，首先应当是认识劳动，而在同他人建立的多方面的关系中，开始应当是儿童通过劳动反映出同他人的关系。儿童最初表现的对他人的关心、担心、不安和激动的情感，要是能同上述这种自我表现联系起来，就正好会使愿望和义务协调起来。没有这些，就谈不上做一个善良的人，谈不上具有公民感。

我曾经告诉一年级的孩子们，萨莎的妈妈是养畜场的女工，她通过自己的劳动满足了500个人对乳制品的需求；而格里沙的父亲在养羊场工作过20年，满足了数千个工人和集体农庄庄员穿衣的需要。我这样讲的时候，我的小学生们的眼睛里放射出了激动和自豪的火花。孩子们看到了他们自己不能看到的东西，普通的、不引人注目的小事在他们面前呈现出了另一个境界。在孩子们面前揭示了这样的真理：父母亲生活中的劳动——这是他们对许多人尽的义务，正是由于尽了这种义务，一个人才能获得自己的社会地位，他才会受到人们的尊重、敬仰和珍视。

父母所从事的一般职业，看来似乎一点儿也不值得注意的职业，其实都有它的伟大之处，而儿童对此产生的惊奇、诧异之感越深刻，他想为家长做点什么的愿望也就越强烈。作为父母，要重视孩子的这种愿望，把它当作孩子心灵中有巨大道德价值的东西。在这种愿望中，恰恰也包含着一些使儿童感到关心、不安和焦虑的微小的事情——而这些也是产生真正幸福感的源泉。如果你的孩子已想要做些什么来表达自己对父母亲的爱，那么请你记住，这是他从事伟大的社会活动的序幕，是他竭尽全力来尽自己的义务和踏上漫长征途的开始。还要记住，儿童的那种在我们成年人看来似乎是细小的劳动，但却都反映着他对人和对义务的态度——他要付出巨大的紧张的精神力量。他的这种劳动，像是翻松土层，我们这些家长、教师，还有社会，要在这上面播下文明的种子，播下爱国主义和忠诚于伟大理想的种子。劳动，反映着人对人的态度，同时也反映着年轻人对成年人的态度，它是儿童产生最初的社会道德信念的唯一的、无可代替的源泉，这种信念就是：虽然我现在还做不了许多事情，但我将来要做很多事报答父母亲。这种信念是儿童产生敏锐心灵的基础。在发展这种信念过程中体验着良心谴责的年轻人，无论什么时候都不会要求家长做不可能做到的事情。他不仅会把父母亲看作生他养他的人，而且会把他们看作对社会、对祖国尽义务的活的化身。

为使儿童找到这种可表现他的复杂的精神振奋和意志坚决的劳动，需要有很大的教育技巧。即使这种劳动是最没有意义的，也可由此在儿童的生活中开始一个新的、精神丰富的、满怀激情的时期。这里特别重要的是，它不是娱乐，也不是游戏，而是真正的劳动，要求儿童付出同他的力量和能力相应的重大的努力。不要怕儿童付出这种努力，不要怕你的孩子手掌上有污渍和茧子。只要有人类存在，培养上述那种微妙的、敏感的、柔和的心只能靠劳动，而劳动就会同时带来疲乏、污渍和老茧。一颗高尚的心灵是在紧张的体力劳动中逐渐培养起来的，因为孩子愿意经受这种紧张，常常是为高尚动机所鼓舞。

我确信，这种看来似乎是普通的、不引人注目的儿童的劳动，在学校和家庭教育中，在我们的社会生活中，是最需要认真对待的事情。家庭是第一股源泉，伟大的爱国主义情感和信念的巨流是从这里开始的。在我们的儿童教育制度里，这种劳动的意义不知为什么很少引起人们注意，简直是令人难以理解。

现在我们常常在想：对祖国的情感是从什么时候开始产生的？对祖国的伟大的义务感产生的源头，不仅让我们产生兴趣，也使我们感到激动和担心。

不久前我同过去教过的一个学生谈了话。他现在已经30岁了，是集体农庄庄员，是我校两个学生的父亲。他一边指着农舍门前的整齐的杨柳树，一边激动地说："你还记得吧，那年你建议我给母亲栽一些杨柳树，我就栽了，现在我把它们照料大了。我的母亲干了25年的甜菜种植组组长的工作，每年她都要给人们提供上千普特糖。我为母亲感到自豪。对我来说，她始终是一个真正的英雄。我以爱护的心情种植和照料了杨柳树——为的是使它们像妈妈一样美好，一样可以使人感到自豪。我感到，在照料这些树的时候，好像接近了某种可贵的神圣的目标——我要成为更好的人。童年时期的这种劳动使我的认识逐渐成熟了起来。"

教育是一种要付出努力才能做好的工作。在这种困难而复杂的工作中，十分重要的是，要使人在童年和少年时代就理解这样一个真理：在我们的时代，一项特殊的、无与伦比的、不是轻易就能做好的细致的劳动，就是要求自己不停止地走向人，走向人们，把自己的精神力量献给他们。当然，在我们的社会里，有一些人只是需要别人帮助他们提提水、劈劈柴、送一送面包。但是有无法计数的更多的人需要的却是在人们中间得到心灵的温暖、同情、体贴和慰藉。善于看到他人的需要，这是一种重要的精神财富。我看到，在创造这种精神财富中，上"义务"的课是用任何东西也代替不了的。各种精神体验活动就是从这里开始的，而幸福也是通过这些精神体验活动，从焦急不安当中渐渐降生的，因此幸福才显得无比珍贵。

我认为，从人一开始意识到他对人的义务之时起，就要在他面前展示出广大的社会生活的画面，为祖国服务的活动领域的画面，为祖国的独立、荣誉和强大而斗争的壮丽画面。这是一项重要的教育任务。一些不热情的专家和旁观者是不可能把人带进这个领域的，能这样做的人必须是积极行动的人，有自己的立场、观点和兴趣的人，对世界上发生的事情感兴趣的人。这实质上是一个对正在成长中的一代进行道德教育的核心问题。

我坚信，童年和少年时代应当是人的精神生活的这样一个时期：即他能特别敏锐地体验到一个公民的最初的期望——显示出一个人的各种力量，在社会生活的广大领域里表现自己，体验和感觉到自己参加了伟大而崇高的事业。这就意味着，祖国的命运，她的强大、光荣，为共产主义的胜利而进行斗争等一些重要的政治和道德思想，统统应当成为深入我们学生个性的东西。

教师的话语是对年轻人的心灵施加影响的无可替代的有力的工具，但是这得有一个十分重要的条件：你要很好地做到，完成对人们应尽的天职，在为人民创造幸福和使之欢乐的过程中自己也得到幸福。你要是这样做了，年轻人就会成为可教育的，能够受到教育影响的，首先是能够为你的话语所教育的人。在童年和少年时代，不理解真正的人的幸福，或是在别人给予的幸福环境中长大的人，就会对你的话语、要求、劝诫、教导和嘱咐完全无动于衷。

既然应当把学生培养成为一个好公民，那么我们做教师的应当怎样努力引导他们进入社会生活这个广阔的活动领域呢？我走向敞开着的青少年的心，我在学生的心田上辛勤耕耘，播种上打动其心灵的多产的种子（语言）。语言，这是明亮的火焰，可以帮助孩子们看到比他在个人日常生活世界中看到的东西更有意义、更加高贵的东西，那就是祖国、人民，以及祖国和人民的历史命运，人民的忧伤和希望。语言，不仅是为了讲述什么事情，更主要的是为了打动年轻公民的心。一颗心将会因为对伟大祖国所感到的骄傲，对为人民自由和独立进行斗争的战士所怀有的同情以及对凶恶敌人所怀有的憎恨而颤抖。只有在这个时候，那种对伟大崇高事业的愿望才会逐渐产生。

无论我给自己的学生讲些什么——讲在战斗中倒下的英雄的业绩，讲把自己最宝贵的孩子献给祖国的母亲的悲伤和自豪，讲现在资本主义世界年轻人的悲惨命运——我一刻也不会忘记，我说的话应当成为一种号召，一种使学生坚信社会主义祖国的优越性和荣誉的号召。在年轻人的心里，教师的语言要产生一种鼓舞他劳动所必需的精神能量，要使他作为一个公民能在为人民服务的事业里表现自己。只有在这个时候，他的心才会产生义务感。同时也不应忘记，如果教师的话语是不热情的，无号召力的，只是像传声筒一样，那就不会在年轻人的心灵里建立什么东西，不会使年轻人的心向往什么东西。而语言的教育力量体现在教师的立场、观点和对劳动的态度上。

在当今世界，如果没有对敌人的恨，没有年轻人的热血沸腾，没有为崇高的共产主义理想信念贡献出自己的力量的决心，就不可能有对社会主义祖国的爱。教育学生憎恨帝国主义、憎恨反共产主义思想，是我们的教育学和学校教育实践的最高尚最人道的目的。对敌人的憎恶，对思想反对派的不妥协精神，会把年轻人的心塑造成为一个公民所应有的精巧、细致、敏锐和富有朝气的心。如果一个人对敌人的憎恨，对思想反对派的不妥协精神已成了他的特有的精神财富，这个人就能够在为理想进行奋斗时具有自我牺牲的精神。只有强烈憎恨敌人的人，才能有他自己的立场和世界观。

在孩子们戴上红领巾的那一天，我给他们讲述了卫国战争时期英雄们的事迹，讲我们的战士在强渡第聂伯河以后为夺回河边一个不大的城市而进行了怎样顽强的战斗。我们的战士占领了一所房屋的地窖。地窖里藏着躲避炮火的妇女和小孩。一个小女孩痛哭着，因为法西斯鬼子夺走了她的布娃娃，在逃走时又把布娃娃抛在街中心。年轻的苏维埃战士立即冒着法西斯的弹雨钻到街中心把它拾了回来，还给了小女孩。同一天，在向敌人冲锋时，有着敏锐、高尚心田的战士们用刺刀杀死了法西斯军官。我讲述这段往事为的是向孩子们说明，一个年轻公民的敏锐、高尚，对人体贴入微的心，同时也是一颗强烈憎恨敌人的心。

一个年轻公民越是能关心那颗似乎同他自己无关的心，他的个人生活就越充实，他那种要为自己成为公民而做点什么的愿望和企求就会油然产生。

要使青年公民有充分的精神准备来从事充满崇高精神的劳动，使他们成为能表现公民精神的人，这是十分重要的。我相信，只要在童年和少年时代，人所进行的劳动能够多次受到崇高理想的鼓舞，即出于对敌人的憎恨和不妥协精神来进行劳动，那么，这颗年轻的心就会进入一个成熟期：即对任何有益于人民、社会、祖国的公益劳动都能保持那种良好的忘我工作的精神。

有关"义务"的教育，不仅是教育学理论的中心问题，也是学校生活的中心问题，同时也是一个最重要的社会和政治问题。

劳动和义务

我收到一封集体农庄女庄员的来信。对她，所有乡亲们都非常敬爱。

"我向您诉说我的不幸，心里感到很惭愧。"她写道，"我有一个儿子，已经是一个 16 岁的小伙子了。我对他非常疼爱……可是现在，我不知道对安纳托利怎么办才好。他不想工作。不久前，他很不高兴地对我说：'如果节前不给我买一套新衣服，我就不去上学……'我回答说：'现在我不能买。本来已经凡事都依着你，而我自己却有许多需要的东西没有买。''你只顾自己，谁让你是母亲呢！'他说完，砰的一声关上门走了。"

看了这封信，我感觉心里不安。母亲和儿子住得离学校不远，乘公共汽车几小时就到了。于是我同安纳托利、母亲和教师们分别进行了交谈。教师们难过地说："母亲是一位出色的劳动模范，得过勋章，而儿子却是个游手好闲的人，真是不可思议。"

这究竟是怎么回事呢？为什么一个把一生都献给了人们的出色的、勤劳的母亲，却养了这么一个儿子？为什么这个心地善良、温和、敦厚、对人体贴入微的母亲，会有一个冷淡苛刻、残酷无情的儿子？我曾设法探察这个 16 岁青年的幼年和少年时代的生活，以便再一次检验这个 30 年来一直不让我心里平静的思想是否正确。

从婴儿呱呱坠地，向世界宣告了自己的诞生，他便开始了思考和行为。他的眼界逐渐开阔起来，不断用理智和心灵去认识世界。他看见母亲向她微笑，他的模糊的思想初次（如果可以这样说的话）感到的是：母亲（以后还有父亲）是为了他的欢乐，为了他的幸福而存在的。孩子学会站立了，他看到了花和在花上飞来飞去的蝴蝶，看到了各种色彩鲜艳的玩具。当儿子高兴时，爸爸、妈妈也都高兴……越往后越合乎规律：如果小孩的行为，举动和兴趣继续只受他的各种需求的支配，他将成为畸形发展的人。他对生活的要求越来越高，越来越脱离实际，而对自己却没有任何要求。

正是上述情况，由这儿开始长出纤细娇嫩的小根，向懒惰、游手好闲、不劳而获、冷酷无情，以及漠不关心（对为自己劳动的人们）等恶习提供丰富的营养汁液。天长日久，他的精神越来越空虚，然后便会感到悲观失望。幼年和少年时期过着无忧无虑、心满意足生活的年轻人，在他们刚刚跨进独立的劳动生活时，往往会感到精神颓丧，对前途失去信心。

对人的正常的、和谐的教育，只有在需求和较强的、细致的、较有智慧的动机（即义务）相结合的条件下才能成为可能。其实，人的生活不是从人所希望做的事情中开始的，而是从为了公共利益所需要的事情开始的。

义务这一概念越早地进入孩子的生活，并由此形成另外一种比较高尚的要求，孩子的品质就越高尚、精神就越丰富、道德就越纯洁，他就会更诚实地成长。我认为，共产主义教育最宝贵之处就在于此。

如何培养孩子具有这种义务感呢？

我用了几十年的时间编辑了一本文选——《关于义务美的故事》。这本书介绍了那些对祖国，对社会、对亲人尽了自己义务的人们的高尚品质。

这些关于义务美的故事好像能帮助孩子们生活（生活是为了尽义务），为参加自觉的、高尚的劳动做好准备。

男孩子们开辟了一座花园，我们形象地把它叫作母亲的花园，另外还建了葡萄园。每个孩子都负责照管一棵树，一朵花。他要关心这些花木，为它们出力，对它们负责。对孩子来说，他首先已经不是父母关心的对象，而是一个劳动者了。在这里，他充分地体验到童年的劳动和快乐。

为了培养思想上的成熟性，使义务感成为集体生活的精神支柱，我们注意培养孩子们对物质财富的责任感。多年来，我们这里有一个小型机械化少先队小组，他们可以创造较大数量的物质财富。

一个 15 岁的少年漫步在田野里，欣赏他亲手播种的小麦，这块地是由他自己耕作、施肥、护理和防止土壤侵蚀的。他感到十分自豪：这都是我做的。一个人通过劳动成果对自己了解得越清楚，义务感就越深入他的内心，他就越希望成为一个具有崇高理想的人，就会越注意审视自己，经常受到良心的责备和感召——这是我应该做的。

人在劳动中创造物质和精神财富的同时，也创造了自己本身。如果我们希望自己的孩子成为真正的人，我们就应当不再去想如何使他们的童年过得轻松安闲和无忧无虑。少年时期和青年早期的生活，如果没有劳动，没有体力和脑力的紧张劳动，那是不可想象的。

劳动需要身体上的和精神上的努力，否则个体就不可能成为热爱自由劳动的共产主义者。那种把共产主义看作过轻松安闲、无忧无虑的日子的观点是十分错误、幼稚的，而且对教育是非常有害的。一个人摆脱了强制劳动的枷锁绝对不是要成为懒散的奴隶。

对思想和劳动教育——无论是就整个教育来说，还是就教育的各个方面而言——哪怕有丝毫的削弱，都会产生使学生变成只是物质和精神福利的消费者的危险。能怀着激动的心情认识到系上红领巾的 9 岁男孩就是未来的公民——这是很大的教育智慧，当中就贯穿着劳动和义务相结合的思想。

致年轻父亲的信

在我的邮件当中有一封年轻父亲寄来的信：

"请回答我一个问题，它一直使我心里不能平静。"一个叫安德烈·亚历山大洛维奇的国营农场工人写道，"我有两个儿子，一个六岁，一个五岁。我和妻子在畜牧厂工作。我们拼命地劳动，目的是想让孩子们幸福。可是，他们是否幸福呢？这个问题让我很苦恼。每天早晨我把孩子们送到幼儿园……我也不知道为什么要送他们去——其实他们完全可以自己去。我们这里的幼儿园非常漂亮。一天早晨，大儿子奥列格然耍起脾气来，因为他不喜欢母亲做的短上衣。我们在街上走着，他悄悄地把短上衣脱下来，扔进了树丛。晚上别人给拾了回来。还有一次，二儿子弗拉基米尔不知道为什么不想脱鞋，就穿着脏鞋进了屋。维拉姑姑给他提了意见，而他却回答说：'你把脏东西收拾走——可以得到钱……'我的孩子的这种冷漠、无情和对劳动漠不关心的态度使我感到吃惊。"

是的，尊敬的父亲，你的问题促使我思考，在我们的生活中存在一个极其复杂和极其困难、刻不容缓的问题，即思考我们的未来，思考正在成长一代的教育问题。

在帕夫雷什有一所家长学校，家长们到这里来上课，我们做的主要工作不妨叫作对童年进行深入的研究。的确，如果把我们的生活比作盛开着花的树木，那么，我们和父亲、母亲们研究的是盛开着的花：这些花预示着我们将得到什么，盛开的花将结出什么果实来。在所有 20 堂课上我们谈论的主题是幸福问题。

同时我们注意到，孩子的愿望在许多家庭成了一种动力。父母总是千方百计保护自己的孩子，防止他们遭遇挫折和痛苦，防止他们感情激动和心境悲伤——这正是不幸的所在。我感到惊异的是，许多 7 岁的孩子竟不知道在生活中经常会发生不幸的事情。

一个 6 岁的小女孩和一位老奶奶非常亲近。小姑娘经常带着苹果和核桃去看望老奶奶，老奶奶则经常给她讲民间故事。可是突然老奶奶感觉自己很快就要死去了。于是母亲把女儿送到邻村亲戚那里去住了一个月。这是为什么呢？为的是不使幼小的心灵由于亲爱的人的死去而感到悲伤。小姑娘回来后立即打听："奶奶哪儿去了？妈妈，您快点告诉我呀，达莉亚奶奶哪儿去了？""……奶奶不知去哪儿了……等你长大了，就会知道的……"请看，一些家长竭力避免自己的孩子受到刺激，情况都到了这种地步！

此外，我要坦率地说：在一个家庭里，若把孩子的愿望逐渐发展成任性行为，那么这些孩子们是不会有真正的幸福的。因为他们之所以能饱食终日，完全是仰仗别人。坐享其成使他们不能正确地认识世界，也就是说他们不能看清什么是真正的幸福。人的幸福不是遗产，既不能留下，也不能继承。正是在那些试图把自己的幸福连同自己的名声遗留下来传给后代的家庭里，有些孩子长大成了流氓、坏蛋和榨取父母血汗的寄生虫。

教育者（父亲、母亲、教师）的真正智慧在于给孩子真正的幸福。童年的幸福好比是可供取暖、做饭用的炉灶里的文火，但它也可以变成毁灭性的火焰。亲爱的家长们，一切都取决于你们能否掌握火候。教育者的全部智慧表现在是否善于做一个这种炉灶的烧火人。我可以完全肯定地说，闲散看来好像是无害的，其实，它是酗酒、流氓、犯罪这样一些社会灾祸的幼根。

从孩子刚刚开始认识世界、认清自己，他便会有所需要。需要是人生活的动力，愿望便从需要中产生。但是教育的全部真谛在于使个人的愿望同集体的、社会的、人民的、祖国的利益和谐一致起来。从孩子懂事的时候起，就要注意提高他个人愿望的文明程度。提高个人愿望的文明程度是家庭学校教育的主要途径。我们在家长学校设法使父母们相信，给孩子们幸福——首先是使他们的愿望合乎道德的要求，符合道德的规范，而从社会的观点来看，他们的愿望又是十分朴实的，切实可行的和能够实现的。能够把个人的文明愿望带到家庭生活中去的力量在哪里？如何才能使年轻的一代不再按照我行我素的原则去生活？

这个强大的教育力量便是劳动。遗憾的是，游手好闲的思想甚至渗透到了农村的生活中，虽说在农村这种环境里似乎是不可能闲游放荡的。有一对夫妻是国营农场的出色工人，他们有两个孩子，男孩子在五年级学习，女孩子在六年级学习。"你和你弟弟在家里擦过地板吗？"有一次教师问女孩子。"没有……可是我们家的地板从来不擦，因为地板上铺着地毯……"这姐弟俩不知道，当他们睡觉或上学的时候，母亲把地毯拿起来抖干净，并且把地板擦洗干净。

尊敬的安德烈·亚历山大洛维奇，让我们想一想，在标榜"不劳动者不得食"的社会里，难道能允许这种现象的存在吗？社会向每一个公民提出了劳动、纪律、义务和品行等方面的严格要求，而实现这些要求是个性自由和发展的保证。一个人在童年，如果不坐下来开始学习这一堂要持续一辈子的有关培养文明愿望的课，如果园丁的智慧的剪刀不经常去修剪愿望园地的灌木，那么，到了成年，要想让他再坐下来学习可就相当困难了。一个在孩提时就没能学会控制自己的愿望的人，一个没有体验到自己的愿望在道德上是否合乎要求、符合规范的人，会变成社会上不可靠的分子，他同社会的要求开始格格不入。那些在童年时期饱食终日无所用心的人才不愿意学习，发展到以后会出现更可怕的事情——不愿意参加生产劳动。这好比是一条链上的两个环，是互相联系的。

幸福——这不是可以捕到的奇美的热带鸟，它是一个需要建造的真实的建筑物。我把孩子的劳动想象成一个广泛的，立体的概念。它集中了体力的、精神的、意志的和道德的力量，人正是在这一过程中表现自己、确立自己的意向，并决定自己在善与恶的斗争中的立场。

非常重要的一点是要使小时候的劳动充分地人格化，即培养努力给大家、给社会、给人民、给祖国带来幸福的崇高精神。同时要使劳动成为一个人的习惯，成为很自然的事情。

生活不止一次使我相信，谁在入学的同时就开始了自己的劳动生活，谁就能得到真正的幸福。劳动不是为了好玩，真正的劳动生活是要流汗的，会感到疲劳的，双手会磨出硬茧的，但也有休息和达到目的的欢乐——这恰恰才是人的良心的保卫者，没有它，幸福的、温柔的、安适的火花就会消失。

这就是我们教师集体对劳动和认识的和谐十分关心的原因。我亲眼看着许许多多的人的命运是怎样形成的，其中最幸福的人是那些在童年时期就开始了劳动生活的人。

我们村子里有一个非常美满、幸福的家庭。父亲皮奥特·戈利果里诺维奇是一个饲养工人，母亲安娜·皮奥特罗夫娜是一个农艺师，他们的三个孩子都在上学：14岁的安娜已经上完七年级，12岁的帕夫洛在五年级学习，9岁的奥利珈是二年级学生。孩子们学习和劳动都很出色。有一次，老师在分数册上给安娜打了一个四分。课间休息时，安娜跟老师说："请您不要在分数册上给我打四分，我能把功课学得更好并且获得五分。因为我们遇到了很大的不幸——集体农庄的甜菜被泥沙埋住了，这叫我妈妈怎么办呀？在这个时候难道可以让她知道我功课得了四分吗？"

有一次在家长学校上课时，父母们请求说："皮奥特·

戈利果里诺维奇，您是如何教育自己的孩子的？您是怎样做到使孩子们担心不让一粒尘屑落到父母的身上的？"皮奥特·戈利果里诺维奇感到不好意思："我们和他们——孩子们一起劳动，这大概就是我们的全部教育。因为他们在劳动中，自己教育了自己。我和妻子这样认为，劳动是最关切的、最忠诚的保姆，同时它也是最细心的和最严格的保姆。"

从这些谈话里我们可以看出劳动人民贤明的教育观点。不要害怕让孩子劳动，亲爱的家长们，不要把自己的孩子保护起来，不让他们劳动。你们不必担心，孩子把一小桶一小桶水拿去浇花和葡萄会流汗和疲劳。这种劳动对他来说是真正的欢乐，这种欢乐是世界上任何欢乐所不能比拟的。在这种劳动中，孩子不仅可以了解世界，而且也可以了解自己。童年的自我教育也正是从认识自己本身开始的，而且这种自我认识的过程应当是非常愉快的：一个 5 岁的小孩，培育了一丛蔷薇。他不仅惊异地看着他亲手的创造——非常好看的蔷薇花，而且也在看着他自己："难道这是我做的吗？"孩子在了解劳动的无比幸福的同时认识了自己，成为父母在教育中的朋友、同志和助手。现在我们懂得了应当如何理解父亲所说的"他们在自己教育自己"这句话以及劳动教育所包含的真正意义。

当孩子们在 6 岁到 8 岁的时候，母亲安娜·皮奥特罗夫娜在夏天经常带他们一起到地里去。孩子看到妈妈在做什么，他也想做什么。孩子在这些日子里知道了不少新鲜的东西。朝霞和烟雾弥漫的草地，森林中刚刚睡醒的小鸟，在地里碰到的小灰兔和狡猾的狐狸，从高空中传来的云雀的歌唱，沐浴在夏日阳光里的一望无际的田野，沟壑上的冷泉——所有这一切都给孩子留下了非常宝贵和终生难忘的印象。孩子的脸晒黑了，虽然筋疲力尽，但感想却很多。傍晚回到家时，他们小心翼翼地把装着各种标本的书包和纸夹从车上拿到农舍里去，这里面有各种植物的花穗和茎、各种土壤和肥料样品。这一切都不是游戏，而是真正的劳动。是的，这就是童年的欢乐。

从 8 岁到 10 岁，有时到 11 岁，在暑假里孩子和父亲经常一起劳动一整天。

皮奥特·戈利果里诺维奇和安娜·皮奥特罗夫娜的孩子们是果园的主人。父母只是在孩子们遇到问题时才给予帮助。果园里有块地方，专门用来供孩子们培植葡萄秧并把它们分送给同学们。因此，这个果园叫作大伙的果园。苹果、梨、葡萄的全部收成都属于二十几个孩子们——他们的朋友们和同班同学。在晚上或在节日的时候，孩子们在这里读书，把故事编排成戏，当然还要好好吃一顿水果。

皮奥特·戈利果里诺维奇和安娜·皮奥特罗夫娜的孩子们每年夏天还抽出几个星期的时间养蚕。这样，他们可以挣一些钱来购买衣服、鞋子、教科书和参考书。现在他们长大一些了，他们挣的钱还够用来到一些大城市去旅游。

皮奥特·戈利果里诺维奇的孩子们到过莫斯科、列宁格勒、基辅，但是引人入胜的远途旅行掩盖不住假日里在田野劳动给他们带来的激情和积极性。亲爱的家长们、老师们，让孩子的精神生活就开始在他们第一次看到田野，第一次遇到朝霞，第一次谛听云雀响亮的歌唱的幸福年代，就开始在劳动世界里吧！

我收到的许多家长的来信都提到一种担心，即为什么孩子不尊敬我这个做父亲的或做母亲的？

尊敬产生于父亲、母亲、孩子们的精神生活的一致。尊敬——这不是对父母所做的事情的简单的了解。经常有这种情况，儿子对母亲在他身上付出了多大的心血可以说是一清二楚，但他对母亲的态度却非常冷酷。尊敬父母意味着在用自己的双手为人们的幸福所创造的某种事物中，充分反映了自己和可以看到自己。孩子们对父母的爱——这是为了给亲人带来幸福因而消耗了精力所换来的一种乐趣。

我收到过不止一封内容大致是这样的信："我住在一个大城市里，在试验室（或设计局）工作——那好吧！为了真正的教育，就必须把孩子带在身边，让他和我一起劳动，是吗？"不是的，哪能这样呢？不一定要这样做，但必须让孩子看到人们和关心人们，并把自己的精力贡献给人们。

劳动也不一定都要到田野和牧场去。不久前在一个州的某个城市我遇到这样一件事：六年级学生阿廖沙的母亲，怎么也想不出一个好办法来让孩子承担责任。还有几个孩子也闲着没事，感到无聊。可是就在跟前，在他们住的那栋房子里有一位半失明的残疾人，需要有人给他读书。如果阿廖沙心里感觉不到他身边有人需要别人的帮助，那又怎么能谈得上对父母的尊敬呢？

只有把劳动作为一种态度，它才能变成幸福的机警的保卫者和生气勃勃的幸福的源泉。通过童年和成年的劳动所表现出来的对人的态度就成为公民义务的基础。

只有通过劳动才能认清这样一条非常重要的生活真理：劳动——这是艰苦的事情，不管在什么情况下都不可能是轻松的游戏。我们（学校、家庭、社会）的一项极其重要的任务，是使孩子们在跨进生活时都具有坚定的共产主义信念，具有崇高的理想，以诚待人，头脑清醒，具有光明正大的品德。

现在我们就要结束我们的谈话了。本来是讨论关于幸福的问题，可实际上说的却是劳动问题，否则就想象不出教育的逻辑和世代相传的逻辑。如果你们也能给自己的孩子这种幸福，他们必将成为幸福的人。

要认识自己

如何对待父母、亲戚和好友

1. 世上不仅有父与子，实际上我们的生活还受几代人之间的关系所推动

你是新生的一代，好比地平线上正在升起的太阳，离高空还有相当远的距离。在你看来，生活好像是无限辽阔的、迷人般美好的、光明而又神秘莫测的原野，你精力充沛而又满怀幸福的希望。在你的面前有两代人：一代好似烈日当空，另一代则好似日薄西山。人难免于死，然而民族是永存的。民族的永存就在于代代相继。世世代代的智慧保存在书籍和我们的历史之中，民族精神的财富则保存在长辈们的记忆、内心和行为之中。你得以长大成人以及能在将来有所建树，都得归功于长辈。你要记住，祖父或父亲的那种寻根问底的、聚精会神的、沉思而又困惑莫解的目光多么使你惊恐，这仿佛是直射你的心灵深处的目光，这是忧虑而不安的目光。祖父和父亲之所以那样看你，是因为竭力想在你的身上看到他们自己；他们思虑万千，思量着如何才能在你身上重现自己的光荣业绩，并且认为你能创造出你自己的一切。他们是有权那样对待你的。尊重和孝敬长辈是我们生活的前提。之所以必须尊敬长辈，是因为他们的贤明通达和心灵美是你所不及的……

在同长辈交往的每一刻，你都要善于向他们学习。不要自以为是，过于自信。不要以为你年华正茂精力充沛就能胜任一切。有些事情只有老年人才能胜任自如，因为在老年人身上凝聚着几代人的智慧。

这些教导对于培育几代人之间的和谐关系具有非常重要的作用。能使人变得高尚的共产主义道德，是要教育人们珍惜自己多年生活中所积累的一切财富，把这种思想讲给青少年听是非常必要的。除了不把自己的苦难传留给青年一代之外，任何一种饱含智慧的思想都不应该失传，任何一种深刻的信念都不应当熄灭。在这由生活本身所提供的教育真理中蕴含着多么巨大的智慧！我校一些最有智慧的老师，都已是日薄西山的人了。他们在讲述神圣的社会主义祖国时，曾把爱憎之火和战士的激情移植到年轻人的心坎里，他们的每一句话都是肺腑之言和临别的祝愿。正因为这样，凡是想要谈论最重要、最严肃的事情的人，也都常常提到这些话。孩子们在和最老的一辈人相见时，仿佛在朝着道德信念的明亮火炬走去。孩子们尊重这些老人，在他们面前脱帽，向他们深深鞠躬。

多年的教育工作经验使我深信，对长辈的爱越强烈，就越不能容忍不讲文明礼貌的行为。在我们的美学教育中规定了十个不许，遵守这些要求，就在集体中被看作光荣和体面的事情，若违反它们则被看作耻辱和不道德的事。下面就是这十个不许：

当大家都在劳动的时候，不许你游手好闲；当长者不让你休息时——你很清楚地知道这一点——而你却醉心于无所事事和沉溺于形形色色的娱乐中，这是可耻的。

不许讥笑老年人，这种讥笑是最大的不道德。谈到老年人时，应该心怀敬意。世上有三种东西，即爱国主义。对妇女和对长辈的真正的爱，在任何条件下都不能遭受愚弄和嘲笑。

不许跟应受到尊重的人、成年人，特别是老年人顶嘴。对长辈所提建议的正确性仓促地表示怀疑，是缺乏为人的智慧和不够审慎的；如果你有什么疑问真想提出来，要暂时在头脑里想一想，考虑考虑，然后再向老年人问一问，以免见怪。

当你的同龄人有某一样东西，你很喜爱却又没有，而父母对此又不关心，你不许表现出不愉快；你没有对自己的父母提出任何硬性要求的权利。

不许硬要你母亲不想给你的东西，包括餐桌上的美味食物、甜蜜的糖果、漂亮的裙子……。如果母亲拒绝别人给你赠送东西，你要表示同意。一个人若认为自己有权得到某种特殊地位和权力，那么这种想法是腐蚀心灵的毒素。你能感觉到不能容忍这种毒素将是一种莫大的幸福。

不许做老年人认为不应当做的事情；无论是在当面，还是在背地里，对自己的每个行为要从老年人的角度进行分析，看他们会想些什么。特别重要的是：不许纠缠不休，力求不让别人老惦记自己，力求不提出奢望，因为父母任何时候都不会忘记你。你不在他们的眼前时，他们会比你老在旁边转的时候更加想你。要记住，父母有他们自己的精神世界，他们有时愿意自己待着。

不许抛弃孤独年迈的亲人，特别是母亲。如果除了你，她没有其他任何人，在令人高兴的节日里，任何时候都不能丢下她一个人，你本身（你的言语，你的笑容，你的态度）有时就是她生活的唯一乐趣。人的一生越接近晚年，就越强烈地感到孤独的苦楚。抛弃孤独的爷爷，抛弃孤独的年老的父亲，即使你也已经成为老人，仍是不人道和野蛮的。要记住，在人的一生中有这样一个阶段，在这时除了人与人交往的乐趣以外，他已不可能有任何其他乐趣。

在没有征得老年人特别是年老的爷爷的应允和建议之前，不和他们告别。在不等到他们祝愿你一路平安以及你没有祝愿他们生活幸福之前，不许动身出发。

不先邀请老人，不许坐下来吃饭。只有道德上的无知者才像是独自解除饥饿的牲畜那样，害怕亲属在就餐时来了就一点也吃不到了。人要进餐，不只为消除饥饿，不仅仅是生理上新陈代谢活动中的一环，人们能认识到餐桌不是仅仅为了在餐桌下面放脚，而是凭借餐桌在吃饭时，进行着人与人之间最有趣的精神上的交流。假如你善于劝说老人同你分享食物，你会使他得到最大程度的快乐。当成年人站着，特别是上了年纪的人或是妇女站着时，你不能坐着。

不许等待老年人先同你打招呼。在见面时，你应该首先向老年人问候，而分别的时候，你应该祝老人健康。在这些礼节的规矩中包含着深刻的内容——尊重人的尊严。如不能尊重老人，那你就像是往绚丽的海洋波浪中啐唾沫的浪子一样，海洋以其巨大和美丽而显得宏伟，而你的唾液丝毫无损于海洋，你若吐个没完，你若欣赏自己的唾液，那么玷污的只有你自己。

实行十个不许，要求充分注意协调整个教育过程。值得尊敬的人，才能受到尊敬，只有照亮道路的人才可能成为指路明灯。

2. 对父母来说，哪怕你是 50 岁、60 岁，而父母则已 70 岁、80 岁、90 岁，你将永远是孩子

你的每一步，你的每一个行为，好的坏的都会在父母的心里引发高兴或者痛苦、幸福或者悲伤。在对你无限的爱之中，他们有时忘记了这样的时间会来临：他们没有力量给你以现实的母亲式的快乐，他们心有余而力不足，只留有爱你的心。要记住，孩子做人的职责就在于报答父母对你的关心，对你无限的爱和忠实，那你也就以关怀照顾、爱和忠诚相报吧！孩子对父母的责任是无法计量、无法计算的。

怎样把这一要求植入幼小的心灵中呢？问题涉及人类生存的一个最细腻的领域——互相承担责任。形象地说，培植这种要求的种子的田地，应该由我们父母和教育工作者去开垦。人类最微妙的能力，就是爱的能力。爱能够揭示出人的内心深处的泉源，由此将永远使生气勃勃的善良感情淙淙而来；爱也能使儿女的心田变为干旱的沙漠——这一切都取决于通过互相承担责任和互相关心。把爱的感情渗透到什么程度，只有在相互承担责任的情况下，"对父母要关怀"这句话才能被年轻人的心所理解。

没有任何东西能比人类的爱更复杂、更富有智慧。它是花丛中最娇嫩而又最质朴，最美丽和最平凡的花朵，这个花丛的名字叫道德。在爱自己孩子的时候，要教他们爱你们，教不好，你的晚年会落泪。依我的看法，这就是做父母的一个最明智的真理。形象地说，只有在把这个真理变成要求的那些地方，儿童的意识这块土地中才能播下爱父母的种子。

怎样教孩子爱自己的父母呢？孩子从小就应该学会眼中有人。学会理解每个人都有权欢乐，幸福和使自己事务不受侵犯。我认为非常重要的是预防儿童精神上的不劳而获。例如：他应该懂得，从别人那里剥夺欢乐是可耻的，把自己的欢乐建立在别人的痛苦之上，这是背叛。培养孩子对初看起来不易察觉的背叛行为表示蔑视和不可容忍是一种非常细致的教育任务。这在实际中怎样做呢？孩子具有把自己的心献给别人的巨大本能。应该教会他同情、体谅和怜悯他人。在家庭生活中，没有比孩子在精神上共同参加人与人之间进行的一切事务更为重要的了。应该向孩子们解释并指出，怎样参加家庭的精神生活，应该激励他们，学会将自己个人的努力与每个成年人的努力结合起来。应该努力争取实现幼儿心灵的任何一个高尚的变化。这个变化有时是很微弱的、不易察觉到的。应该使他深信，帮助人是反映自己对人的态度。

3. 父母给了你生命并为你的幸福而操劳

要爱惜他们的身体，使他们安宁。不要给他们带来痛苦，不要使父母伤心和感到忧愁。

父母给你的一切，都是他们辛勤的劳动和汗水换来的。要学会尊重父母的劳动。对于父母来讲，最大的幸福就是你能正直地生活，热爱劳动，而在学生时代，就是你能刻苦学习。你要给家中带来欢乐，维护家庭的幸福。如果人们认为你是个坏人，这则是你父母最大的痛苦。真正地爱父母，这就意味着给家中带来和睦和安宁。

要珍视家庭的名誉。要知道，你的家庭不是只有父亲和母亲，还有你们这些孩子。你有你的举止，你的行为。应该对所有人诚实，对于父母，哪怕是丝毫谎话（他们是珍视本身名誉的）都会让他们感到很大的不幸。要征得父母的允诺和许可，不要做违背父母意志的事情。儿女要做真正听话的孩子。服从父母的意志是公民教育的第一课，也是对你良心的第一个约束。假如你没有学会服从父母的意志，也没学会把这种服从看作自己真正的自由，那么你就不能成为一个坚强无畏的、不屈不挠的战士，一个严守纪律的劳动者、自己孩子的忠实父亲。

在对待父母的问题上如何具体实现上述要求呢？

我们认为非常重要的是在教育中树立母亲的威信。当然，就和谐的教育来说，团结友爱的父母协同影响孩子是很重要的。父亲和母亲的爱情、友谊和相互支持，对孩子来说，是把他引进复杂的人的关系领域的直观实例。他们了解父母是怎样彼此取长补短、相互充实的。如果父亲对母亲十分友好，那么孩子会认真看待自己的父亲。然而，孩子道德发展的泉源以及根部在于母亲的智慧、情感和内心的激情。人在自己的道德发展中变得如何，取决于他有什么样的母亲，更准确地说，取决于他精神中的爱和意志的和谐。母爱的明智是意志如何支配爱，而真正的人类之爱是充满着对意志的最重要的激励，充满着对人的未来的责任感。

在孩子的精神生活中，若要确立对母亲的崇拜，就要求教育工作者聪明地、智慧地、富有崇高敬意地把母亲神圣的使命讲给孩子听。孩子通过理解而被激起尊敬、热爱和景仰之情。因为孩子的理解，所以在崇拜中渗透着对母亲的无限爱戴。我培养出来的每个年轻人，在他们最敏感、娇嫩和脆弱的童年时代，都会永远牢记《母鹅的故事》。

在春天的一个炎热的日子里，母鹅带着自己的孩子们——一群小黄鹅去散步。它头一次把偌大的世界指给孩子们看。这个世界是光明的、绿色的、令人愉快的，展现在小黄鹅面前的是一大片草地。母鹅开始教孩子们食取细嫩的、香甜的草茎。阳光是暖和的，世界是舒适的、美丽的，许多蜜蜂、甲虫、蝴蝶在放声歌唱。这群小黄鹅感到很幸福。

它们忘记了妈妈并开始在大片绿色的草地上走来走去。当生活幸福愉快、心情平静安宁时，妈妈往往被遗忘。母鹅用焦虑的声音呼喊孩子们，但是它们没有一个听话。突然，天空布满了乌云，下起了大雨。小黄鹅们想：世界已经不是这样舒适、幸福了。这时，每只小鹅都想起了母亲。突然一只只小黄鹅开始找妈妈了，啊，多么需要妈妈呀！它们抬起头都向妈妈跑去。

就在这个时候，大雹子从天上落下来。小黄鹅们好容易跑到母亲身边，母鹅抬起翅膀，遮住孩子的身体。翅膀首先是为了遮住孩子——每个母亲都是知道的，其次才是为了飞翔。翅膀下温暖、安全，小黄鹅们似乎从远处什么地方听到隆隆雷声、风的呼吼和雹子的响声。它们甚至感到愉快，尽管在妈妈的翅膀外面发生着某种可怕的事，但它们处在温暖和舒适之中。它们没有想到翅膀有两面：里面温暖、舒适，而外面寒冷、危险。

后来一切都安静了。小黄鹅们想快快地走向绿色的草地，但是妈妈没有张开翅膀。小黄鹅们像责备似的嘎嘎叫了起来：放开我们，妈妈。是的，它们不是提了请求，而是提了要求。因为，既然孩子们觉得妈妈是坚强有力的靠山，也就不提请求，而提要求。妈妈缓慢地抬起翅膀，小鹅们跑向草地，它们这才见到妈妈的翅膀遍体鳞伤，掉下许多羽毛。母鹅困难地呼吸着。它企图重新展开翅膀，但却做不到了。小黄鹅们看到这一切，然而它们依然是那样愉快、幸福，阳光依然是那样明亮暖和，蜜蜂、甲虫愉快地歌唱，小黄鹅们不想问一问：妈妈，你怎么了？只有一只最瘦小的小黄鹅走到母鹅身边问道："为什么你的翅膀受了伤？"母鹅似乎不愿提起自己的伤痛，轻轻地回答说："一切都好，孩子。"小黄鹅们在草地上散开，母亲感到很幸福。

　　一个公民、一个战士和不屈不挠的人，一个准备为信念捐躯的人是从忠实、慷慨和无私地爱母亲开始的。我认为，假如你所培养的孩子，不是在自己困难的时候，而是在一生的任何一瞬间都需要妈妈，他认为没有妈妈这个世上最珍贵的人，世界对于他仿佛是贫乏的、无生气的，那你才是培养了真正的人。我认为重要的教育任务在于使孩子能够珍惜母亲的心，因为母亲的心中有着无穷无尽的爱。

　　在同教育工作者座谈时，我曾说过，我认为在儿童和少年的交界阶段，非常重要的是让孩子们认识到，母亲的安宁和幸福取决于她的孩子们。母亲的幸福要靠孩子、少年儿童去创造。

　　我们要让孩子们相信：

　　你们心脏的跳动，生活的快乐，对远大理想的憧憬，在创造中所表现出的振奋精神，你们的爱，为人忠诚的幸福，生育一代新人，在生活最艰难的时刻自己具有的百折不挠和无坚不摧的信念，克服困难的能力和自己具有的勇敢精神——这一切都是从母亲那里得来的。母亲不仅仅生你，而且哺育你。假如她只是生你，她就不是一个人类的创造者。母亲生育我们，母亲以自己的民族精神、民族语言和不妥协的顽强性使新生一代充满着高尚精神。母亲创造出你的无可复制的人身和个性——这就是我们称为生育的含义所在。由于母亲，你才能成为人民的一分子。你是人民这根血管中的一滴血，然而你在世界上却是唯一的、独特的。是母亲用自己的乳汁，育成你自己的独特风格。

爱护母亲，意味着对真正的本源表示关切，你从一开始呼吸到生命最终的一瞬间都不能忘了这个本源：你之所以能作为一个人生活着并且被别人作为人看待，只是因为你永远是你母亲的儿子。

教育工作者的任务是在幼小的心灵里建立爱护母亲的感情。这种向道德顶峰的攀登是逐步的，然而是不间断的。应该利用生活中的每一个机会，使孩子认识到什么是母亲。只有依恋的感情是不够的。孩子应该尽早地锻炼思考、理解、推理。对母亲的认识越成熟，孩子的感情就越深切。就像母亲使自己的孩子具有特殊的无可复制的个性那样，教师则使自己所教的学生具有他对待母亲应有的态度。我坚定地相信，母亲——一位具有丰富精神世界的、有文化的、有广泛的社交兴趣的，有自尊心的、对丈夫的爱情始终不渝的、有严格要求和百折不挠精神的、对坏事不妥协和不容忍的母亲，在家庭中应该是道德和精神上的主宰和统治者。旨在培育对待母亲的高尚态度的全部教育工作，是树立父亲威信的基石。上面讲过的意志和爱情的真正和谐，只有在这样的家庭中才能做到：在这样的家庭里，父母能每天展示出自己的人性美而使孩子们感到惊奇的理智和智慧之光；这种光芒是来源于能敏锐地觉察出人的尊严和邪恶所在的聪慧的母亲。孩子们由于这种光芒能亲眼看到高尚的精神美，看到父亲对母亲和家庭的忠诚。对父亲合理约束的精神力量以及使父亲确立对家庭的责任感的精神力量来自母亲的智慧。在一个好的家庭中

（我称它是好家庭），其精神"发祥地"上一定有这样一位母亲，她是聪明的、高尚的、自豪的以及善于爱护自己尊严的。同时，这一切是巧妙、优雅而又悄悄地体现出来的。

这里应该谈谈部分教育工作者和家长深信不疑的一个毫无道理的偏见，即某些人认为父亲的"威严"是某种魔术棒，它是在男性与孩子的接触中起作用的。不能够把母亲（女人）的作用跟父亲（男人）的作用对等起来。有人认为比较强有力的意志作用仿佛来自丈夫，认为这是父亲（男人）的坚强的教育力量；同时认为，比较温柔的、细腻的、善良的作用来自母亲。这种见解实在是奇怪。真正的女人（母亲）确实像刚刚盛开的花朵上的花瓣一样温柔，但她同时又是那样坚强、英勇不屈，对邪恶毫不妥协、毫不留情，像是一把公正的利剑。

同时，不应否定父亲在教育孩子中的特殊作用和特殊地位，不应否定父亲在这个被称为父母精神相互关系的复杂乐队中的作用和地位，因为它是控制、管教年轻一代的唯一力量。父亲——男人的作用是由他的责任心决定的。能够负责任的、能够尽义务的父亲是真正的男人，他的意志可成为能够制约孩子的思想、感情、愿望和热情的一种力量。

丈夫、父亲的天职在于能够防卫并保护自己的妻子和孩子。男人的道德义务和道德责任要求他是妻子和孩子的主要扶养者，因为可能会有这样的情况：在一定时期内，母亲的劳动只是教育孩子。

在这里开始来谈男人、丈夫、父亲的天职。如果我们谈父亲的公民品德，谈他能否善于做孩子的榜样，那么我们认为男人的公民感首先取决于他是否能尽职。对你所生养的人负责，这是你为祖国尽公民义务的起点。对一个真正的男人来说，都是经过家庭，经过对妻子和孩子尽义务，经过对人负责才通向为祖国服务的道路的。只有走这条道路，一个男人（父亲）才能登上热爱祖国、为祖国服务的顶峰。

以上就是我们道德的出发点。我们就是依据这个标准来培养儿童、青少年对父亲的爱和尊敬的。我们这样教导自己的学生：

父亲，对于你是最亲的、最可爱的男人。他的品德的具体表现是：对你的出生、对你的每一步和每一个行为，对你从生到死的整个生活道路负人道的责任。做父亲的崇高天职是：人类的延续，创造新人，世代的继承，用父母塑造的新的个性使个人和人类在道德上得到完善。母亲负责生育和养育，父亲也负责养育，在自己的道德因素跟母亲的道德因素融合起来的条件下，使自己的儿女继续发展自己的事业。

父亲是公民、劳动者，是母亲最亲密的朋友。父亲为祖国服务，他对社会主义祖国、对共产主义理想的信念和忠诚，就是孩子的骄傲。要能做自己父亲的继承者，珍惜他过去和现在为人民所做的贡献，珍惜他把自己的全部心灵和智慧奉献给祖国的物质和精神文明的宝库。

做不辜负自己父亲的人，这是你个人的荣誉。应该不断发扬光大和保护父亲的荣誉和尊严，但不能像对待可赖以生存的资金，或像对待能得到好处和优惠的奖券一样。"你的根通往父亲的荣誉，但你应该有自己的根。"要记住，这是人民智慧最重要的至理名言。如果你没有自己的根，你在父亲的根源上是不能生存的。父亲对社会的功绩发出的光越明亮，你越需要发出自己的光。

你的父亲是祖国的保卫者，他在苏联军队中服过役。如果敌人侵犯我们的国家，你的父亲随时会为消灭敌人而拿起武器。如果燃起战争的火焰，你的父亲将走向战场。他将挺胸保卫你，保卫母亲、祖母、祖父、你的全家以及我们的全体人民。要记住，在保卫社会主义祖国时，千百万父兄牺牲在伟大的卫国战争的前线。做一个勇敢坚定的战士是每一个男人的职责。

在培养孩子对父亲的爱和尊重的感情时，应该具有极大的同情心，要有分寸。有些孩子，甚至连父亲这个词本身都会使他们感到痛苦。下面是我在一堂课里看到的：

"孩子们，现在我们写一个我们最喜爱的词。"女教师对一年级学生们说，"谁想得出这是个什么词？"

孩子们想了一会儿。他们举起手来，孩子们想出来了。

"妈妈——这是我们最喜爱的词。"

他们写下了"妈妈"这个词。

"你们还想写什么词？"女教师在问。

"爸爸。"孩子们说，在他们的脸上显出欢乐的表情。

但蓝眼睛的萨沙却没有露出笑容。大家写了爸爸这个词，而他却没有写。在他的脸上显出痛苦和伤悲……萨沙哭着跑出了教室……

教师应该具有何等的同情心、敏慧的心灵、体贴关心和预见性,以便不刺痛任何一个孩子的心灵呀……

4. 做一个父母亲的好孩子

按乌克兰的民间说法,人有三大不幸;死亡、衰老和孩子学坏。衰老是不可避免的,死亡是必然的,这些不幸是无法阻止的。但是孩子变坏却像火灾一样可以预防。这不仅靠你的父母,而且靠你们自己——孩子们。

做一个好儿子、好女儿意味着什么呢?意味着给家庭带来的是和睦与安宁,欢乐与幸福,而不是担忧、不愉快、屈辱和羞耻。不要因你的可耻行为而使年迈的父母悲伤。关心家庭的和睦与安宁,关注父母的欢乐与幸福应该成为你生活的最大愿望,这个愿望要像舵一样左右其他所有的愿望。你对任何一个愿望都要用理智、思想和意识检查一番:这个愿望在我父母的精神上会有什么反应?这个愿望会使他们得到或失去什么?

你会常常听到这样的话:为人们而生活。你要想一想这句话的含义。为人们而生活就意味着做父母的好儿子、好女儿。要学会为人们而生活。这种能力是从自古以来的智慧、人民的道德和世代的经验等精华中获得的。要善于学习、汲取这些精华。

孩子好,晚年安宁;孩子不好,则像乌克兰民间哲理所说的,晚年转入地狱。

做一个好儿子,好女儿,这是儿女无论在童年、少年、青年、老年任何时期都应做到的。人到临终仍应是孩子。他

242

对自己的孩子尽责任越多，他作为孩子的义务感就越强——即使他的父母已经不在人世。要记住，不管现在还是将来，世上总有比你年长的人，可能不是年龄上，而是在道德、品格等方面。

要善于觉察父母精神上最细微的变化。他们生病是你的痛苦。他们蒙受的耻辱不仅是你的耻辱，而且对你来说，只有雪耻才能摆脱不幸。如果家庭中有痛苦、不幸和不愉快，那么你对家庭安宁所负的责任就会增长许多倍，只有用顽强的劳动才能减轻你父母的痛苦。你的这种劳动是人类最繁难的事，因为它是精神的劳动。母亲和父亲的不幸、痛苦和苦恼常常需要你想办法予以克服。要善于思考，学会在思想感情上做一个善良的人。

要爱护父母的身体。你要记住，父母过早的衰老和生病不是由于劳累，而是由于内心焦急、心情烦恼和承受委屈。儿女的忘恩负义，儿女对父母的身体、劳动、生活和行动漠不关心，这些时常会伤害父母的心。

这是一个涉及青年一代相互关系的重要的道德教导。我坚信，公民义务的第一课，应从孩子能思维时开始：孩子要思考母亲和父亲对我的行为举动说了些什么，想了些什么，发展对父母的感情、感受和思想。总之，在对父母的精神世界应有的敏锐感受中，我认识到一个特别重要的教育任务。为了从道德上训诫孩子，为了用父亲的"尊严"吓唬孩子，为了警告危险，通知父母到学校来这些方式应尽量地少采用，而尽量多地创造孩子们和家长进行精神上的交流的机会，这种交流会给父母亲带来愉快，这是我们在一方面培养父亲和母亲间的奇妙关系，另一方面培养父母和子女间的微妙关系过程中必须坚持的原则。我们认为一个重要的问题是使孩子在父母面前要有良心（不过，父母在孩子面前也应该有良心——这是另外的问题），使他从小认识到，给父母带来幸福、愉快、美满的精神生活，是孩子最大的快乐。要培养孩子有这种认识：他给父母亲带来快乐，也就是给家中带来快乐。如果可能的话，孩子在低年级时就要坚持进行这方面的教育。我们从孩子和家长相互关系的观点来观察孩子在头脑、心灵，在笔记本和日记本中所表达的一切。完全不能容忍孩子给父母亲带来不愉快，这也是错误的教育。我们清楚地注意到，在这个时期，也就是在低年级时期，不会出现使母亲变得寒心的坏孩子，而孩子自己也还没有失去做好孩子的愿望。孩子和父母之间的相互关系应该是建立在孩子成为好孩子的愿望上，建立在孩子给家庭带来愉快的愿望上。

我们常常请父母到学校来。邀请他们来参加妇女节和五一劳动节的庆祝活动，参加图书节和创作节。在这里——我们的意图是——父母可以看到自己孩子的智慧、能力和爱好。每个母亲、每个父亲都满怀着希望到这里来，希望今天儿子、女儿的成绩能使自己高兴。虽然这些愿望并不总是正确的，但是对于父母来说，没有不可实现的愿望。没有这一点，就不可能对孩子进行正当的教育。绝大多数的学校忽视了激励学生好好学习，争取做一个好人，却希望孩子给家庭带来欢乐、幸福、和平和宁静，这令我感到惊讶和不可理解。这个愿望是最微妙的，同时又是联系学校和家庭的最可靠的纽带。如果没有这条纽带，或这条纽带断了，那么家长的教育就会成为一句空话，学校对家庭的帮助就不能得到任何良好的结果。只有在儿女给家庭带来愉快的条件下，学校和家庭的通力协作才有可能实现。当然，这里所谈的是在互爱、互助、忠实的、牢固的基础上建立起来的健康的家庭，使家庭每个成员都参与创造共同的幸福。

我了解的十个家庭，由于儿女给家庭带来欢乐、和平和宁静，使父母之间的深深裂痕消失了。人类精神的实质就在于母亲和父亲在自己儿女的幸福中看到自己共同的创造。这种幸福越深，就越加强父母亲精神上的同一性和相互间的忠诚。在巩固家庭的任务中，学校的工作是细腻的，孩子应该从学校中给家里带来愉快的事情。我从来不赞成可能出现的反对意见，比如，也许有人会说如果孩子学习得不好，那怎么办？你又从哪儿给孩子找到快乐呢？但是问题在于任何一个孩子都不应该感觉和意识到：我是一个倒霉的人，什么好事也不会到我头上，我不会成为有出息的人……。假如孩子头脑中产生这些想法，那就意味着孩子不再是您的学生，他的家庭（他的父母亲）也失去了应有的教育作用。教育工作者的人道主义在于使最差的学生能享受到成功的欢乐，只有在这样的条件下，他才是您的学生；同时在家庭中，孩子最微小的欢乐，就是使父母认识统一、家庭和谐的伟大精神动力。如果儿女从学校给父母带来欢乐，父母更能够帮助你们进行工作，这样比你们专门通知父母去学校以迫使孩子成为好孩子的办法要好得多。在实际生活中，可以强迫孩子做某种事情，然而迫使他"做个好孩子"是不可能的。孩子的坚强意志是力图达到目的的最重要的动机，这是事物发展的必然，是心灵永不会变成冷酷的必要条件。我教导自己的学生：

你不好的言辞将变成你母亲脆弱心灵上的伤痕。母亲经受着一切：委屈、痛苦、不幸……然而每一次创伤总要留下痕迹，你要记住这一点。

在课余时间青年学生们举行的毕业晚会上，我给他们讲一个百灵鸟飞出小窗的故事。

母亲有 7 个儿子，最大的 10 岁，最小的 3 岁。

母亲用面团做百灵鸟，给每个儿子做了一只，还给自己做了一只。

母亲把百灵鸟从烤炉里拿了出来，放在桌子上，儿子们在旁边坐下，他们一直盯着香喷喷的小鸟，又不时地看着母亲的眼睛，等待着，母亲好不容易露出微笑，点点头：不错，还可以。啊，他们知道，这个微笑和点头是令人多么舒畅啊！

烤得焦黄的百灵鸟站在桌子上，向小窗外面看着，仿佛要一齐飞出去。

"孩子们，到外面去，散一会儿步，让百灵鸟凉凉，今天炉子非常热。"妈妈说。

6 个儿子到外面去了，而最小的孩子米金奇科却留下来了。百灵鸟散发出诱人的香味，米金奇科克制不住了，他坐到桌子旁边，胆怯地把手伸向百灵鸟。他拿到了烫热的百灵鸟，送到嘴边，吃起来，呀，原来不是百灵鸟。米金奇科吃完了，有些害怕了，跑出门外，同哥哥们玩起来。

母亲呼唤儿子们，7个弟兄走过来，坐在桌子旁边。母亲开始分配百灵鸟。7个孩子每人分得一只，而妈妈的那只却没有了。

"您的百灵鸟在哪儿？"母亲的第一个助手——老大问。

"我的百灵鸟飞出小窗了！"母亲回答，叹了口气，把胳膊支在桌子上，思考着。

米金奇科流下了眼泪。他开始怜悯妈妈，准备把热乎乎的、焦黄的、香喷喷的百灵鸟送给妈妈，遗憾的是，当妈妈说百灵鸟已飞出了小窗这句话的时候，他快吃完最后的一口百灵鸟，只留下很小的一块了。过了一会儿，米金奇科还是吃下了这最后的一小块。但是他感到这样的痛苦，这样的伤心，他既不能站起来说一句话，也不能抬起眼睛。兄弟们又到外面去玩了，他们在阳光照耀下的草地上追逐着，嬉戏着，而米金奇科仍然坐在那里，他的良心受到了谴责。

这一瞬间发生的事使他终生难忘。

但愿你们每一个人、未来的母亲和父亲都能记住这一瞬间，尤其是曾吃过"飞出小窗的百灵鸟"的人，那时你们的妈妈轻轻地叹着气，不惊扰你们地谈及此事，以便使你们了解其中真正的含义。让这瞬间的思想在你们的道路上一直燃烧着明亮的火焰，警告你们勿冷淡无情，提醒你们必须记住：要小心，在世界上我唯有一个母亲，一个父亲。

如果在青年男女们离校的庄严时刻，你善于向他们讲这些，并讲得清晰、寓意深远，这将是很好的临别赠言和深刻的教益。要记住，你的学生不都是未来的工程师、医生、学者和艺术工作者，但却都要做父亲和母亲，丈夫和妻子。

5. 老年不可能是幸福的，只可能是宁静或是多难的

当人们尊重老年人时，老年人的生活就会变得安宁。健忘和孤独会使老年人不幸。不要让自己的祖父、祖母、父母亲变成不幸的人。要记住，你也是会变老的。仔细照料祖父和祖母，再过几十年你也会变成这样。爱护祖父和祖母的健康，他们已到晚年，比起你来，他们活的时间不长了。

祖父和祖母在家里应处于受尊敬的地位。如果决定任何重要的事情，第一个发言权要属于祖父和祖母。不要羞于与祖父、祖母分享快乐和分担痛苦。他们善于用生活的智慧领悟人类的欢乐，这种欢乐会使你变得倍加幸福。他们善于坚信人的精神力量。你向他们征询意见，这意见本身对他们就是莫大的快乐。

如果祖父和祖母不住在你家里，你就给他们写信，在人的老年，特别可贵的是人们没有忘记他。在节日要向祖父和祖母表示祝贺。被忘记是一种不幸；到老年，被忘记是加倍的不幸。老年人觉得周围人对他冷酷无情，他认为，人们之所以忘记他，是因为人们知道他的日子不多了。要注意倾听祖父和祖母的教导，他们有这个权利。假如你能非常尊重老人的智慧，那么在生活中你就不会由于无知、过于自信和不谨慎而做出蠢事。

如果祖父和祖母去世后留下他们珍贵的遗物，要虔诚地爱惜它们，并把它们传给自己的孩子和孙子。一代代地纪念，这就是人类历史的传承。

　　我提醒年轻的家长和未来的家长，在子女的道德形成中，最年轻一代和最年老一代之间的精神联系具有重大意义。如果这种联系不断发展和加强，家长就无需为自己的孩子担忧。这个联系的实质应该是年老一代唤起孩子生活的乐趣和人对人应负责的思想。智慧和善良的老人更加热爱孩子，这种感情的每一次流露都会唤起孩子对老人的爱，唤起孩子对老人健康和幸福的关怀和担忧。年轻家长的任务是珍惜这种对老人的智慧的爱，就像珍惜非常精致的和易碎的东西一样。祖父或祖母给孙子做的好事应该作为珍品终生留作纪念。我知道一个家庭，他们把祖父的钢笔保存了30年。他用这支钢笔纠正自己孙子和曾孙作业中的错误，由于祖父的帮助，孙子和曾孙都成了优秀的数学家。

　　祖父和祖母对孙子的体贴和关心应表现在某一具体事情上，家长和教师应该学习这一点。我知道有这样的情况：家长的不关心使孩子特别伤心，这给他的心灵留下深深的痕迹。

　　应该教育儿童时常关注那些使老年人伤心的、复杂的人际关系。

　　"孩子们，想一想，如果你们在节日前夕没去看望奶奶，她会有什么感受呢？"我们这样教育自己的学生。如果你们去看望她，那么，尽量不在老年人的心灵中留下痛苦的回忆（这种情况是有的），儿童和老年人的精神联系仿佛是内心的流露，仿佛是培养他们对人赖以生存的事物的敏感性。

　　我们的教学人员很关心孩子和老年一代的相互关系，它渗透着热情、诚恳，包括每个人不同的精神世界；但是无论如何不能用经常搞运动或采取什么"措施"的办法来做这项工作。对于这种做法要畏之如火。对老年人的关心应当表现在一言一行上，不要把接见所敬爱的人的工作变成戏剧性的，使其徒具形式。对快到老年的人，在态度上应该亲切。孩子成为什么样的公民在很大程度上取决于他对老年人的态度。

6. 在宅旁的园地里栽种母亲的苹果树，父亲的苹果树，奶奶、爷爷、兄弟和姐妹的苹果树

这些树的第一批果实要送给母亲、父亲、奶奶和爷爷。给了他们——你就得到了精神上的收获，若把它藏起来——你就永远失去了精神上的收获（肖泰·卢斯塔维里诗中的话）。如果你住在大城市里，那么可以在房间里，在母亲和父亲、祖父和祖母的花园里培植苹果树。最主要的目的是把自己的善良情感灌注到别人的身上，贯注到劳动中去。如果你住在农村，你就为孤独的、生活困难的人种上苹果树。苹果熟了，就把它送给那些孤身生活的人。你给别人带来快乐时，你的道德情操会不断提高。

你永远是母亲的孩子，即使到了 60 岁，甚至 70 岁，对母亲来说，你仍是孩子。你向母亲征询意见，把自己的快乐和悲伤带给她。你加入了少先队，成为共青团员，得到了公民证，这些都给父亲和母亲带来了欢乐。你第一次挣的工资，要给母亲、祖母买礼物。这件礼物是你用来表示感谢的。要主动向父母承诺，并努力履行诺言，这是你的荣誉和尊严的表现。强迫自己做那些有必要做的事，这是应该的。处理好与父母的关系，这是有助于你培养荣誉和尊严感的第一堂课。

我们的崇高目的是培养忠实于社会主义祖国的、对共产主义思想忠贞不渝的好儿女，他们时刻准备为我们祖国、为劳动人民、为共产主义贡献自己的生命。忠实于崇高的理想，是个人的道德发展的顶点。这种高尚的情感始于对人的热爱和忠诚，忠诚于那些使自由的人民得以生存、幸福并拥有物质和精神财富的人。忠诚是儿童之间及儿童与成人之间共同活动和相互信任的产物，尤其是对与他们血脉相连的母亲、父亲、兄弟和姐妹的忠诚。个人的思想、信念和原则性，以及对共产主义事业的坚定不移，这是孩子对别人的信任，首先是对家长信任的最微妙的根源。原则性要从孩子小时候开始培养，这是我们教育的一个主要基础。青年一代从老一代手中接过革命的旗帜，他们的坚定性，以及准备为革命而献身的精神，取决于童年时代父母、长辈以及忠实朋友们所给予的富有智慧的、强有力的影响。这种关系，应该在家庭孩子和父母之间，年幼者和年长者之间形成，这首先是信念的教育。如果孩子在童年时代学会做一个忠诚的人，那么对我们社会的思想和理想的信念就能灌输到少年的心灵中。

我们理想的教育是使信仰和忠诚成为孩子最本质的一部分，成为他生活的目的，使他在忠实于父母，忠实于哥哥姐姐的过程中领会到生活的快乐。还在童年和少年时代，孩子就应该有生活目标，在这个时期生活的最宝贵的目的已经变成照耀自己心灵的光亮。这有助于认识自己。然而所有这一切只有在他具有某种宝贵的东西时才会变成现实。这些宝贵的东西是：敬爱的人，高尚的情感，美好的愿望。对思想、理想、信念的信仰与对人的信任是密不可分的。要使儿童特别是少年成为对信仰毫不动摇的人是多么重要。对真理、信念和个人尊严能特别重视，这种能力取决于对人的信赖。

推崇真理的能力是点燃信仰的火花。当孩子在少年时，教他们学会珍惜真正的价值，真正信赖周围的人，是十分重要的。据我了解，在一些家庭中，孩子像相信许多人一样相信父亲、母亲、哥哥和爷爷，这些人和孩子们的精神上的一致成为强大的教育力量，这种力量是强有力的抗毒素，它们能帮助孩子自觉地抵制生活道路上遇到的诸如说谎、伪善等恶行。还有一些家庭，孩子在少年时就没有遇到过值得信任的人，他们是在缺乏信任的环境中度过的。在伟大的理想和原则面前，孩子的心灵和理性被扼杀了，他们精神空虚，道德无知。

一个人，若不通过形象和理想标准来认识真理，那么这个人就不可能成为有信仰和坚持原则的人，这是因为他对他应该敬爱的人的态度还没有真正确定下来。

如果父亲、母亲伤害了孩子的信任和真诚，那么在孩子幼小的心灵上就会产生消沉情绪。他会认为，世界上本来就没有真理。如果孩子的精神生活中发生了这样的悲剧（实际上这是个悲剧），那么我们必须帮助他，以预防不幸的发生。

要认识自己

我亲爱的青年朋友：

收到你们充满激情的信，我非常高兴。

你们提出许多那样富有深义的问题，以至于我产生了一个念头，就是不能用私人信件来回答你，相信许多和你同龄的人都会给自己提出这样的一些问题。

"我已经 15 岁了，到 9 月就 16 岁了。学习还不错：成绩是五分和四分。但是不久前我读了一本有关一个学者生平的书，我开始为自己感到害羞：实际上我是一个缺乏主动性的人，我做到的只是别人强迫我做的事。别人要求我学课文《从那里到这里》，我就学；要求我读一遍，我就读。自我教育是什么呢？如果能学会教育自己，我想掌握两种语言——阿尔明斯克语和格鲁吉亚语，我能做得到吗？如果说自我教育与智力劳动无关，而只是与锻炼性格有关，那又该从什么开始做起呢？"

你们信件提出的问题触及了教育工作者最微妙的，也可以说是难以理解的范围。

什么是自我教育？它的实质是什么？我试图用永远留在我记忆中的故事来阐明这个问题。

菲利浦老爷爷已经 92 岁了。村子里没人记得菲利浦老爷爷哪一天不劳动。集体农庄有绿色的草地，人们称这块草地为菲利浦田。这里过去曾经是一块闲地，老爷爷长年劳动，拔去杂草，补播了草地的草。

多年来，我们和老爷爷友好相处，临终前，他请求我们去看望他。

"一生中我力求认识自己，"在那次见面时，老爷爷告诉我，"但我不知道怎样做到这一点。假如有上帝的话，我请求他现在满足我唯一的希望：我想看到自己的安葬，想看到人们将怎样理解我……"

他在弥留之际讲的这些话不能不引起震动，引发了哲学家、心理学家和教育家的思考。菲利浦老爷爷发现并表达出来的这句话，正是我多年来所思考的问题。人生的智慧确实包含着认识自己，尤其是正确地认识自己。

在这儿顺便说说自我教育。这是许多情感强烈的、职责和纪律相关联且又互相交织的人的思想的一个微妙的焦点，是对自己和良心的要求，是生存的乐趣，对坏事毫不妥协，是一种自己的尊严和真正人类的伟大的感情。

想到自我教育，我痛心地得出结论，在许多学校的教育教学工作中，把一个重要的真理置于脑后：我们教育工作者至少应该是人们童年、少年和青年早期阶段的精神生活的指导者、感召者，爱的保护者和创造者。在这个学习，个性的产生、形成和发展的复杂过程中，精神生活具有首要的和决定性的意义。精神生活的意志就像是磨坊中急湍的水流。精神教育首先是控制自己的能力。

这种控制自己的能力的最微妙的根源和最小的支流在哪儿呢？它们在于不屈不挠、顽强的意志力，善于克服困难，在于人能强迫自己做更复杂的事。精神的劳动，内心的活动，这是塑造一个坚强的不屈不挠的人的强大力量。这种劳动应从孩子早期童年，即刚会迈步的时候就开始。

如果给予孩子的一切都是现成的，如果他是被迫才去努力做，他的精神劳动是由别人完成的，那么他无论何时都不可能理解高尚是什么，不会获得真正的快乐。

不久前，我认识了一个 10 岁的女孩吉娜。爸爸和妈妈送她去少先队夏令营。在夏令营里，吉娜非常寂寞。孩子们骑自行车去玩，吉娜坐在树下的长凳上。自行车——新玩意儿呀！但吉娜家中有两辆自行车！在家里她还可以骑马、骑小毛驴，坐汽车玩。

以后我又曾看见吉娜和妈妈在一起。妈妈和吉娜坐在木制的凉棚下，和他们并排坐着的还有一个女孩。下雨了，女孩突然看见院子的长凳上有个洋娃娃被雨淋湿了，便跑去救了它。女孩浑身都淋湿了，但是却很高兴，她把洋娃娃紧紧按在胸口上……。我注意到吉娜非常惊讶地看着她。她知道这个女孩有一个漂亮的新洋娃娃，是不久前她妈妈带来的，为什么她要冒着倾盆大雨去救这个破布做的洋娃娃呢？

如果童年的快乐都是现成的，那么心灵上的懒惰就这样产生了。它产生了最可怕的东西，就是使人忘记思考。心灵上的懒惰产生思想上的懒惰。

多年的经验使我得出一个结论，我认为这是一条最重要的教育规律：培养小孩子成为心灵上具有闪光点的人，这种闪光点是花很大代价得来的，是努力得来的，是克服许多困难获得的。

　　学校教育的第一步，实际上，就是对学生自我教育的启迪。

　　在教室向阳的一面有 30 个小匣。每个一年级小学生都需要在小匣里装满土，培育穗状植物。这种劳动是不需要很大体力的，它好像游戏一样，然而它要求精神高度集中。儿童就在这种劳动中开始认识自己。别人种的已经出现了娇嫩的绿芽，而我的没有长好，为什么呢？应该及时地浇灌，经常松土，使细枝分蘖；秋季，一撮撮分蘖的小麦应该移植到田里去；冬天，覆盖住小麦……。这样，幼小的孩子学会操心，他就不会做个漠不关心的人了——他也不可能不认识自己，因为别人都在看着他。

　　我年轻的朋友，这就是自我教育：它在于能使人愉快、忧伤，感受那无可与之比拟的高兴的瞬间，当事情完成后，我可以自豪地说：这是我做的。

　　谁于早期童年时代能够在自己的劳动中认识自己（如同照镜子一样），谁就能真正获得人的高尚品质——希望做个完善的人，值得尊敬的人。一个人若没有敏锐、高度成熟的自我认识能力，那就根本谈不上自我教育。

　　自我教育的实质在于善于强迫自己。这种能力把自己最纤细的根伸到人的自豪感之中：这是我的劳动成果，在这里，我知道什么是汗水和老茧，我就成了胜利者。没有理解什么是困难、自豪，那是不可思议的。如果试图对教育的真正哲理下定义的话，按我的看法，即人在自己的劳动中创造自己并理解劳动的美。人，当他八九岁时就把一平方米贫瘠的土地变成肥沃的黑土；他看到自己的劳动成果时不仅感到自豪，而且感到惊奇：难道这就是我做的？是的，我的朋友，面对自己勤劳的双手和智慧所感到的惊讶心情是自我教育的一种强大的促进因素。它给予少年不断向上的精神力量，如果需要的话，会一直劳动到拂晓，会从温暖、舒适的家里走向严寒，走向大雨和暴风雪。

我认为：自我教育的一个很重要的方面在于使人在少年和刚一进入青年时代就尽可能多地接触劳动，以便使他的良心成为他唯一的动机和主宰。恰恰是当谁也不来检查，你对谁也不报告的情况下，你能成为一个坚强的、勇敢的人，可以说这就是自我教育课的成果。

在学校里，说得最多的一句话是"应该"。每天，教师像口头禅一样说"你应该，你们应该"。然而却不经常说或者思索一下"我应该"。这正是在于你们，我的青年朋友们，你们感觉并认为自己是应尽职责的人（这是俄语中美好的词），这包括自我教育的道德含义。"应该"的情感和感受，以及意识到自己的责任的能力，只有那种在自己的体验中面对经过创造锻炼的双手、思想和意志感到惊讶的人才能获得。

依我的看法，我们的教育制度不应该有处罚少年儿童的现象。遗憾的是在学校和家庭实践中，处罚就像他们的自身存在一样随处可见。处罚并不能促进自我教育。孩子认为处罚是来自别人的报复和惩治，会在他的心里留下消极的思想。人类教育的真正含义就是使你们，我的青年朋友，不但用眼睛，而且用心灵看世界（如果你们的心灵没有去看世界，那么你们的眼睛也不会看到什么）。教育自己，实质就是能够感到良心的谴责。教育者的天职恐怕最复杂、最痛苦、最高兴、最幸福的就是教会孩子正确面对自己的良心。教育的奥妙之处和哲理性正是在于要能教会人处罚自己。在教育家的这个哲理中，这是人对人最有力的制约。

8岁的尤利克拿着弹弓来到学校。距离上课时间尚早。男孩坐在丁香树下，开始找麻雀。小麻雀吱吱叫着，从这个树枝飞到那个树枝上。突然，麻雀们飞走了，只留下一只，尤利克瞄准了它。他没想打死那只麻雀，但当那只麻雀掉下来时，男孩开始感到害怕。在那一瞬间，他感到好像谁轻轻地碰了碰他的肩膀，是他的老师。

老师拨开树枝，尤利克看到粗大的老树枝上有个麻雀窝，一窝雏雀看着他。它们伸着嘴，悲戚地、软弱无力地叫着。"它们没有妈妈了。"老师大声地说，仿佛陷入沉思。"现在谁也无法救它们……"

夜里，尤利克几乎无法入睡。他的眼前总是浮现出小麻雀悲哀地伸着嘴的样子……

现在尤利克30岁了。几天前他对老师讲："假如您当时严厉地处罚我，假如当时把我父亲叫到学校来……我这么多年来就不会为那时打麻雀感到内疚。您让我做了自己的评判者。弹弓射击后，我仿佛感到世界上的鸟叫声少了……"

准备考试的时候，歌利亚写了五个小抄。

歌利亚坐在课桌旁，一抬头，他与老师四目相对。这恰恰发生在老师察觉到歌利亚伸出两个指头从大衣袖子里抽小抄的一刹那间。老师若无其事地移开了目光，歌利亚羞得满脸通红。接着，老师从桌子旁站起来，走到窗前。歌利亚呆了——两个指头停滞在大衣袖里……

他很难抑制忐忑不安的心情，准备回答考题。老师从教室走出去，当歌利亚回答完他才进来。

歌利亚再也没写过小抄。他说永远不会忘记老师在走向窗前时那一刹那的目光……

现在我试图回答我经常思考的问题，这些问题使你们激动（就像我想用这些问题使每个教师激动一样）：是什么让自己做自己最严厉的评判者？是良心，它是行为和理智的捍卫者。

你们想想看，音乐家举起没有调好音律的小提琴就奏起来，很明显，他不可能演奏好（极少有懂行的音乐家不调好乐器就开始试验演奏的）。可是在学校里常出现类似的奇怪现象：许多教师试图培养无教养的孩子。教育首先是磨炼一种使人成为有教养的人的能力。受教育者对教育者的讲话的微小差异都能敏锐地察觉，如对教育者的目光、姿态、微笑、叹息和沉默都能辨认深层的含义……。为什么我向你们讲的尤利克和歌利亚能表现出控制自己感情的能力？为什么教师找到了能使每个人自我认识，自我反思的光亮？在学校里，教师把每个学生的精神力量集中在意识并感觉到自己是同其他人在一起，是集体中的一员。

我们教孩子们体会人的情感，诸如在他们的目光里，在各种各样的声调中所表现出的高兴、痛苦、委屈、疑惑、不安、羞愧等感情；在有各种表情的目光和声调中包含着：人应如何看才能看得见，以及怎么看就什么也看不见；应说什么不应说什么；怎样走，怎样站立；怎样做就能使人高兴和怎样做会给人带来痛苦。我们认为，学会感情的语言，其重要性并不低于掌握自然和社会科学的原理。我们把人之间的诚挚情感教给学生，把这称为用自己的心灵去体会别人的喜、怒、哀、乐之情的能力。我再重复一次：受教育者逐渐成为那种不仅用双眼而且用心灵去看世界的人，假如心灵视而不见，听而不闻，漠不关心，那么他的眼睛再好也是什么也看不到的。无礼、无知的激动易产生冷漠无情、无恻隐之心，这种人在人们中间会感到自己像在荒漠里一样。这些，我要记忆终生。

一年级学生谢廖沙因病三个星期没有到学校里来了。他很想念老师和同学们。男孩怀着激动的心情来到学校，却遇到孩子们冷漠的目光，他的邻桌问道："你今天完成作业了吗？"谢廖沙低声说着"完成了"，并哭了起来。

无教养的人对微妙的（实际上是我们唯一的工具）语言，置若罔闻。

还有一个特别重要的条件，它可以决定对自己行为的评判。同少年们应该说的那些正是我现在同你谈的，我 15 岁的朋友。人，只有当他了解自己时，才能教育自己。

顺致

敬意

B. A. 苏霍姆林斯基
寄自基洛夫格勒地区帕夫雷什

给儿子的信

亲爱的儿子：

你好！

瞧！你也像小鸟一样终于飞出了巢穴，住在大城市，在大学里念书，大概自己觉得已经是一个自主的人了。我根据自己的经验可以肯定，此时此刻的你，正在被急剧变化的新生活的浪花所吸引，是不怎么想家的，不怎么想念我和你的妈妈，而且大概也不会感到寂寞。这种思念亲人的心情，恐怕要在稍晚一些时候，当你逐渐对生活有了一些认识之后才会产生。

这是我写给远离家乡的儿子的第一封信，希望你终生留在身边，把它保存下来，反复地阅读，认真地思考。我和你妈妈都知道，现在的年轻人对父母的教导总有点不以为然。他们往往会说，你们这些老家伙看不见，也不理解我们年轻人所看见和理解的东西。也许事情果真如此……，也许你看了这封信以后，顺手就把它扔得远远的，以便远离爸妈的那些喋喋不休的说教。那有什么办法？你尽管扔好了。但我只要求你记住，不管扔到什么地方去，总有一天，你会想起这些教诲的。到那时候，你就会发现爸爸的话是正确的。这时你就会再次感到有必要重读一下这封已经被你遗忘的信。你把它找回来并且从头到尾再读上一遍。因此，我劝你把这封信保存一辈子。

261

　　我父亲给我的第一封信，我也是一直保存着的。我离开父亲那年只有 15 岁，到克列明楚格师范学院去上学。那是艰苦的 1934 年，我还依稀记得我母亲送我去参加入学考试时的情景。她用一个旧的但很干净的包袱皮包上从箱子底找出来的新的粗麻布，再带上一个干粮袋，里边装着几块饼和两瓶炒豆……

　　我考得很不错。那时候中学应届毕业生人数不多，所以也允许大学招一些七年制毕业生。于是我的学习生涯便开始了。难啊！当一个人的肚皮还填不饱的时候，还要学习知识，那真是很难啊！但是，没有过多久，新粮打下来了。母亲送给我用新收下来的黑麦面烤好的第一个圆面包，我永远也忘不了那一天。那是由一位叫马特维的老爷爷转交给我的，他是农村供销社的马车夫，每个礼拜都要进城一次去载运货物。圆面包放在一个干净的麻布口袋里，软绵绵、香喷喷的，外面还有一层松脆的面包皮。面包的旁边放着一封父亲的信，这就是父亲写给我的第一封信。我把它作为第一个座右铭，一直保存在身边。信中写道："我的儿子，你不要忘了面包这个最起码的生活物资。我是不信上帝的，但是，我说面包是神圣的。让它在你的一生中也永远是神圣的吧！不要忘了，你是什么人，是从哪儿来的。要知道，弄到这几片面包是多么的不容易。要记住，你爷爷——我的父亲奥梅里柯·苏霍姆林，是一个农奴。他是在手扶着犁的情况下死在庄稼地里的。永远也不要忘本。不要忘了，当你此时此刻学习的时候，有人正在劳动，正在为你提供生活物资。即使你将来学成以后当上了老师，也不要忘记这个面包。这是通过人类的劳动才能获得的。这是未来的希望，而且永远是衡量你和你的子女们的良心的一个尺度。"

这就是父亲在给我的第一封信里写的话。是的，信中另外还附上几句话，说家里领到了按劳动日分配的黑麦和小麦，以后每周都会请马特维老爷爷给我捎来面包。

我的儿子，为什么我要给你写这些事呢？不要忘了，我们的根本是劳动人民，是土地，是神圣的粮食。那些用自己的哪怕是一闪念，一句话和一个行动对粮食和土地，对哺育我们的人民表示轻蔑的人，都应该受到谴责⋯⋯

我们的语言中有成千上万个词，但是应当放在第一位的，我认为是三个词：粮食、劳动、人民。这是我们国家赖以生存的三根支柱，是我们这个制度的本质所在。这几根支柱如此牢固地结合在一起，既不能把它们割断，也不能使它们分开。如果有人不懂得粮食和人民的意义，他也就不能再当人民的儿子。谁要是丧失人民的优秀精神品质，谁就会成为脱离集体的人，成为不值得尊重的、没有个性的人。谁要是忘记劳动、汗水和疲劳是什么，他也就不会知道珍惜粮食。如果有人败坏这三大根基中的任何一个，他就再不能成为真正的人，他的内心就会被腐蚀。

我是不相信那种我想把它叫作"巧克力糖式"的共产主义的。说什么一切物质财富极为丰富，所有的人都能得到充分的供应，似乎只要一挥手就什么都有了，任何东西都可轻而易举地得到。你想要这个吗？它已经摆在你的桌子上了，一切都随心所欲。假如一切真是这个样子，那么人将变成什么样子，也许会变成活腻的动物吧。幸亏这种情况是不会发生的。不紧张，不努力，不想吃苦受累，不经过一番焦急和不安，人们终将是一事无成的。

即使到了共产主义，也得把手磨出茧子，也得有不眠之夜。而最主要的，人们将永远赖以生存的是他的智慧、良心和尊严。人们将永远依靠自己的辛勤劳动获取食物。田野将永远是一片繁忙景象，人们细心地照料那些家畜和娇嫩的麦苗，让土地产出越来越多的粮食。人们的这种愿望是永无止境的，人类生存的根本就永远建立在这个基础上。

对这个根本，每个人都要加以珍惜。你来信说，很快将要派你们到农庄去参加劳动，这是很好的。听到这个消息，我非常高兴。你要好好劳动，不要有负于你自己，也不要辜负父母和同志们。干活的时候不要挑肥拣瘦，你要选择那些直接在大田里、在庄稼地里干的活儿。铁锹也是一种工具，是可以用来大显身手的。

"看看麦穗，就可以了解种麦子的那个人。"乌克兰的这句民间谚语，你大概是熟悉的。每个人都为自己能给人们做点事情而感到自豪。每个诚实的人都想在自己培育出的麦穗上留下自己的一点心血。我在这个世界上已经活了差不多50年，我深深地相信，当一个人在田地里干活的时候，这种愿望是表现得最明显不过了。

每个人都有许多表现自己的机会。当人们问一个人：他是谁？一般得到这样的回答：车工、钳工、泥水匠、工程师、教师、医生……，这样回答是不完全的。人，有千万面，比如磨工——教育工作者能巧妙地触及他的某一面，每面都能迸发出火花，燃烧出美丽的光。教育工作的万分复杂性、困难以及教育者的欢乐，按我的看法，在于它能使每个人找到他的每一面。

儿子，我给你讲一个故事：

大清早，太阳还未升起，一个人往衣袋里装了几块蜜饼就下地了。他在田里走来走去，观看小麦的长势。他摘下一根麦穗，剥下麦粒，放进嘴里咀嚼起来，面浮笑容。他把麦穗放进衣袋。于是麦穗和蜜饼在衣袋里相会了。

"你是谁？"蜜饼问道。

"我是麦穗。"

"哟，全身带刺。你为什么要生存？你有什么用处？"麦穗微微一笑，把胡子——麦芒一撅，回答说：

"没有我就不会有面包和面包干，也不会有你这个蜜饼。"

蜜饼惊讶万分。它用尊敬的目光看了麦穗一眼，急忙给麦穗让了位置。

"这就是说，一切都取决于你。可是你取决于谁呢？"蜜饼问道。

"劳动，"麦穗回答，"劳动创造一切。可是，劳动掌握在人的手里。劳动和人——这是最重要的东西。"

这个故事是个四年级小学生创编的。为了提升学生的创作高度，教师需要长年累月地把自己的感情、思想、信念——自己的心血灌注到儿童的心灵里。

劳动和人，人和劳动，这是所有真理的根基。在年轻一代的教育中，有一个特别重要的问题，那就是如何让真理进入人的精神世界，以及我们培育的人如何进入真理世界。在小学、中学和大学阶段，人们大概上千次地听到过诸如此类的话：要为人民谋利益，劳动光荣，不劳动可耻，等等。多年来，一种思想使我经常激动：当每个学生通过劳动，通过个人的努力掌握了我们信念中最崇高的真理，我们的教育才是名副其实的共产主义教育。劳动是最伟大、最美的事业，同时也是最艰巨的事业。

遗憾的是，现在竟有人相信，只有给青年人以更多的物质福利，才能使他们看到我们生活的快乐，领悟生活的幸福。

生活的幸福和快乐，青年人轻而易举便获得了。我们教育青年要有各种各样的需要，但遗憾的是，我们还没有教育他们养成一种最重要的需要——对共产主义劳动的需要。是的，当人们不为社会劳动就活不下去时，这种精神状态，就是共产主义的需要。

劳动的乐趣不能同其他乐趣相比较，不能同旅行、运动、欣赏艺术珍品相比较。劳动的乐趣，不是轻易可以获得的，正如婴儿出生前母亲必须经过阵痛一样，获得劳动乐趣的道路是不平坦的，要想攀登到它的顶峰必须有登山运动员的坚强意志。攀登悬崖峭壁并没有什么乐趣可言，但为了表现自己的力量，树立自己的荣誉和尊严，却是必要的。

对学生的精神世界了解得越深，我就越坚信：真正的人来自艰苦的地方，来自用汗水浇灌过的土地，来自曾战胜了难以克服的困难并对胜利有崇高自豪感的地方。这种感情把一个人的精神世界——个人利益和志趣爱好，同公共利益和需要联结在一起。青少年亲眼看到他们种植的树如今已根深叶茂，培育的葡萄已经果实累累，用汗水改造过的荒地已变成麦浪起伏的良田，这样的青少年绝不会把书撕碎，不会看到一块埋在泥土里的锈铁而无动于衷。

你要教育自己，也要准备教育自己的孩子。你要教育他们牢固树立一个信念：面包来之不易。人们为获得粮食不知经历了多少个不眠之夜，付出多少艰苦的劳动；不知流过多少汗水，克服了多少困难。你要想一想自己的童年时代，回忆一下你们这些十月革命时期出生的孩子奔赴寸草不生的荒原的情景，你们怎样把它改造成良田，种出了小麦。你们挖掉了淤泥腐草，掘松了土地。这不是轻而易举的事。我已经引用过登山运动员的例子，单调的攀登动作显然会令人厌倦，但迈出每一步都使自己更接近顶峰。

麦穗曾是你们攀登的高峰。你们用自己的双手种出的第一捧粮食，用它烤出的第一个面包，最初的公民骄傲感就会从心中油然生起，这就是真正的共产主义教育。童年时期流的每一滴汗水，顶得上成年时期许多天紧张的劳动。

没有战胜过困难，没有负过重荷的人，不能成为真正的人。在通往自我实现的道路上，应当战胜各种困难。

我们正带领你们进入共产主义社会美好的宫殿。这座宫殿不是人们无忧无虑寻欢作乐的场所，而好似一个蜂房，人们送进去的东西比取出来的要多；它不是博物馆里收藏的稀世珍品，而是一栋建筑物，每个人都要为它添砖加瓦。

你即将独立生活。要学会使我们今天的蜂房酿出比昨天更多的蜜。当你在沿着石头小路向上攀登的过程中感到越发艰难时，你就越会珍视劳动的乐趣，越深刻地认识到生活的幸福。祝愿你在遇到艰难险阻时，不要惊慌失措，祝你将成为真正的人。

你的父亲

亲爱的儿子：

你好！

我十分高兴，这封关于自我教育的信会引起你这样大的兴趣。你很细致看出了这一代青年人（当然不只是青年人）的一个特点——非常容易激动，有时甚至达到神经过敏的程度。我确信，人们之间的许多冲突，以及经常发生的争吵，其原因往往是他们不善于控制自己的情感，更有甚者，有些人根本不注意情感的自我培养。

然而，在我们这个时代，培养自己的情感境界——特别是对青年来说，是一个十分严重的问题。几千年来，人的生活基本上是由肌肉力量以及诸如固执和残忍等神经系统的粗野本性所决定的。人的生命力几乎是由神经系统独特的、奇妙的、复杂的结构所决定的，这个结构是很容易受打击的。你大概记得，两年前在我们村子发生了这样一件事。三个朋

友：军事学校的学员、青年工人和大学生高兴地相逢了。不
知是谁对谁说了些令人很不高兴的话，他们之间的关系骤然
紧张起来，后来又由于话不投机，打起架来……。他们被带
到民警局，在那里平静下来。年轻人开始惊异地回想：怎样
引起的打架？由什么开始的？他们想不起来。这就是由巨大
的神经刺激导致的。现代世界人的行为，由最微妙最敏感的、
控制思维及情感的境界起决定作用。因此，现在特别重要的
是培养感情。对青年人来说，自我教育起着巨大的作用。究
竟如何做，才能在实际中制约自己的感情？

　　重要的是，每个年轻人都要记住，不要用粗野的情感，
如喊叫、暴躁、凶狠来填补思想上的空虚。在人的内心深处，
下意识地隐藏着一种本能——动物的恐惧心理、凶恶和残忍。
一个人越是缺乏文化修养，也就越缺乏智慧和美感，那么，这
些本能就会表现得越频繁，令人感到粗暴无礼。当一个人无法
更好地证明自己正确时，他或者直截了当地说，没有什么进一
步需要证明的了（一般说来，情感丰富、有精神文明的人就是
这样）；或者喊叫起来，用"本能的反抗"来填补思想上的贫
乏。要珍惜不管是自己的还是别人的思维方式和情感。要记
住，对人来说，如同需要空气一样需要细腻的情感，而细腻的
思想、丰富的智慧，是情感的源泉。感情可以使人高尚，但是
真正的人的感情不能离开思想独立存在。感情来自思想，思想
滋润感情，感情寓于思想之中。丰富的思想使人成为人的精神
世界中的独立力量，激励着人们去实现高尚的行为。

　　如何培养细腻的感情呢？首先，任何时候都不能忘记，

你生活在人们之中。任何时候都不能忘记，同你一起劳动的人都有自己的忧虑、牵挂、思想和感受。要学会尊重每个同你一起生活和劳动的人。细腻的感情只有在集体中，只有在同你周围的人们不断的精神交流中才能培养起来。

没有比在充满智慧和美感的亲密友谊中能更好地磨砺和锤炼感情的了。要在友谊中培养自己的感情，友谊能帮助你培养对周围每个人所特有的本性的细腻情感。

但是，能使人的精神丰富、帮助人战胜本能和发展人所特有的本性的真正友谊需要什么呢？需要你个人精神的丰富。只有当你给你的朋友以某种帮助时，你的精神才能变得丰富起来。不能奢望在进入一个新的集体之后才仅仅几个月就能结识新的朋友，但是真正的友谊终究会建立起来的，你将同他们交流自己的思想、感情、快乐和悲伤。

假如我现在有可能到你那里去，我就去了，把你同屋的同学召集在一起，也邀请其他一些同学，跟他们讲讲："我年轻的朋友们，要珍惜你们的感情和培养你们的感情。要记住，在我们这个时代的人，对来自周围世界的影响，一天比一天敏感。做一个朋友——这首先意味着教育人，确定他所特有的本性。"

教育的实质正是在于克服自己身上的动物本能和发展人所特有的全部本性。人性的顶峰是共产主义教养。

我想起一个德国共产党员谈法西斯如何企图从小就扼杀人的一切情感的故事。在二战时的德国，每个去希特勒夏令营的少年会分得一只毛软而光滑的小兔子。孩子们饲养小兔子，每天照料它们，和它们一同玩耍。夏天快过去了，小兔子渐渐长大了，变得很驯服。在回家之前，夏令营辅导员（教育工作者）问孩子们，是否时刻准备着执行首长的任何命令。孩子们这样回答：是的，我们每个人都准备为法西斯乐土献出生命。辅导员发出命令：每个人必须杀死自己的小兔子，他说，"要能压制自己的怜悯心"。

法西斯刽子手和暴徒就是这样对孩子进行教育的。大概兽性的本能——对一切活的和美的东西缺少怜惜之心，对其他人的精神世界的绝对冷酷——这大体上是所有刽子手的心理。应该培养自己对一切活的和美好事物的怜惜。你将要有孩子，要记住，从一个小孩子对待鸟、花、树木的行为，可以看出他的修养，他对人的态度。

寄给你一本书——圣埃克苏佩里的选集。我希望你认真地读一读《小王子》这篇童话，并思考一下它的内容。

祝你健康，精力旺盛！

拥抱你，吻你。

你的父亲

亲爱的儿子：

你好！

你请我就如何经济地合理地（这完全正确——合理地）利用时间给你提些建议。你抱怨说："工作一件紧接着一件，转瞬间一天就过去了。原计划要做的事情结果没有做完。"

从你的来信中，我清楚地知道，在你的身上，压着一大堆书需要读，就像你说的那样，来不及读完建议你读的全部书籍。

根据我的经验，向你提出几点建议：

1. 第一位的和最基本的（关于这一点，早在去年我就写信给你说过）就是善于在听课过程中节约并积累时间。不善于听课，会使大学生的脑力劳动出现"紧急动员"的情况。测验（或考试）前的几天，他就一个劲地死啃课堂笔记本，而在测验的时候，就开夜车，一昼夜只睡两三小时。他把每天应当做完的工作都堆积到这"紧急日子"里去做。据我计算，这种"紧急日子""紧急动员"的日子，在一年之中集中起来，不少于五十天，差不多是全年工作时间的四分之一。这是时间不够用的一个最主要的隐藏根源。必须防止这种"火急火燎地"、昼夜不眠地啃课堂笔记的做法。要学会在课堂上思考大纲，天天复习笔记，即使只用两个小时也好。我建议你把笔记分成两项（栏）：第一项记上简要的讲课内容，第二项记上需要思考的问题，这里要记中心、主要问题。第一项是一个骨架，这门课程的全部知识都联结在这个骨架上。这些骨架似的问题，你需要天天思考。要思考清楚，就要天天读书，就像我说过的那样。如果你能按照这个要求对待这门课程，那你就不会有"紧急动员"的日子了，就不需要在准备考试或测验的时候死啃笔记了。课程的骨架是一个独特的大纲，要在它的基础上去记忆这门课程的全部内容。

2. 如果你想有充裕的时间，那你就要天天读书。天天读，并且要仔细地阅读若干（四至六）页同课程有一定联系的科学文献。专心阅读、深入思考。你所读的一切，就是你用以治学的知识底子，底子越深厚，学习越容易。你每天读的东西越多，你的时间后备就越充足，因为在你阅读的内容之中，有千百个接触点，同你在课堂上所学的材料连接起来。我把这些接触点称为记忆的锚，它们把必须掌握的知识同围绕着它的知识的海洋连接在一起了。要学会强迫自己天天读书，不要把今天的工作拖到明天。今天丢弃的东西，明天怎么也补不上了。

3. 要从早晨 6 点钟左右开始你的工作日。5：30 起床，做完早操，喝一杯牛奶（不要养成喝茶的习惯，成年以后喝也来得及），吃一个圆面包，然后开始工作。如果你习惯了自己的工作日从 6 点开始，那就要努力再提早 15-20 分钟着手工作。这是良好的内在动因，能促进整天的工作。

清晨起来，上课以前，用功一个半小时，这是黄金般的时间。凡是早晨我能做到的事，我都要把它做完。30 年来，我都是从早晨 5 点开始自己的工作日，一直工作到上午 8 点。30 本有关教育学方面的书，以及 300 多部别的学术著作，都是利用早晨从 5 点到 8 点的时间写成的。我已经养成了脑力劳动的节奏；即使我想在早晨睡觉，也是办不到的；我的全部身心，在这个时间只能从事脑力劳动。

我建议你用早晨一个半小时的时间去从事最复杂的创造性的脑力劳动，思考理论上的中心问题，钻研艰难深奥的论文，写专题报告。如果你的脑力劳动带有研究的成分，那最好在早晨的时间去做它。

所以，你不要熬夜，至少要在晚上 10 点或 10：30 前入睡，这要成为自己的作息制度，也是为了解除疲劳。

4. 要善于确立自己的脑力劳动规律，这具有多方面的意义。我是就事情的主次关系而说的。要善于安排时间去做主要的事情，不要把它挤到次要的地位上去。要确定哪些是最重要的学术问题，你能否成为工程师，有赖于对这些学术问题的理解，这一系列的问题是相互关联的，它们涉及许多学科。主要的学术问题，应当在你早晨的脑力劳动中放在第一位去钻研。要善于寻找那些与主要学术问题有关的、最基本的书籍和科学著作，仔细、认真地去钻研它们。

5. 善于给自己创造内在的动因。在脑力劳动中，并非所有的事情都那么有趣，都是你想去做的。经常的、唯一的动因就是需要。脑力劳动正是由此开始的。要善于把思想集中在理论的细节上，而且要集中到一定的高度，以致渐渐地把"我需要"变成"我想要"。最有兴趣的工作，要放在工作快结束时来做。

6. 书海无边，在大学时代，必须严格地选择你要阅读的书刊。求知心切，好学心强的人什么书都想看，但这是办不到的。要善于限定阅读范围，超越这个范围，那就要破坏劳动定额。但同时也要记住，随时都会出现你预先没有列入计划的必读新书。这就需要有备用时间。正如像我已经写给你的那样，这些备用时间，是因你善于进行课堂学习、善于做笔记并防止了"紧急动员"的时日而挤出来的。

7. 要善于提醒自己：有很多活动包围着你。有科学小组、文艺小组、运动队、跳舞晚会，还有许多俱乐部，这些地方都会消磨你的时间。而你要表现坚定，要善于选择。因为这些形式多样的活动都具有诱惑力。娱乐和休息都是需要的，但是不能忘记最重要的：你是个劳动者。国家在你身上花了大笔金钱，因此，占第一位的不应当是跳舞，而是劳动。想要休息，我主张下象棋，读文艺作品。在寂静中，聚精会神地下下棋是调节神经系统，使思维条理化的最好方法。

8. 不要虚度时光。空谈会白白地浪费时间。常常有这样的情况：几个人坐在办公室里，像俗话说的那样，闲聊起来。一小时，两小时过去了，什么事也没有做，任何高明的思想也没有谈出来，而时间却一去不复返了。要善于把自己和同志们的谈话变成充实自己精神世界的源泉。

9. 要学会减轻自己今后的脑力劳动，我说的是要善于建立未来的时间后备。为此，必须养成系统地记笔记的习惯。我现在有 40 本笔记。每一本笔记都是用来记载教育学方面的一个专题的清晰而又仿佛是昙花一现的思想（这些思想"习惯"于只在头脑中出现一次，不再复现）。笔记中我只记录我阅读过的关于这个问题的最有趣的卓越思想。所有这些，将来都是有用的，都能很好地减轻脑力劳动。

10. 对于每一件工作，都要寻找最有效的脑力劳动的方法。避免公式化和老套路。要不惜花费时间去深刻地思考那些同你有关的事实、现象和规律的实质。你对问题思考得越深刻，记忆就越牢固。没有理解之前，就不要费心去记忆，那样做是白费时间。一看就懂的东西，不必细读，浏览一下就行了。但是切忌走马观花地浏览那些费解的东西。任何的"走马观花""不求甚解"都会使你对某些事实、现象和规律理解得不够深刻，最终只好再回过头来去多次重新认识。

11. 如果住在一个房间里的人们不能协商好去共同严格遵守某些要求，那么任何人的脑力劳动都不能顺利进行。因此，首先必须严格地约定，在一定的时间内严禁谈话、争吵，或者做破坏肃静的事情。在需要集中精力从事脑力劳动的时间，每个人都必须完全独立地进行工作。

12. 脑力劳动要求逻辑思维和形象思维交替进行。因此要交替地阅读科学文献和文艺书籍。

13. 要改掉某些坏习惯，我指的是：开始工作以前闲坐15分钟或20分钟；毫无必要地翻阅那些明明知道不该阅读的书本；睡醒了，在被窝里再躺15分钟；等等。

14. "明天"，是勤劳最危险的敌人。任何时候都不要把今天该做的事搁置到明天。而且应当养成习惯，把明天的一部分工作放在今天做完。这将是一种美好的内在动因，它对整个明天都有启示作用。

15. 任何时候都不要停止脑力劳动，一天也不要停。永远不要丢开书本，每天都要用知识珍品来丰富自己，这是脑力劳动所必需的。

这就是我给你的15条建议，我认为，这些是每个大学生都应当做到的。

祝你身体健康，心情愉快！

你的父亲

译　后　记

　　1982 年，我们翻译了苏联著名教育家苏霍姆林斯基的《家长教育学》。这本书译自《苏霍姆林斯基文集》1981 年俄文版第三卷。苏霍姆林斯基是苏联著名的教育实践家和教育理论家，在国内外都享有盛名。在短短的一生中（1918—1970），他将全部心血贡献给教育教学的理论研究和实践工作，为了儿童教育事业，他勤奋刻苦，呕心沥血，坚持教育科学研究，理论自成一体，实践上成效卓著。苏霍姆林斯基一生成果颇丰，共著书 41 部、论文 600 多篇、文艺作品1200 多篇，给人们留下极其丰富的教育遗产。他的许多著作在世界上已被译成 30 多种文字并出版，其中《给教师的建议》《全面发展的人的培养问题》《我把心给了孩子们》《学生的精神世界》《给儿子的信》等著作已多次在我国翻译出版。

　　这次再版的《家长教育学》同样是苏霍姆林斯基在长期教育教学实践中探讨家庭教育问题，并成功实践家校合作教育孩子的理论的结晶。苏霍姆林斯基提出：只有学校教育而无家庭教育或只有家庭教育都不能完成培养人这项极其细致复杂的任务。良好的学校教育要建立在良好的家庭道德交往的基础上，而家庭教育正是一门培养人的科学。为了实现这一目的，苏霍姆林斯基深入教学实际，开展调查研究，和教师们一起探讨家庭教育、家教合作等问题，经过数十年的实践与思考，写出了这部基于长期探索、思考和研究的《家长教育学》。

从 1982 年出版《家长教育学》至今已将近 40 年。40 年来，我国发生了巨大的变化，教育事业也获得了长足的发展，在实行全国九年义务教育的过程中，社会各界的许多有识之士都认识到家庭教育的质量是关系到全社会的一项重要议题。父母是孩子的第一任老师，是孩子的启蒙者和教育者，其教育的责任重大。2015 年，教育部公布了《关于加强家庭教育工作的指导意见》，强调要充分认识加强家庭教育工作的重要意义，同时引导全社会重视和支持家庭教育工作。

教育部关于加强家庭教育工作的指示，突出了家庭教育在少年儿童成长过程中发挥的重要作用。因此，再版苏霍姆林斯基的著作《家长教育学》具有重要的现实意义。值得一提的是，再版《家长教育学》的教育科学出版社是一家教育类专业出版社，其出版的《给教师的建议》等苏霍姆林斯基的教育著作，在国内产生了重要影响，深受广大中小学教师的推崇。《家长教育学》的出版，必将为"20 世纪苏联教育经典译丛"增添新的光彩。

"他山之石，可以攻玉"，我们希望通过苏霍姆林斯基的这部著作《家长教育学》带给广大的教师、父母以及各阶层的读者以思考、启迪和借鉴。由于原著作者所处历史时期和社会环境的局限，书中的观点也就难以虑无不周、面面俱到，相信读者能够根据实际情形做出恰当的分析和判断。

译者

2021 年 1 月